올인원 경영학원론

올인원

경영학
원론

신형덕 지음

경영학 원론서,
수험서, 다양한 사례를
한 권의 책으로
만나다

Σ시그마프레스

올인원 경영학원론

발행일 | 2022년 8월 30일 1쇄 발행

지은이 | 신형덕
발행인 | 강학경
발행처 | (주)시그마프레스
디자인 | 이상화, 우주연, 김은경
편 집 | 이호선, 김은실, 윤원진
마케팅 | 문정현, 송치헌, 김인수, 김미래, 김성옥

등록번호 | 제10-2642호
주소 | 서울시 영등포구 양평로 22길 21 선유도코오롱디지털타워 A401~402호
전자우편 | sigma@spress.co.kr
홈페이지 | http://www.sigmapress.co.kr
전화 | (02)323-4845, (02)2062-5184~8
팩스 | (02)323-4197

ISBN | 979-11-6226-398-3

저자 서문

전공을 불문하고 원론서를 저술하는 저자들이 가지는 공통적인 고민이 있다. 어느 수준까지 깊게 들어갈지 결정하는 일이다. 경영학도 예외가 아니다. 마케팅, 재무, 전략 등 각론에서 다룰 전문적인 지식을 포괄하면서도 경영학에 대한 흥미를 잃지 않게 서술하기란 쉽지 않다. 전문 지식과 흥미라는 두 마리 토끼를 놓치지 않으면서 이 책에 추가한 차별점은 다음과 같다.

첫째, 이 책은 대학에서 가르치기에 적합하게 구성되었다. 이 책을 사용하는 대학교 강의교원이 한 학기에 다루기에 적절한 깊이의 이론적 내용을 14개 장에 담고 있다.

둘째, 이 책은 학습자의 관심을 반영하는 풍부한 사례를 담고 있다. 오프닝 케이스에 해당하는 신문에서 읽는 경영 이슈, 이론적 내용이나 실무적 시사점을 담은 읽을거리, 그리고 해당 장의 주제와 관련된 사회적 트렌드를 보여주는 사회적 트렌드와 경영을 매 장마다 소개하고, 마지막 사례로는 토론 주제를 제시하였다.

셋째, 이 책은 2010~2020년에 출제된 모든 국가직 7급 경영학 객관식 기출문제와 해답을 해당 영역에 수록하여 수험생의 교재로 활용할 수 있게 하였다. 일반적으로 대학교에서 배우는 경영학 지식은 수험용 경영학 지식과 별도라고 인식되어 있으나 이 책은 두 가지 학습을 통합하도록 구성했다. 이 차별점은 이 책의 가장 중요한 장점이다.

결론적으로, 저자는 한국의 교육 환경에서 가장 높은 가치를 가진 경영학 원론 교재를 저술하는 것을 목표로 이 책을 저술했다. 경영학에 입문하는 학생과 원론을 가르치는 대학 교원, 그리고 공무원 시험을 준비하는 수험생에게 이 책이 도움이 되리라 확신한다.

2022년 8월

신형덕

차례

제1부 경영학과 경영과정

제1장 경영학의 정의와 영역

제2장 경영과정 : 계획 - 실행 - 확인 - 개선

제2부 계획 : 목표, 환경, 장기적 계획

제3장 경영 전략의 수립

경영학의 정의와 영역

대학에서 소개하는 경영학

대학교에서의 여러 전공의 특성을 가장 알고 싶은 사람은 아마도 조만간 전공을 선택해야 하는 고등학생일 것이다. 이러한 고등학생들을 위해 경영학과에 대해 소개하는 글은 도움이 될 수 있다.

서울 소재 Y 대학교의 전공안내를 발췌한 2021년 1월 에듀진 기사에서 경영학과는 최고경영자가 되는 법을 배우는 학과라는 오해가 많다고 지적한다. 그리고 경영학은 경제학의 응용학문이자 기업 운용에 직접 관여하는 실용학문이라고 바로잡는다. 즉 넓게는 국민경제, 좁게는 기업에서 당면하는 실제적 문제를 해결하는 학문이라는 것이다.

이 설명은 경영학을 가장 정확히 정의하는 것이라고 평가할 수 있다. 경영학은 문제해결을 위한 도구다. 특히 기업이 당면하는 문제를 주로 다룬다. 이 기사에서 회계학은 자금 출납을 기록하는 학문, 마케팅은 고객의 니즈를 분석하고 상품을 기획하거나 알리는 계획을 세우는 학문, 조직행동에서는 직원을 관리하고 사기를 진작하는 학문, 재무는 자금의 원활한 공급과 순환에 대한 학문, 그리고 경영과학 및 생산은 고객이 원하는 상품을 개발하고 전달하는 방법에 대한 학문이라고 설명한다. 즉 경영학의 각 영역이 해결해

야 하는 문제를 제시하는 것으로 경영학의 성격을 설명하고 있다.

그런데 경영학을 공부하면 단지 장부 정리나 직원 사기 진작의 문제만 해결할 수 있는 것은 아니다. 경영학은 비록 기업을 중심으로 한 문제들을 주로 다루고 있지만 이러한 문제들은 기업 밖에서도 항상 발생하고 있다. 예를 들어 장부 정리는 한 개인의 가정 살림에서부터 국가 경제에 이르기까지 광범위하게 발생하는 문제이고 더 나아가 어떠한 집단이든지 정확한 재무상태를 파악하는 것은 매우 중요한 이슈이다. 직원의 사기를 진작하는 문제 역시 가정에서의 소통과 평화에 직결되고 일반적인 친구 관계의 갈등을 해결하는 문제와 크게 다르지 않다.

마지막으로 이 기사는 다음과 같이 강조한다. "학생 자신이 열정을 가지고 있는 무언가가 없다면 경영학과에서 배우는 많은 지식은 사용할 곳이 없는 껍데기에 불과하답니다." 올바른 지적이 아닐 수 없다. 열정이야말로 경영학을 배운 학생이 열매를 수확할 수 있는 밑거름인 것이다!

출처 : 에듀진(2021.1.15). 경영학과, "CEO되고 싶은 사람만 가는 학과? NO!. http://www.edujin.co.kr/news/articleView.html?idxno=34963

▲ 경영대학원 도서관은 경영학 지식의 플랫폼이다

1.1 경영학의 체계와 인접 학문

많은 사람이 경영학에 관심을 보이지만 그 체계에 대한 지식은 피상적이다. 예를 들어 경영학과 경제학의 차이, 통계학이나 심리학, 사회학, 법학, 철학 등 인접 학문과 어떤 관계를 갖는가에 대해서도 잘 모른다. 이해를 돕기 위해 경영학이라는 학문을 파르테논 신전에 비유해 설명해 보겠다.

이 사진을 보면 지반 위에 건축물이 보이고 건축물은 다시 기둥 부분과 상단 부분으로 나뉜다. 경영학도 이와 유사하다. 먼저 경영학의 기둥이자 경영학의 핵심적인 각론은 인적자원관리, 조직행동, 마케팅, 재무, 생산 및 운영, 회계, 경영정보시스템 등이다. 이들 각론은 오랜 기간에 걸쳐 순차적으로 경영학에 포함되면서 현재의 경영학을 구성하는 본체가 되었다. 기업에는 이러한 각 분야의 최고경영관리자가 존재하고 이들이 기업의 최고의사결정기구인 이사회를 구성하게 된다. 이들을 C-레벨, 즉 최고 수준(chief level)의 경영자라고도 하는데, 일반적인 기업이 갖는 최고경영관리자의 예를 들면 마케팅 분야에

> **연습문제 1**
>
> ▶ **경영학의 각론에 대해 설명하라.**

Partenon de Nashville, also c.Zavala, Creative Commons (CC-BY-ND-2.0)

▲ **경영학의 체계는 파르테논 신전에 비유할 수 있다**

는 최고마케팅경영자(Chief Marketing Officer, CMO), 재무 분야에는 최고재무경영자(Chief Finance Officer, CFO), 생산 및 운영 분야에는 최고운영경영자(Chief Operations Officer, COO) 등이 있다. 기업의 성격에 따라 기술을 중시하는 기업은 최고기술경영자(Chief Technology Officer, CTO), 문화예술경영을 중시하는 기업은 최고문화예술경영자(Chief Arts Management Officer, CAO) 등을 둘 수도 있다. 이들은 각자 맡은 기능을 대표하여 최고의사결정기구인 이사회에서 최고경영자(Chief Executive Officer, CEO)의 최종 의사결정을 돕는다.

기둥 위의 상단에 해당하는 경영학의 각론으로는 전략경영, 국제경영, 창업이론 등이 있다. 이 각론들의 공통점은 최고경영자의 최종 의사결정을 지원한다는 것이며, 그런 의미에서 상단에 위치한다. 상이점에 대해 간략하게 요약하자면 전략경영은 기존 기업, 국제경영은 다국적 기업, 창업이론은 신생 기업에 대해 주로 다룬다는 것이다.

마지막으로 건축물을 받치고 있는 지반은 경영학보다 먼저 정립된 관련 인접 학문 분야에 해당한다. 경영학은 응용 학문이라 불리는데, 이는 기존의 여러 학문 분야가 기업 또는 조직에 적용되어 경영학의 각론을 구성한다는 의미이다. 예를 들어 통계학은 경영학 각론 중 마케팅과 생산 및 운영 분야와 관련이 깊고, 심리학과 사회학, 정치학, 인류학 등은 인적자원관리, 조직행동, 마케팅, 창업이론 분야와 관련이 깊다. 법학과 철학은 회계와 국제경영, 수학은 재무, 산업공학은 생산 및 운영과 경영정보시스템과 관련이 깊고, 경제학은 모든 각론과 관련되지만 특히 전략경영, 국제경영, 조직행동과 관련이 깊다. 물론 여기에서 언급하지 않은 더 많은 연결성이 기타 인접 학문과 각론 사이에, 또는 각론과 각론 사이에 존재한다. 시간이 지나고 새로운 기술이 등장함에 따라 경영학보다 나중에 부상한 인접 학문과 경영학이 관련을 갖는 현상도 나타나고 있다.

> **연습문제 2**
>
> ▶ 경영학의 인접 학문에 대해 설명하라.

1.2 경영학에 대한 오해

사람들은 경영학이라는 학문에 대해 다양한 오해를 갖고 있는 듯하다. 여기에서 대표적인 오해 몇 가지를 소개한다.

첫째, 경영학이 학문적 면모를 갖추지 못했다거나 또는 아예 학문이라고 보기

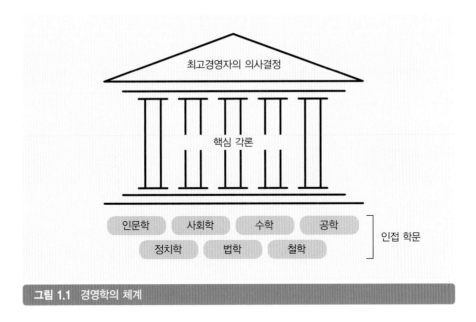

그림 1.1 경영학의 체계

힘들다는 견해가 있다. 철학이나 법학과 같이 삶의 근본적인 원리가 아닌 장부 정리나 판매 기법 같은 기술은 학문적이라고 보기 힘들다는 것이다. 물론 장부 정리나 판매 기법 자체에 학문이라는 이름을 붙이기 힘든 것은 사실이다. 그러나 경영학이 다루는 주제는 더욱 광범위하고 깊다. 인간이 왜 존재하는가에 대해 철학이 다루듯 기업이 왜 존재하는가에 대해 전략경영이 다룬다. 인간의 법적 책임에 대해 법학이 다루듯 기업의 법적 책임에 대해 경영윤리가 다룬다. 경영학은 경영학의 인접 학문들이 다루는 근본적인 원리와 문제들을 적어도 부분적으로 다루고 있으며, 기업이라는 대상을 중심으로 독자적인 학문의 경지를 구축하고 있다. 우리가 알고 있는 위대한 경영의 구루들은 기업에게 실무적 조언을 제공하는 유명한 컨설턴트일 수도 있지만 학문적 업적을 남긴 위대한 학자가 대부분이다.

둘째, 경영학을 학문이라고 인정하더라도 오직 기업이나 기업인에게만 필요한 학문이라는 견해가 있다. 이것은 사실이 아니다. 물론 경영학의 주된 대상은 기업이고 기업 내에서 발생하는 문제를 다루는 학문이 경영학이다. 그러나 기업 내에서 발생하는 문제는 기업이 아닌 곳에서도 종종 발생한다. 예를 들어 가정이나 동호

연습문제 3

▶ **경영학에 대한 오해와 진실을 설명하라.**

회, 친구 사이, 또는 특정 목표를 이루기 위한 개인의 일정 관리에서도 경영학에서 다루는 많은 문제가 발생할 수 있다. 이러한 문제들을 해결하는 것에 있어서 전략이나 생산 및 운영, 또는 인적자원관리나 조직행동의 원리들이 매우 효과적으로 사용될 수 있다. 물론 이러한 각론들과 관련된 인접 학문의 원리를 그대로 적용할 수도 있지만, 다양한 종류의 집단에서 발생하는 다양하고 복합적인 문제를 해결하기 위한 방법을 착안하기 위해 경영학의 원리를 일차적으로 적용하는 것은 정치학이나 사회학이나 또는 철학의 원리를 직접적으로 적용하는 것보다 여러 면에서 유용할 때가 많다.

셋째, 사람들은 경영학이 오직 이익을 창출하는 방법에 대한 학문이라고 오해하는 듯하다. 이것도 사실이 아니다. 이 오해는 경영학의 주된 대상이 기업이고 기업의 주된 목적이 이익 창출이라는 사실에 기인한 것 같다. 그리고 우리 주변에서 볼 수 있는 평범한 직장인들은 오직 그들이 근무하는 기업의 이익 창출을 위해서만 일하고 있는 것으로 보이기 때문이기도 하다. 그러나 기업의 주된 목적이 이익 창출이라는 대전제는 2008년 금융위기를 계기로 매우 약화되었다. 적어도 여러 이해관계자에게 해를 끼치면서 단기적인 이익 창출을 하는 것이 기업의 목적이 되어서는 안 된다는 것에 대부분의 사람들이 공감하고 있다. 그 대신 경영학은 기업의 지속가능성을 높이고, 보다 넓은 의미에서는 '기업의 목표 달성과 관련된 문제해결을 돕는 도구를 제공하는 학문'이라고 정의할 수 있다. 이익 창출은 이러한 목적을 달성하기 위한 실무적 수단 정도이다.

1.3 경영학이 다루는 문제

'기업의 목표 달성과 관련된 문제해결을 돕는 도구'라는 경영학의 정의는 경영학이 어떤 문제를 다루는가에 대한 질문의 답을 암시하고 있다. 사실 모든 학문은 특정 영역에서의 문제해결의 도구라고 할 수 있는데, 예를 들어 철학은 인간의 삶과 존재, 사회학은 사회현상, 정치학은 권력관계에 있어서의 문제해결을 연구하는 학문이라고 아주 간략하게 정의할 수 있다. 즉 특정 학문 영역에서 관심을 갖는 문제가 무엇인가에 대해 대답할 수 있다면 그 학문 영역을 이해하고 있다고 해도 과언이 아니다. 그렇다면 경영학이 관심을 갖고 다루는 문제는 무엇일까?

이 질문은 경영학이 발전한 역사와 관련이 깊다. 먼저 어떤 조직의 현재 상태 또는 특정 기간의 성과에 대해 객관적이고 명료하게 설명할 수 있는 도구를 생각해 보자. 기원전 2500년에 고대 이집트에서 피라미드를 건축할 때 이 문제가 발생했다. 피라미드 건축을 명령한 파라오는 현재 작업이 얼마나 진행되고 있는지, 몇 명의 작업자가 참여하고 있는지, 언제쯤 이 작업이 종료될 수 있는지 등에 대해 부하들에게 질문했을 것이다. 그리고 이 거대한 공사를 마무리하기 위해 얼마나 더 많은 자원이 동원되어야 하는지에 대해서도 궁금했을 것이다. 이러한 질문에 객관적이고 명료하게 답하기 위해 작업의 규모와 진행 상황을 숫자로 표시하는 것이 불가피했을 것이고, 이것이 회계의 발전을 가져왔을 것이다. 현재 우리가 기업의 규모를 표시할 때 재무상태표에서 자산 규모를 사용하고, 기업의 성과를 표시할 때 이익계산서에서 매출액 또는 이익 규모를 사용하며, 또는 본인의 재산 상태를 파악할 때 은행 잔고에서 부채를 차감한 금액으로 파악하는 등은 이러한 회계의 원리를 사용하는 것이다. 회계 기능은 기업, 집단, 또는 개인의 목표와 현재의 상태, 그리고 성과를 구체적인 숫자로 표시함으로써 당면한 문제에 대해 명확히 파악하고 그 해결점을 찾을 수 있게 하고, 더 나아가 기업, 집단, 또는 개인의 현재 상태에 대한 정보를 외부에 적절한 방식으로 알려 주는 역할을 수행한다.

The Pyramids, Bruno Girin, Creative Commons (CC-BY-SA-2.0)

▲ 피라미드 건축에는 회계의 적용이 필요했다

생산 및 운영 기능은 어떤 문제를 해결하기 위한 것일까? 1911년에 발간된《과학적 관리법》은 근로자의 직무에 대한 객관적인 분석이 이루어지지 않아서 비효율적인 관행이 반복되고 근로자도 작업에 대한 정당한 평가를 받지 못하는 문제를 목격한 프레데릭 테일러(Frederick Taylor)가 노사 협력을 이루기 위해 고안한 관리법이었다. 근로자의 업무에 대한 시간과 동작연구를 통해 기업의 생산성을 향상시키고 근로자에게 공정한 분배를 이루는 구조를 설명했다. 그러나 '테일러 시스템'이라고 명명된 이 방식에 대해 사람들은 훗날 근로자의 작업량을 극대화하여 근로자를 착취하는 상징처럼 받아들이기도 했다. 찰리 채플린이 감독과 주연을 맡은 1936년에 개봉된 〈모던 타임즈〉에서 공장의 부속품처럼 일하는 노동자를 보면 인권이 보장되지 않은 생산성 극대화가 어떤 폐단을 가져오는지 직관적으로 이해할 수 있다.

그러나 생산성 향상이 곧 인권 유린을 뜻하지는 않는다. 테일러가 설명했듯이 작업에 대한 명확한 분석은 노사분규를 예방하는 과학적 근거가 되고, 이 분석을

▲ 영화 〈모던 타임즈〉는 생산성만을 추구하는 공장에서의 인권 유린을 풍자했다

통한 생산성 및 효율성 향상은 근로자가 더 큰 보상을 받을 수 있는 기회를 부여하는 것이다. 즉 생산 및 운영 기능은 기업, 집단, 또는 개인 활동의 효율성을 높임으로써 더 큰 성과를 가져오게 하는 중요한 역할을 수행한다.

기출문제

I. 테일러의 과학적 관리법에 대한 설명으로 옳지 않은 것은?

① 시간 및 동작 연구에 따라 합리적 작업수행 방법을 제시하였다.

② 직무에 적합한 종업원의 선발과 훈련을 강조하였다.

③ 집단 성과급 제도를 도입하였다.

④ 기획부 제도를 도입하고, 기능별 감독 제도를 운영하였다.

(7급 2013 문 5)

II. 테일러가 과학적 관리법을 통해 실현하고자 했던 것으로 옳은 것은?

① 저임금 고노무비(low wage-high labor cost)

② 고임금 저노무비(high wage-low labor cost)

③ 저가격 고임금(low price-high wage)

④ 고가격 저임금(high price-low wage)

(7급 2011 문 18)

III. 과학적 관리법(scientific management)에 대한 설명으로 적절하지 않은 것은?

① 개인보다는 집단 중심의 보상을 더 중요시하였다.

② 시간 및 동작연구(time and motion study)가 주요한 기법으로 사용되었다.

③ 경제적 보상을 가장 중요한 동기부여의 수단으로 보았다.

④ 기획부제도, 기능식 직장제도, 작업지도표제도 등을 활용하였다.

(7급 2011 문 16)

답 I. ③ 테일러는 개인적인 성과를 중시했다.

II. ② 과학적 연구를 통해 능률을 높이면 고임금 저노무비가 실현된다.

III. ① 과학적 관리법은 개인 기준의 연구이다.

테일러의 과학적 관리법

테일러는 여러 모로 억울한 학자이다. 시간연구와 동작연구로 요약되는 그의 접근법은 테일러리즘(Taylorism)이라고 불리면서 마치 노동자를 착취하는 것 같은 인상을 주었다. 비숙련 노동자들의 노동력을 최대한 착취하기 위해 자율성을 억압하고 오직 주어진 동작만 신속하고 효율적으로 수행하는 방법을 창안한 것처럼 간주되기도 한다.

　그러나 가장 효율적인 작업 방식을 발견하는 것과 그 작업을 수행하는 근로자를 착취하는 것은 별개의 문제이다. 실제로 테일러가 과학적 방법론을 연구하게 된 동기는 과다한 노동을 강요하는 미드베일 철강회사의 악습을 철폐하려는 것이었다고 알려진다. 종업원들이 가장 효율적으로 일할 수 있는 방법을 알려주고 최대 작업량을 계산하여 성과급을 지급했던 것은 생산성 향상의 동기부여를 가져왔고 태업도 없어지게 되었다.

　효율적 작업 방식을 발견하고 적용하는 것은 테일러 시대로 끝난 것은 아니다. 특히 새로운 기술이 하루가

▲ 《과학적 관리법》을 쓴 테일러

멀다 하고 등장하고, 그에 따른 최적 작업방식이 수시로 변화하는 현대에도 테일러리즘은 중요한 의미를 가질 수 있다. 권총을 경찰이 사용하면 치안을 돕는 도구로, 강도가 사용하면 무고한 피해를 입히는 흉기가 되듯, 테일러의 과학적 관리법은 선한 경영자의 손에서는 근로자의 복지를 높이는 도구로, 악한 경영자의 손에서는 착취의 도구로 사용될 수 있다.

　인적자원관리와 조직행동이 경영학의 중요한 영역으로 포함된 계기로서 많은 사람들은 호손 실험을 주목한다. 미국 시카고에 자리잡은 웨스턴 일렉트릭 회사의 호손 공장에서 1924년부터 1932년까지 수행된 이 실험에서 공장의 조명 등 작업환경과 인간관계 등이 만들어내는 심리적 요인이 근로자의 생산성 향상에 중요한 영향을 미친다는 것이 발견되었다. 이 실험의 교훈은 근로자는 연봉이나 기타 물질적 조건만으로 사기가 높아지는 것은 아니라는 것이다. 현대의 경영학은 근로자의 채용, 훈련, 배치, 직무순환, 승진, 심지어 이직관리를 통해, 그리고 적절한 조직 구조의 설계와 변화를 통해 기업의 성과와 근로자의 만족을 높이는 과정에서 발생하는

문제를 해결하고 특정 목표를 달성하는 것에 있어서 개인과 집단에서의 관계에 대한 문제도 해결할 수 있다.

1938년에 체스터 바너드(Chester Barnard)는 조직 구성원이 조직에 대해 기울이는 공헌과 만족의 균형이 조직의 존속을 가져온다고 주장했고, 그 이후 사이먼은 1955년에 제한된 합리성을 추구하는 인간의 속성에 대해 설명했다. 즉 인간은 물론 합리적인 결과를 추구하지만 인간이 가진 현실적인 한계가 엄연히 존재하기 때문에 달성하기 어려운 절대적인 최선책이 아니라 미리 설정한 적절한, 또는 최소한의 기준을 충족하는 차선책을 합리적인 대안으로 인정한다는 것이다.

또한 1980년대에는 조직 구성원을 기업이 인건비를 지불해야 하는 대상이 아니라 기업의 경쟁력의 근원인 자원으로 간주하고 직원의 교육훈련과 합리적 직무설계에 적극적으로 투자하여 자율적 작업과 몰입을 유도하는 **고성과 작업 시스템**(High Performance Work System, HPWS)의 개념이 미국에서 제시되었다. 기존의 테일러 시스템에서는 직무설계를 관리자가 독점하지만 고성과 작업 시스템에서는 각종 인센티브와 교육훈련, 직무 충실화, 권한위임 등을 통해 조직 구성원이 자발적으로 조직목표를 달성하도록 하는 것에 초점을 맞춘다.

기출문제

I. 고성과 작업 시스템에 대한 설명으로 옳지 않은 것은?

① 노사 간의 협력과 신뢰에 기반을 두어 구성원들의 자발적인 참여와 헌신을 끌어냄으로써 더욱 높은 성과의 달성을 유도한다.

② 교육훈련 및 인적자원개발에 대한 투자와 다양한 교육훈련 및 인적자원개발 프로그램을 제공하고자 노력한다.

③ 직무는 개인 단위로 설계되고, 시장지향적 고용관계를 지향하며, 세밀하고 명확한 직무규정을 강조한다.

④ 인적자원을 통한 경쟁력 향상을 도모하고, 업무와 조직에 대한 구성원들의 정서적 몰입을 높이는 데 초점을 둔다.

(7급 2020 문 7)

II. 허버트 사이먼(Herbert Simon)이 주장한 제한된 합리성(bounded rationality)에 대한 설명으로 옳지 않은 것은?

① 과학적 관리법을 추종하며 절대적 합리성만을 추구하는 경영자들이 '경제인'이라면 제한된 합리성 내에서 현실적으로 의사결정을 하는 경영자들은 '관리인'이다.

② 제한된 합리성 때문에 사람들은 '만족하기에 충분한' 또는 '최소한의 필요조건을 충족시키는' 선택을 한다.

③ 조직이 겪는 상황은 무정부 상태와 같이 불확실하며, 이러한 상황에서 인간의 의사결정은 비합리적으로 이루어진다.

④ 문제해결의 대안을 선택할 때 최선책을 찾으려고 하지 않고, 설정해 놓은 적절한 기준을 통과하는 대안 중에서 먼저 발견되는 것을 선택한다.

(7급 2020 문 17)

III. 경영이론에 대한 설명으로 옳은 것은?

① 테일러(F. Taylor)의 과학적 관리론에서는 고정적 성과급제를 통한 조직관리를 강조하였다.

② 파욜(H. Fayol)은 중요한 관리활동으로 계획수립, 조직화, 지휘, 조정, 통제 등을 제시하였다.

③ 바너드(C. Barnard)의 학습조직이론에서는 인간을 제한된 합리성을 갖는 의사결정자로 보았다.

④ 호손실험을 계기로 활발하게 전개된 인간관계론은 공식적 작업 집단만이 작업자의 생산성에 큰 영향을 미친다고 주장하였다.

(7급 2016 문 15)

> **답** I. ③ 고성과 작업 시스템에서는 동기부여를 유도하는 직무설계를 추구한다.
> II. ③ 제한된 합리성이 비합리성을 의미하지는 않는다.
> III. ① 과학적 관리법은 개인 기준의 연구이다.

마케팅은 글자 그대로 해석하면 '시장 거래를 만들어내는 활동'이다. 1945년 제2차 세계대전이 종료되자 마케팅의 중요성에 주목하기 시작했다. 전쟁 중에 막대한 양의 군사 물자를 생산하여 유럽 국가들을 지원했던 미국은 종전 후 남은 생산

설비를 어떻게 활용해야 할 것인가 하는 문제에 직면했다. 전쟁 동안에는 공급물자를 '조달'하는 것이 문제였다면, 종전 후에는 잉여생산물을 '판매'하는 것이 문제가 되었던 것이다. 막대한 자금이 투자된 생산설비를 사용하지 못하면 매우 큰 기회비용이 발생하므로 이 문제를 해결하기 위해 새로운 수요를 창출하고, 숨겨진 니즈를 충족하는 상품을 개발하고, 효과적인 상품판매 방법을 개발해야 했당. 즉 마케팅이 필요했다.

그렇다면 마케팅은 이미 생산한 상품을 판매하기 위한 수단일 뿐일까? 이는 마케팅에 대한 정확한 설명은 아니다. 팔리지 않을 상품을 판매하기 위해 애쓰기 전에 팔릴 상품을 기획하는 것부터 마케팅의 중요한 과정이기 때문이다. 마케팅은 기업의 상품 개발 및 판매만이 아니라 개인과 집단에서 활용할 수 있는 다양한 광고와 홍보 또는 중고시장에서의 가격 설정 등의 문제를 해결하는 더 광범위한 개념이다.

재무는 자금의 조달과 운용에 대한 활동이다. 이는 기업뿐 아니라 개인과 집단 수준에서도 이루어진다. 예를 들어 개인 수준에서도 용돈을 받는 방식(주급으로 받을 것인가 월급으로 받을 것인가)과 쓰는 방식(문화생활과 식비, 주식투자 등의 비율)을 결정할 수 있고, 집단 수준에서도 축구 동호회의 자금 마련 방식(회비로 충당할 것인가 후원을 받을 것인가)과 비용 지출 방식(축구 구장을 장기 대여할 것인가 일회성으로 비용을 지불할 것인가)을 결정해야 한다. 기업은 크게 자기자본(지분)과 타인자본(부채)을 통해 자금을 조달할 수 있는데 금융시장이 발달하면서 자본을 조달할 수 있는 방법이 매우 다양하게 세분화되었다. 1792년 자금이 남는 사람들과 자금이 필요한 사람들이 만나서 거래했던 월 스트리트에서 뉴욕증권거래소가, 1848년 시카고에서는 곡물을 미리 정해진 가격에 거래할 수 있는 선물거래소가 들어서면서 수많은 파생상품이 개발되는 기반이 마련되었다. 이러한 재무 활동을 통해 기업은 판매 이외에도 자금의 조달과 운용을 통해 이익을 창출할 수 있는 기회를 갖게 되었고 동시에 원료 가격 등 여러 변동요인이 이익에 악영향을 미칠 수 있는 문제를 해결할 수 있게 되었다.

전략경영도 역사적으로 기업이 당면한 문제를 해결하기 위해 부상했다. 1973년 10월 중동지역에서 4차 중동전쟁이 발발하자 산유국들은 석유 가격을 배럴당 2.9달러에서 1974년 1월에 11.6달러까지 올려서 세계경기에 심각한 충격을 주었다. 이때 타

▲ **뉴욕증권거래소는 세계 최대의 증권시장이다**

격을 받은 기업들은 유가에 대한 시나리오를 작성하여 상황에 따라 대처할 수 있는 장기 계획을 수립하기 시작했다. 이는 경영학 분야에서 전략경영의 중요성이 부상하게 된 배경이 되었다. 그런데 개인과 집단 수준에서는 전략경영의 원리가 어떻게 적용되는 것일까? **전략경영**은 정해진 목표를 달성하기 위해 외부 환경과 내부 조건을 검토하여 목표를 달성하기 위한 가장 적합한 방법을 찾는 활동이다. 이것은 개인이 갖는 경력상의 목표나 축구 동호회가 갖는 중장기 목표, 또는 국가가 추구하는 궁극적인 목표에도 적용될 수 있다. 즉 다양한 수준의 개인, 집단, 기업이 갖는 목표 달성의 수단에 있어서 발생하는 문제를 해결하는 것에 활용될 수 있다.

 기업이라는 조직을 연구하기 위해 지금까지 설명한 경영의 세부 분야별로 분석하는 것 이외에도 조직의 속성에 대해 통합적으로 이해하려는 접근법이 시도되었다. 이 접근법은 1930년대에 활동한 생물학자인 루트비히 폰 베르탈란피(Ludwig von Bertalanffy)가 제안했는데 그는 생명체에 대해 부분적으로 연구하는 분석적 접근법과 대비되는 전체적인 상호작용을 중시하는 시스템적 접근법을 시도했고, 이것이 기업이라는 조직에 적용된 것이다. 시스템은 부분적 요소의 단순한 합이 아니라 상호

▲ 석유 파동은 전략경영의 중요성을 일깨웠다

작용을 통해 더 큰 기능을 수행하게 된다. 그 이후 1950년대에는 기업을 마치 시간이 지나면 노후화되는 생산설비를 연구하듯 폐쇄 시스템으로 보는 것보다는 외부환경과 끊임없이 교류하여 기업의 생존을 연장하기 위해 외부로부터 에너지를 흡수하는 개방 시스템으로 보아야 한다는 개념이 부상했다. 개방 시스템 개념에서 중요한 것은 외부환경요소로 인한 엔트로피 감소라는 개념인데, 엔트로피는 무질서도라고 해석된다. 즉 자연 상태에서는 시간이 지남에 따라 자연스럽게 엔트로피가 증가하는데 개방 시스템인 기업은 외부로부터 에너지를 흡수하여 엔트로피 감소를 추구할 수 있다고 강조한다.

기출문제

I. 경영이론에 대한 설명으로 옳은 것을 모두 고르면?

ㄱ. 과학적 관리란 경영현상에 대한 체계적인 관찰, 실험 또는 판단에 의해 도출된 표준을 근거로 사업 또는 업무를 수행하는 관리방식이다.

ㄴ. 과학적 관리법은 '조직 없는 인간' 이론이라는 비판을 받기도 하고, 인간관계론은 '인간 없는 조직' 이론이라는 비판을 받기도 한다.

ㄷ. 경영과학(management science)은 수학적인 모델에 기초를 두고 과학적인 접근방법을 이용하여 조직 내 경영 관리상의 문제들을 해결하려는 것이다.

ㄹ. 시스템이론에 따르면 전체는 상호 관련된 부분들의 집합이고, 단순한 집합 이상의 의미를 갖지 않는다.

① ㄱ, ㄴ   ② ㄱ, ㄷ   ③ ㄴ, ㄷ   ④ ㄷ, ㄹ

(7급 2020 문 19)

II. 시스템접근법에 대한 설명으로 적절하지 않은 것은?

① 모든 현상이나 문제를 '전체로서 하나의 단일체'라는 전일성(holism)의 관점에서 접근한다.

② 개방시스템으로서 동적 균형(dynamic equilibrium)을 추구한다.

③ 정(+)의 엔트로피(positive entropy)의 증대를 추구한다.

④ 피드백(feedback)을 통해 안정과 성장을 추구한다.

(7급 2020 문 17)

답   I. ② 과학적 관리법은 몰인격성으로 비판받을 수 있다. 시스템에서의 전체는 부분의 단순한 집합 이상의 의미를 갖는다.

II. ③ 무질서의 정도를 의미하는 엔트로피가 지속적으로 증가하는 폐쇄 시스템을 극복하기 위해 엔트로피의 감소를 추구하는 개방적 시스템 접근법이 필요하다.

1.4   경영학의 유용성

지금까지 경영학의 인접 학문, 경영학에 대한 오해, 그리고 경영학이 다루는 문제들에 대해 설명했다. 마지막으로 경영학을 배우면 여러분의 삶이 어떻게 좋아질 것인가에 대해 다루어 보자.

연습문제 4

▶ 경영학의 유용성 세 가지를 설명하라.

첫째, 기업을 좀 더 객관적이고 정확하게 평가할 수 있는 시각을 갖게 된다. 사실 우리나라 사람들은 기업에 대해 다소 감정적이고 모순적인 평가를 하고 있는 듯하다. 예를 들어 많은 사람들은 우리나라 기업들이 글로벌 시장에서 성공하기를 원하지만 그와 동시에 일반적으로 대기업은 협력기업을 착취하고 공해물질 배출과 인권 침해 등 사회에 해악을 끼친다고 비판한다. 또한 많은 사람들은 창업으로 성공하기 원하지만 실제로 우리나라에서 창업으로 성공한 기업가들을 대체로 존경하지 않는 경향이 있다. 성공한 기업과 기업인에 대해 갖는 이러한 다면적인 평가는 어찌 보면 자연스러운 일이지만 때로는 왜곡된 시각에 기반하여 잘못된 판단으로 흐르기 쉽다. 경영학을 배워서 기업 행동의 동기와 방향성을 더 잘 이해하게 되면 보다 정확한 시각을 갖게 되어 여러분이 정부에서 일하면서 기업에 대한 정책을 세우거나 또는 개인 투자자로서 투자 기업에 대해 평가하는 과정에서 현실적인 도움을 받을 수 있다.

둘째, 기업을 더 나은 방향으로 변화시킬 수 있는 방법을 알게 된다. 여러분이 특정 기업에서 근무하게 되면 처음에는 주어진 직무만 수행하겠지만 점차 업무를 스스로 주도하는 지위를 갖게 될 것이다. '일을 잘하는 방법'을 찾는 것과 '어떤 일을 할 것인가'를 찾는 것은 매우 다르고, 경영학은 특히 두 번째의 탐구에 도움을 준다. 앞에서 경영학은 '기업의 목표달성과 관련된 문제해결을 돕는 도구를 제공하는 학문'이라고 정의했는데 여기에는 어떤 문제를 설정할 것인가에 대한 내용도 포함된다. 예를 들어 고등학생이 더 나은 성적을 받고 싶을 때에는 성적이 오르지 않는 문제가 무엇인지 파악해야 한다. 그래야 그 문제를 해결할 수 있기 때문이다. 문제를 정확히 인지하지 못하면 개선시킬 수 없다는 평범한 진리는 기업에도 적용된다. 기업의 성과를 개선시키고 싶다면 성과를 막는 문제를 파악해서 해결해야 한다. 경영학을 배우면 문제를 파악하는 능력을 기르게 된다.

셋째, 여러분의 삶을 더 만족스러운 방향으로 변화시킬 수 있게 된다. 이것은 앞에서 설명한 두 가지 좋은 점이 결합되고 확대된 결과이다. 여러분이 경영학 지식을 통해 기업을 객관적으로 평가하는 능력과 기업을 더 나은 방향으로 개선시키는 능력을 습득하게 된다면 그것을 개인이나 집단 수준에서 적용하는 능력 또한 습득하게 될 확률이 높다. 기업은 집단과 개인으로 이루어진 조직이기 때문이다. 기업을 이해하기 위해서는 집단 수준에서 일어나는 일과 개인 수준에서 일어나는 일들을 이해해야 하는데, 이것은 궁극적으로 여러분의 개인의 삶의 질을 높이는 데 도움을 줄 것이다. 이것이 응용 과학으로서 경영학이 갖는 중요한 특성 중 하나이다.

사회적 트렌드와 경영 | 문화예술경영의 부상

모든 학문 분야와 마찬가지로 시간이 지남에 따라 경영학에서도 새로운 영역들이 부상했다. 몇 가지 예를 들면 인터넷 기술의 발전에 따라 사물인터넷을 활용하는 경영정보시스템이 부상한 것, 인권이나 환경 이슈 등에 기민하게 대응하기 위한 사회적 공헌 활동을 전담하는 부서가 탄생한 것, 코로나 사태가 장기화됨에 따라 메타버스 공간에서의 가상 조직이 시도되는 것 등을 들 수 있다. 최근에 감지할 수 있는 경영 트렌드 중 한 가지는 문화예술을 활용하는 경영이다.

사실 문화예술을 활용하는 경영은 사회공헌활동의 수단으로 배고픈 예술가를 지원하거나 도시재생을 위해 직원들이 벽화를 그리는 등 제한된 영역에서 오랫동안 수행되어 왔다. 그런데 기업이 수행하는 문화예술적 활동이 외부적으로는 기업의 이미지를 제고하여 매출에 긍정적 영향을 미칠 수 있는 것과 동시에 내부적으로는 기업 구성원의 응집력과 창의성을 제고할 수 있다는 인식이 확산되고 있다.

사실 이러한 인식은 사회 각 부문의 칸막이가 파괴되는 거시적 추세와 잇닿아 있다. 예전에는 정치인이 TV 예능 프로그램에 출현하는 것은 서구 국가에서나 볼 수 있는 격식 파괴로 여겨졌으나 이제 대통령 후보가 TV 예능 프로그램에 등장하는 것은 마치 통과의례처럼 간주되고 있다. 예전에는 국가대표라 함은 국가의 위상을 높이기 위해 불철주야 연습에 매진해야 하는 이미지였지만 이제는 대회를 앞두지 않은 기간에는 개인 활동을 자유롭게 펼치는 것이 자연스럽게 받아들여지고 있다. 예전에는 많은 직원의 생계를 책임지는 대기업 경영진의 '가벼운' 언행을 공개하는 것을 금기시했으나 SNS 활동이 보편화되면서 우스꽝스러운 동물로 표현되는 본인의 캐릭터를 스스로 SNS에 옮겨서 대중의 관심을 받는 것이 아무렇지도 않게 되었다.

이제 창의성이 기업의 지속가능경영의 중요한 요인이라고 전제한다면, 기업의 창의적 이미지를 가장 잘 표현할 수 있는 수단은 어떤 것일까? 아마도 문화예술적 요소를 활용한 경영이 될 것이다. 이것이 기업이 수행할 수 있는 문화예술경영이다. 제품 포장에서부터 업무 공간까지 다양하게 적용할 수 있는 문화예술적 요소를 기업의 DNA에 심는 것이다. 호모 루덴스(유희의 인간)의 피가 흐르고 있는 우리는 유쾌한 정치인, 유쾌한 국가대표, 그리고 유쾌한 기업인에 환호한다. 기업의 문화예술경영은 활력과 창의성으로 충만한 기업을 만들어 줄 수 있다.

생각해 볼 문제

1. 기업의 지속적 경쟁우위에 중요한 영향을 미치는 요인으로 중시되는 개념들에 대해 조사해 보자.

2. 역사적으로 이러한 개념들이 등장했던 시기를 조사해 보자. 특별한 경제적, 사회적, 문화적 배경이 있었는가?

3. 최근 문화예술경영이 부상하는 배경에는 어떤 요인이 있다고 생각하는가?

요약

- 경영학은 법학, 수학, 철학, 통계학, 심리학, 사회학, 정치학, 그리고 다양한 자연과학과 공학에서 파생되었다. 핵심 분야로는 회계, 마케팅, 재무, 인사/조직, 운영/경영정보, 전략/창업, 국제경영 등이 있다.

- 경영학은 학문이 아니거나, 기업만을 위한 학문이거나, 아니면 이익 창출 기술만을 다루는 학문이라는 오해를 받고 있으나 실제로는 다양하게 응용될 수 있는 문제 해결을 위한 광범위한 주제를 다루고 있다.

- 경영학을 학습하면 기업을 적절히 평가할 수 있고, 발전 방향을 제시할 수 있으며, 더 나아가 개인의 삶을 개선할 수 있는 능력을 기르게 된다.

경영과정 : 계획 - 실행 - 확인 - 개선

기업의 이름과 비전

2021년 10월 21일, 페이스북은 17년간 사용해 온 이름을 메타로 변경한다고 발표했다. 최고경영자인 마크 저커버그는 이 변화가 페이스북을 단순한 소셜미디어 기업이 아닌 메타버스 대표 기업으로 전환하는 계기가 될 것이라고 밝혔다. 당초 페이스북이 가진 가상회의 플랫폼의 이름인 호라이즌을 새로운 이름으로 사용할 것이라고 예측되기도 했지만 페이스북과 호라이즌, 인스타그램, 와츠앱 등을 아우르는 새로운 이름을 선택한 것이다.

사실 기업이 성장하면서 대표 브랜드 대신 새로운 이름을 사용한 경우는 페이스북이 처음은 아니다. 구글은 2015년에 지주회사인 알파벳을 세우면서 기존의 구글(검색, 지도, 유튜브, 안드로이드, 광고, 앱) 사업부를 'alpha', 그 이외에 7개(고속 인터넷, 벤처 캐피털, 투자 펀드, 자율주행, 인공지능 가정관리, 당뇨 측정 콘택트 렌즈, 헬스케어 관련) 사업부를 'the other bets'로 부르며 관리하기로 했다. 즉 구글 사업부에서 창출되는 재무적 자원과 정보 자원을 기타 사업부에 투자하는 구도를 만들어서 사업 영역 확장의 비전을 제시했던 것이다. 구글은 구글 사업부에서 쏟아져 나오는 막대한 개인정보를 활용할 수 있는 다양한 사업을 적극적으로 인수하여 수익모델을 만들 수 있는 플랫폼을 마련했다.

이번 페이스북의 사명 변경도 그러한 맥락에서 이해할 수 있다. 메타버스가 대세가 되는 시대의 흐름에서 가상회의나 모임과 관련된 수많은 앱이 개발되고 있는데, 이러한 앱들이 페이스북의 메타버스 플랫폼과 연결되도록 하겠다는 의지를 보인 것이다.

일부는 페이스북의 이번 조치가 최근 발생한 기업 내 증오 발언 옹호에 대한 내부고발을 무마하고 대중의 관심을 다른 곳으로 돌리려는 시도라고 해석하기도 한다. 동기가 어떻든, 기업의 성장에 따라 새로운 비전을 제시하는 적절한 변화는 필수적이라 할 수 있다.

출처 : 연합뉴스(2021.10.29). 내부고발로 궁지 몰린 페이스북, 사명 '메타'로 변경. https://www.yna.co.kr/view/AKR20211029006700091

PEOPLE FIRST

▲ 메타의 저커버그가 강연하고 있다

기업이 수행하는 경영의 방식에 정해진 규칙은 없지만 많은 기업이 선호하는 일반적인 방식은 존재한다. 그것은 **계획-실행-확인-개선**(Plan Do See Improvement, PDSI)이라고 불리는 매우 단순한 과정이다. 이 책에서는 이를 경영과정이라고 부르기로 하자.

2.1 경영과정의 의의

사실 PDSI 이외에도 경영과정으로 불리는 일련의 다양한 절차가 존재한다. 1620년에 프란시스 베이컨(Francis Bacon)은 과학의 기본 방법론으로서 가정 설정-조사-평가 절차를 제시하여 계획−실행−검증(plan-do-see)의 기본적 체계를 마련했다. 파욜은 1916년에 발표한 산업의 일반관리론에서 14개의 관리원칙과 함께 계획, 조직, 지휘, 조정, 통제의 5대 관리요소를 제시했고 윌리엄 데밍(William Deming)은 품질관리를 위한 **슈하트 절차**(Shewhart Cycle)를 경영에 적용한 **계획-실행-평가-개선**(Plan-Do-Check-Act, PDCA) 과정을 제시했다. 이 과정은 추후 PDSA(Plan-Do-Study-Act), 또는 OPDCA(Observation-PCDA) 등으로 변형되기도 했다.

비록 명칭은 상이하더라도 이러한 절차들은 공통적인 요소를 가지고 있다. 첫째, 경영과정의 출발은 목표와 계획을 설정하는 것이다. 목표를 설정하지 않으면 그 목표를 달성하기 위한 적절한 방법을 찾기 힘들다. 목표를 달성하는 일련의 방법은 계획으로 정리된다. 둘째, 계획이 정립되면 그 계획을 실행하는 과정을 거쳐

▲ 경영과정은 다양한 경영요소의 조합이다

야 한다. 실행 과정을 한마디로 요약하면 주어진 자원을 적절히 사용하고 부족한 자원을 조달하는 것이다. 자원의 유형은 매우 다양하다. 단순하게 자금이나 재료 등 물리적 자원으로부터 시작하여 직원의 역량이나 기술, 노하우 등 인적 자원, 그리고 조직이 가진 효율적 소통체계나 조정과 통제 시스템 등 조직 자원을 들 수 있다. 그 밖에도 시간이나 사회적 명망 등도 모두 자원의 범주에 속한다. 셋째, 계획을 실행하기 위해 자원을 사용한 다음에는 예상했던 결과의 달성에 대한 확인이 필요하다. 예상했던 결과가 도출되지 않았을 경우 그 원인에 대해 다양하게 분석할 수 있는데, 애당초 목표를 잘못 세웠을 수도 있고, 목표는 잘 세웠으나 자원의 배분이 적절하지 않았을 수도 있고, 단순히 실행 과정에서 게을렀을 수도 있다. 심지어 만족스러운 결과를 얻은 경우에도 단지 운이 좋아서 그러한 결과를 얻었을 수도 있고, 또는 동일한 과정을 반복할 때 다음 주기에서는 저조한 성과를 얻을 수도 있다. 확인 과정에서는 이러한 부분을 점검하게 된다. 넷째, 계획-실행-확인 과정이 종료된 후에는 다음 주기를 위한 개선 절차를 수행한다. 여기에서 경영과정은 순환된다고 가정하며 한 주기가 끝나면 종료된 주기에서 부족했던 점과 새로운 주기에서의 환경적 변화를 점검하여 다음 주기의 계획에 영향을 미치는 개선 요인들을 고려해야 한다.

이러한 경영과정은 오직 기업만을 위한 것일까? 물론 이 책에서 다루는 내용들은 모두 기업의 경영과정이지만 사실 경영과정은 기업과 집단과 개인에 모두 적용될 수 있다. 예를 들어 원하는 자격증을 취득하기 위해 공부하는 수험생의 일상을 살펴보자. 이러한 수험생은 대개 먼저 학습 계획을 세우게 되는데, 여기에서 무리하게 수면 시간을 줄이거나 또는 시험 과목 사이에서 균형을 잡지 못하면 실행에서 문제가 발생하게 된다. 본인에게 주어진 여건과 생활 패턴, 그리고 시험 일정 등을 고려해야 한다. 그다음으로는 매일 매일의 실행 과정을 거친다. 컨디션에 따라 공부하는 장소와 과목의 순서, 그리고 필기구의 색깔 등 매우 사소할 수 있는 것들에 대해서도 결정하고 실행한다. 스트레스가 쌓였을 때 임기응변으로 적절히 대처하는 것도 중요하다. 그다음 절차는 확인으로서 매일 공부하는 분량과 시간을 점검함과 동시에 일정 기간 공부한 후에는 모의고사 등을 통해 본인이 원래 계획했던 것이 제대로 진행되고 있는가에 대해 평가하게 된다. 마지막으로 개선 절차는 현재 채택하고 있는 공부 방식보다 더 나은 방식으로 변경하는 것이다. 아침보다 저녁에 공부하는 것이 더 나을 수도 있고, 학원을 다니는 것보다 인터넷 강의를 선택하는 것이 더 나을 수도 있다. 즉 원하는 자격증을 취득하기 위해 본인이 선택한 학습 모델에 따라 계획－실행－확인 과정을 거친 다음에는 모델을 변경할 것인가, 모델을 유지하면서 실행 방식을 조금씩 수정할 것인가, 아니면 기존 모델과 방식을 그대로 유지할 것인가에 대한 결정을 내리게 된다.

어찌 보면 매우 당연한 절차인 것 같지만 많은 수험생은 이 단순한 PDSI 경영과정을 지키지 않아서 실패하곤 한다. 비현실적이거나 즉흥적인 계획을 세우는 수험생은 효과적으로 학습 진도를 맞추기 힘들다. 현실적인 계획을 세우더라도 꾸준히 공부하지 않거나 졸린 상태에서 공부해서 공부의 효율이 높지 않을 수 있고, 모의고사 등 중간 평가를 적절히 하지 않아서 본인의 현재 위치에 대해 잘 모를 수도 있다. 마지막으로 공부하는 방식을 개선할 수 있는 기회가 있는 데도 불구하고 그저 과거의 방식에 안주할 수 있다. 이러한 흔한 실수는 PDSI에 대해 조금이라도 알고 있다면 쉽게 막을 수 있다. 물론 PDSI를 본인의 생활에 적용할 의지가 있다는 전제에서 말이다.

여기에서 잠시 PDSI의 각 단계의 기능과 관련하여 효과성과 효율성의 개념에 대해 설명하기로 하자. **효과성**은 목표를 달성하기 위해 얼마나 적절한 수단을 선택했는가에 대한 개념이고, **효율성**은 결정된 수단을 적용하는 과정에서 비용 대비 성과를 얼마나 높였는가에 대한 개념이다. 제1장에서 이에 대해 '어떠한 일을 할 것인가', '일을 어떻게 잘 할 것인가'에 대한 질문으로 설명하기도 했다. 즉 효과성은 올바른 경로를 찾는 것이고 효율성은 그 경로 위에서 신속하게 움직이는 방법을 찾는 것이다. 그러므로 PDSI의 과정에서 계획 단계에서는 효과성이 상대적으로 중요하고 실행 단계에서는 효율성이 상대적으로 중요하다.

기출문제

I. 어떤 기업이 매출목표 달성을 위해 신기술을 도입하였다. 그 결과 전년 대비 생산량이 증가하고 생산원가는 감소하였으나 제품이 소비자의 관심을 끌지 못하여 매출목표를 달성하지 못하였다. 신기술 도입의 효과성과 효율성에 대한 설명으로 적절한 것은?

① 효과적이고 효율적이다.

② 효과적이지 않지만 효율적이다.

③ 효과적이지만 효율적이지 않다.

④ 효과적이지 않고 효율적이지도 않다.

(7급 2016 문 5)

답 I. ② 원가 감소와 생산량 증가는 효율적이라는 것을 설명하지만 매출 달성이 미흡한 것은 신기술 도입이 궁극적으로 효과적이지 않다는 것을 설명한다.

이제 PDSI의 각 요소에 대해 하나씩 살펴보자.

2.2 계획

기업에서 수행하는 계획 활동은 대개 전략 수립 과정으로 요약할 수 있다. 여기에는 비전과 미션을 기반으로 하여 목표를 세우고, 외부환경과 기업자원을 분석하여 전략 대안을 마련하고, 최선의 전략을 선택하는 것이 포함된다. 이 과정을 요약하면 다음과 같다(그림 2.1).

연습문제 1

▶ 경영과정의 요소들을 설명하라.

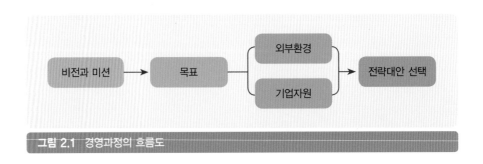

그림 2.1 경영과정의 흐름도

보다 세부적인 내용은 제3장과 제4장에서 다루기로 하고 여기에서는 대략적인 개념만 살펴보기로 하자. 먼저 비전과 미션은 기업이 궁극적으로 지향하는 모습이 자 존재하는 이유이다. 다음 기업들의 사례를 살펴보자.

구글의 미션은 다음과 같다.

> **"우리의 미션은 이 세상의 정보를 처리하여 사람들이 접근하여 이용하기 편 하게 하는 것이다."**

출처 : https://www.google.com/search/howsearchworks/mission/

페이스북의 미션은 다음과 같다.

> **"페이스북의 미션은 사람들에게 소통할 수 있는 힘을 부여하여 서로 가깝게 하는 것이다. 친구와 가족과 함께 소통하고, 소식을 나누며 중요한 일에 대 해 의견을 표하기 위해 페이스북이 존재한다."**

출처 : https://investor.fb.com/resources/default.aspx

구글은 정보를 처리해서 사람들이 이용할 수 있게 한다는, 그리고 페이스북은 사람들이 서로 소통하고 세상의 소식을 접할 수 있게 한다는 기업 사명을 가지고 있다고 설명하고 있다. 이러한 미션은 해당 기업의 세부적인 영업 분야를 설명하지 는 않지만 기업 활동을 통해 사회에 궁극적으로 어떤 기여를 할 것인지를 밝힌다.

비전과 미션이 장기적이고 포괄적인 지향점을 설명하는 것에 비해 목 표는 정해진 기간에 기업이 도달하기 원하는 구체적인 지점을 표현한 다. 물론 비전을 설명할 때에도 기간을 사용하기도 한다. 예를 들어 '비전 2030'이라면 2030년까지 이루어야 하는 비전을 의미한다. 그러나 목표는 이러한 비전에서 설정하는 기간보다 단기적이고 설정 빈도도 일상적이다. 연간 목 표, 분기 목표 등 기업에서 일상적으로 설정하는 목표에는 대개 시장점유율, 성장 률, 불량률 등 구체적인 숫자가 포함된다. 이러한 구체적인 목표의 달성 여부에 따 라 구성원에 대한 보너스 등 보상이 결정된다.

목표가 설정되면 이 목표를 달성하기 위한 계획, 즉 전략을 세우게 되는데 이를 위해 외부와 내부환경 분석을 하게 된다. 외부환경 분석은 기업이 통제할 수 없는

> **연습문제 2**
>
> ▶ **미션과 목표의 차이에 대해 설명하라.**

외부적인 요소들에 대해 파악하는 것이고, 내부환경 분석은 기업이 통제할 수 있는 내부적인 요소들에 대해 파악하는 것이다.

외부환경 요소들은 일반적인 정치, 경제, 사회문화, 인구 등 거시환경 요소들과 경쟁기업, 공급자, 구매자 등 산업환경 요소들로 구분할 수 있다. 그런데 이러한 외부환경 요소들은 특정 기업별이 아니라 산업이나 기업집단 등의 단위로 분석하게 된다. 즉 외부환경 분석의 시사점은 특정 기업에 대한 것이 아니라 산업단위 또는 기업집단 단위로 나타나게 된다.

연습문제 3

▶ 외부환경 요소와 내부환경 요소의 차이에 대해 설명하라.

내부환경 요소들은 기업이 통제할 수 있는 기업자원을 의미한다. 기업이 현재 보유하고 있는 자원이 무엇이고 보유하지 않은 자원이 무엇인가를 파악하면 그로 인해 기업이 추구할 수 있는 또는 추구해야 하는 전략을 도출할 수 있다.

외부환경과 내부환경을 종합적으로 분석하여 기업이 추구할 수 있는 전략을 도출하는 과정을 보여주는 모형 중 가장 잘 알려진 것으로 SWOT 분석 모형이 있다. 강점(Strengths)-약점(Weaknesses)-기회(Opportunities)-위협(Threats)의 알파벳 첫 글자를 사용하는 이 모형은 다음의 두 가지 버전으로 표시된다(그림 2.2, 그림 2.3).

첫 번째의 모형에서는 특정 기업을 둘러싼 SWOT 요인들을 단순히 네 가지 영역에 기술하는 방법을, 두 번째의 모형에서는 외부환경과 내부환경 요소들이 만드는 조합을 SO(강점과 기회를 극대화하는 전략), WO(약점을 보완하고 기회를 극대화하는 전략), ST(강점을 극대화하고 위협을 중화하는 전략), WT(약점을 보완하고 위협을 중화하는 전략)로 분류하여 제시하는 방법을 설명한다. 첫 번째 모형과 비교하여 두 번째 모형에서는 구체적인 전략 대안을 영역별로 체계적으로 탐색하기에 용이하지만 모든 영역에서

그림 2.2 SWOT 모형

	S	W
O	SO	WO
T	ST	WT

전략 대안을 준비해야 하는 것은 아니다.

오히려 전략 대안은 그 전략이 주어진 산업의 특성에 종속되는가 또는 산업 특성에 종속되지 않는가에 따라 구분하여 탐색하는 것이 나을 수 있다. 첫 번째의 방법은 **사업부 수준의 전략**(business-level strategy)으로, 특정 산업에서의 제품의 특성에 영향을 받는다. 예를 들어 고급 스포츠카 시장에서는 가격보다는 디자인에서의 차별성이 중요한데 이를 위해 창의적인 차별화 전략이 효과적일 수 있다. 반면 콘텐츠 플랫폼 시장에서 다른 기업들과 비교해 콘텐츠

> **연습문제 4**
>
> ▶ **사업부 수준의 전략과 전사적 수준의 전략의 차이에 대해 설명하라.**

▲ **계획 활동은 분석력과 창의성을 요구한다**

종류가 크게 다르지 않다면 저렴한 구독료가 중요할 수 있는데, 이를 위해서는 운영에서의 효율을 극대화해서 비용을 낮추는 전략이 효과적일 수 있다. 이러한 전략들은 특정 시장 또는 산업의 특성을 고려한다.

두 번째 방법은 여러 산업에 걸친 다각화된 기업이 전사적으로 추구하는 **전사적 수준의 전략**(corporate-level strategy)이다. 여러 계열사를 거느리는 다각화된 기업은 여러 산업에 걸쳐 있기 때문에 특정 산업의 특성에 맞는 전략을 전사적으로 추구할 수는 없다. 즉 산업의 특성과 무관한 전략들이 이에 해당되는데, 예를 들어 다른 기업과 전략적 제휴를 맺거나 다른 기업을 인수하거나 다각화를 추구하는 것 등을 들 수 있다.

사업부 수준의 전략이든 전사적 수준의 전략이든 또는 두 가지 전략의 조합이든, 여러 전략 대안 중에서 기업은 장점과 단점(pros and cons)을 비교하여 최종적으로 전략을 선택하여 수립하게 된다. 이 계획 과정에서 외부환경과 내부환경에 대한 치밀한 분석과 전략 대안 구상에 있어서의 창의적 발상이 요구된다.

읽을거리

생각의 속도로 실행하라

2000년에 발간된 제프리 페퍼(Jeffrey Pheffer)와 로버트 서튼(Robert Sutton)의 저서 《생각의 속도로 실행하라(The Knowing-Doing Gap)》는 일약 세계적인 베스트셀러로 등극했다. 기업이 수조 원의 자금을 직원 훈련과 컨설팅에 쏟아부어도 성과가 개선되지 않는 이유를 설명했기 때문이다. 사실 그 이유는 단순했다. 아는 대로 실행하지 않았기 때문이다. 이 책에서는 아는 것이 실행되지 않는 이유를 조목조목 설명했을 뿐 아니라 그 해결책도 제시하고 있다.

이들은 아는 것이 실행되지 못하는 첫 번째 이유로 행동 대신 말로 때우려는 악습을 들었다. 기업 사명서

▲ 《생각의 속도로 실행하라》는 전략의 실행을 강조한다

를 예로 들어 보자. 거기에는 온갖 훌륭한 미사여구가 가득하다. 사명서는 원래 그래야 한다고 믿기 때문이다. 문제는 그것으로 기업 사명서의 역할이 끝난다고 생각하는 믿음이다. 기업 사명서에 있는 문구들이 실제로 행동으로 옮겨져야 한다고 믿지 않기 때문에 미사여구로 채워지게 되고, 그렇기 때문에 실제 행동으로 이어지는 것은 더욱 어렵게 된다. 그 밖에 회의에서는 모호하고 애매한 표현이 난무하고, 현실성 없는 명분만 판치고, 본인이 책임지지 않을 대안들만 발언하는 것 등을 들 수 있다.

두 번째는 기존 방식이다. 이것은 기존의 방식을 바꾸려 하지 않는 속성을 의미한다. 기업은 새로운 환경을 극복하기 위해 전략을 수립하여 실행하려 하는데 직원들은 새로운 방식으로 바꾸려 하지 않는 것이다. 타성이 조직문화로 자리잡은 기업에서 행동의 변화를 기대하기는 불가능하다.

세 번째는 두려움에 의한 경영이다. 변화를 추구하는 경영자는 대체로 채찍과 당근의 수단을 사용한다. 여기에서 채찍은 처벌에 의한 변화 유도이고, 당근은 포상에 의한 변화 유도이다. 어느 수단이 더 직접적이고 즉각적인가? 당연히 채찍이다. 그러나 이러한 직접적이고 즉각적인 수단에만 의존할 때 직원들은 처벌을 피하는 대안을 가장 우선적으로 선택하게 된다. 그것은 아무것도 하지 않는 복지부동이다. '잘해야 본전'인 기업에서 직원들은 어떤 일도 잘하려는 동기부여가 되지 않는다.

네 번째는 단기적이고 가시적인 성과평가(measurement)다. 임기가 2년인 임원은 그 기간 동안 가시적인 성과를 보여주어야 임기 연장을 기대할 수 있다. 그런데 단기적 성과를 추구하다 보면 기업의 장기적 성장잠재력

이 손상되는 경우가 많다. 많은 경우 기업이 추구하는 전략은 1년으로 마무리되기보다는 수년에 걸쳐서 추구되어야 효과를 가져올 수 있다. 그런데 2년만에 성과를 평가받아야 하는 임원은 이러한 장기적 성장잠재력을 가진 전략을 수행해야 함을 알면서도 실행으로 옮기지 못하게 된다.

마지막 이유는 내부 경쟁(internal competition)의 조장이다. 사람은 경쟁에 직면했을 때 동기부여될 수 있고 이것은 기업에서도 마찬가지이다. 그런데 내부적인 경쟁이 과열되면 다른 직원 또는 부서가 모두 경쟁 상대가 되고, 그것은 정보 흐름의 차단을 가져온다. 기업 내에 훌륭한 모범사례(best practice)가 개발되어 공유되는 것이 매우 중요하다는 것은 모두가 알고 있지만 과열된 내부 경쟁은 이러한 정보의 공유를 막게 된다.

그렇다면 생각과 실행의 불일치를 극복할 수 있는 방법은 무엇인가? 몇 가지 제안은 다음과 같다. 회의나 문건에서는 멋있고 우아한 표현보다는 실제적이고 구체적인 표현을 사용하고, 새로운 도전이 비록 실패하더라도 상과 격려를 아끼지 않으며, 업무 수행의 결과와 함께 과정도 고려하는 평가를 실시한다. 기존 조직의 변화를 기대하기 힘들다면 새로운 조직을 만들어 새로운 조직 문화를 만든다. 경쟁을 통한 제로섬 게임을 만들지 말고 그 대신 협력을 통한 포지티브섬 게임의 상황을 만든다.

이 모든 것의 출발점과 종착점은 최고경영진에게 있다. 아무리 혁신과 변화를 강조하는 기업이라도 최고경영진이 스스로 변화하지 않으면 직원은 언제까지나 타성에서 벗어나지 못할 것이다.

2.3 실행

계획 활동을 잇는 두 번째 과정은 실행 활동이다. 앞에서 설명했듯이 파욜의 경영과정에서는 이 단계가 조직, 지휘, 조정, 통제로 세분화되기도 한다. 한편 제이바니(Jay Barney)는 실행 활동을 조직구조, 통제 시스템, 보상정책으로 분류하기도 했다.

이 책에서는 실행 활동을 경영학의 각론으로 해석하여 살펴보기로 한다. 사실 조직행동, 인적자원관리, 조직설계는 파욜과 바니의 실행 개념과 직결되는데, 이 개념이 말하고자 하는 바는 계획을 실행하기 위해 적절한 조직화와 지휘, 통제, 그리고 보상이 필요하다는 것이다.

이 개념을 확대하여 마케팅, 재무, 운영, 회계, 그리고 국제경영 활동 역시 기업의 전반적인 계획을 실행하는 세부 기능으로 보기로 한다. 보다 구체적인 내용은 제5장부터 제12장에 걸쳐 다루기로 한다.

2.4 확인과 개선

계획-실행-확인-개선 과정의 마지막 두 단계인 확인과 개선 활동은 다음 주기에서 더 나은 계획을 수립하려면 필수적으로 거쳐야 할 과정이다. 실제 기업의 실행 성과를 기반으로 확인 및 개선 방향을 논의하는 것은 경영사례분석을 활용하여 할 수 있다.

여기에서는 경영환경의 변화에 따라 PDSI 과정에 영향을 미칠 수 있는 요인에 대해 살펴보기로 한다. 이에 대해 제13장에서는 기업의 성과를 평가하는 다양한 경영 모형에 대해 논의하고, 제14장에서는 기업의 지속가능성을 높이기 위해 추구할 수 있는 윤리경영과 ESG에 대해 살펴보고, 마지막으로 기업의 목적이 사회적 가치 제고에 있는 사회적 기업에 대해 설명하기로 한다.

계획과 실행의 딜레마

만약 당신에게 계획과 실행 중 어느 것이 선행되어야 하냐고 묻는다면 당신은 이상한 질문이라고 여길 것이다. 계획 없는 실행이 있을 수 있을까? 이 장에서 언급했던 여러 학자의 모형은 모두 계획으로부터 시작한다. 프랜시스 베이컨(Francis Bacon)의 과학적 검증 절차를 기반으로 한 계획-실행-검증(Plan-Do-See), 파욜이 제시한 계획, 조직, 지휘, 조정, 통제의 5대 관리요소, 데밍의 계획-실행-평가-개선(Plan-Do-Check-Act, PDCA) 과정과 그 이후 변형된 PDSA(Plan-Do-Study-Act), 또는 OPDCA(Observation-PCDA)는 모두 계획으로 시작된다.

그러나 인공지능과 빅데이터 기술이 발전함에 따라 이 단순한 질문에 답하는 것이 그리 쉽지 않게 되었다. 거대한 용량의 데이터를 단시간에 처리할 수 있게 되자 잠재적 구매자의 반응을 기업의 전략에 실시간으로 반영할 수 있게 되었고, 따라서 정밀한 계획 수립 과정을 거치지 않더라도 비교를 원하는 대안을 병행하여 실행하면서 더 나은 성과를 갖는 대안을 선택하는 것이 가능해진 것이다.

사실 이러한 아이디어는 빅데이터 기술이 등장하기 오래전인 1980년대부터 제기되었고, 대표적인 학자는 헨리 민츠버그(Henry Mintzberg)였다. 이에 대해 제13장에서 경영 모델을 다룰 때 더 자세히 설명하겠지만, 여기에서 가장 중요한 개념은 유연성이다. 기존의 정형화된 방식에만 매달리는 것보다는 주변을 살피며 유연하게 변화를 받아들이는 것이 더 낫다는 것은 뛰어난 경영학자가 아니더라도 상식적으로 수긍할 만하다. 이러한 훌륭한 자세에 날개를 달아 주는 것이 바로 인공지능과 빅데이터 기술이다. 그러나 많은 경영학도가 인공지능과 빅데이터의 활용이 유익하다는 것을 인정하고 공부하겠다는 '계획'을 세울 뿐 기초적인 코딩을 배우는 '실행'에 옮기는 것을 주저한다.

코딩을 배우는 것은 스스로 프로그래밍의 전문가가 되어야 한다기보다는 다른 코딩 전문가가 인공지능과 빅데이터를 활용하는 방식에 대해 방향을 제시할 수 있음을 의미하기도 한다. 여러 가지 의미에서 계획과 실행은 어느 것이 먼저라고 규정하기 힘든 닭과 달걀과 같은 관계라고 할 수 있다.

생각해 볼 문제
1. 파욜이 제시한 5대 관리 요소에 대해 조사해 보자. 각 요소의 특징은 무엇인가?
2. 각 요소의 순서는 중요하다고 생각하는가?

요약

- 경영과정은 기업의 비전과 미션을 정립하고 목표를 설정하여 외부환경과 내부환경을 분석한 결과 도출되는 전략 대안들 중 최적의 전략을 선택하고, 그 전략을 실행한 결과를 피드백하고, 새로운 목표를 설정하는 과정을 보여준다.
- 비전과 미션은 기업의 궁극적인 지향성을 보여주는 한편, 목표는 특정 기간에 이루어야 할 측정 가능하고 구체적인 지점을 보여준다.
- 외부환경은 일반환경과 산업환경을 포함하며 기업에게 기회와 위협을 제공하는 요소를 보여주는 반면, 내부환경은 기업자원을 통해 기업이 갖는 강점과 약점을

보여준다.

- 사업부 수준의 전략은 기업이 속한 산업의 특성을 반영하고, 전사적 수준의 전략은 특정 형태로 다각화된 기업의 상황에 비중을 둔다.

제 3 장

경영 전략의 수립

디즈니 플러스의 경쟁력

2021년 11월, 한국에서 디즈니 플러스 서비스가 개시되었다. 이 서비스에는 디즈니의 오리지널 콘텐츠와 함께 2006, 2009, 2012, 2017년에 각각 인수합병으로 합류한 픽사, 마블, 루카스 필름(스타워즈 시리즈), 그리고 내셔널 지오그래픽의 콘텐츠가 포함되었다.

사실 디즈니가 콘텐츠 플랫폼으로서 경쟁력이 있을 것인가에 대해 엇갈린 평가가 있었다. 긍정적 평가로는 디즈니가 미키 마우스나 여러 프린세스 캐릭터 등을 보유하고 있어서 이러한 전통적인 콘텐츠를 손쉽게 감상하고 싶은 시청자층을 공략할 수 있다는 것이었고, 부정적 평가로는 이미 콘텐츠 공급자로 자리잡고 있는 넷플릭스의 아성에 도전할 수 있을 것인가에 대한 것이었다. 반대로 디즈니의 도전에 직면한 넷플릭스의 운명에 대해서도 다양한 의견이 제기되었다. 기존에 넷플릭스에서 제공하던 마블 영화 등 디즈니 콘텐츠가 대거 이동하게 되어 넷플릭스의 지위가 위태로워질 것이라는 의견과, 자체 신규 콘텐츠의 꾸준한 제작으로 이를 거뜬히 극복할 수 있을 것이라는 의견이 대두되었다.

사실 MCU(Marble Cinematic Universe)로 불리는 마블 영화 스토리의 세계관은 많은 영화 팬을 매혹했고, 이 세계관은 후속 영화를 통해 당분간 계속 확장될 것으로 보인다. 그러나 MCU만으로 디즈니 플러스의 경쟁력이 창출 및 유지될 것이라고 보기는 힘들다. 넷플릭스가 여러 나라에서 제작되는 신규 콘텐츠에 과감한 지원을 아끼지 않는 방식으로 디즈니 플러스의 공격에 대응하듯, 디즈니 플러스도 기존 디즈니 콘텐츠와 관련이 없는 여러 나라의 콘텐츠를 담아야 하는 과제를 안고 있다. 예를 들어 2021년 9월과 11월에 각각 넷플릭스 전 세계 스트리밍 1위를 했던 〈오징어 게임〉과 〈지옥〉은 넷플릭스가 제작비를 지원한 한국 콘텐츠였는데, 디즈니 플러스도 2022년까지 7편의 오리지널 콘텐츠를 소개할 예정이라고 발표했다. 그중 첫 작품으로 TV 예능 프로그램 〈런닝맨〉의 스핀오프인 〈런닝맨 : 뛰는 놈 위에 나는 놈〉이 2021년 11월 12일에 공개되었다.

출처 : 아이티조선(2021.10.14). 韓 상륙 디즈니플러스, 7편의 한국 오리지널 콘텐츠 선봬. http://it.chosun.com/site/data/html_dir/2021/10/14/2021101401537.html

▲ 디즈니 플러스는 다양한 콘텐츠를 제공한다

<u>3.1</u> 경영 전략의 정의

계획-실행-확인-개선의 경영과정의 시작은 일정 기간 내에 달성해야 할 기업 목표를 설정하고, 그 목표를 달성하기 위한 장기 계획을 세우는 것이다. 여기에서 전략(strategy) 개념이 등장한다.

일반적으로 전략은 목표를 달성하기 위한 방법이라고 단순하게 정의할 수 있다. 이때 목표는 단지 기업에 한정되지 않는다. 개인, 집단, 국가가 세우는 목표도 포함되며 역시 전략이 필요하다. 사실 전략은 군사 용어로 흔히 사용되는데, 《손자병법》은 전쟁에서 승리하기 위한 다양한 전략을 소개한 책으로 유명하다. 그러나 전략은 반드시 적군을 무찌르기 위해서만 사용되는 것은 아니다. 때로는 상대편과 협력함으로써 서로 이득을 얻는 **포지티브섬 게임**(positive-sum game)도 훌륭한 전략이다. 전략적 제휴나 담합 등이 이러한 전략에 속한다. 또한 상대가 존재하지 않는 전략도 존재한다. 취업 성공 전략, 자격증 취득 전략 등은 기본적으로 상대편이 존재하지 않는 상황에서 일정한 목표를 달성하기 위한 방법을 의미한다.

일단 우리의 관심을 기업으로 한정하고 기업의 목표에 초점을 맞추어 보자. 그렇다면 경영 전략은 기업의 목표를 달성하기 위한 수단이라고 정의할 수 있지만 이 정의 역시 잠정적이다. 기업의 목표는 매우 다양하기 때문이다. 가장 흔하게 생각할 수 있는 기업의 목표는 높은 매출이나 이익 등 재무제표에 등장하는 숫자들, 즉 회계적 성과이다. 그러나 회계적 성과만이 기업의 유일한 목표는 아니다. 자금이 필요할 때 기업은 은행으로부터 대출을 받게 되는데 그때 적용되는 이자율은 기업마다 모두 상이하고 대개 기업의 신용도에 따라 결정된다. 회계적 성과는 과거의 성과를 그대로 반영하는 반면에, 기업의 신용도는 과거의 성과에 영향을 받기도 하지만 미래의 성장성에도 영향을 받는다. 예를 들어 은행으로부터 호의적인 평가를 받겠다는 목표는 높은 신용도로 대출 이자율을 낮추기 위함이다. 이러한 목표는 곧 경제적 성과이기도 하다. 그 밖에도 높은 주가를 달성하여 주주의 부를 늘리거나, 장기적으로 생존 또는 지속적 성장을 이루는 것도 중요한 목표이다. 또한 고객, 정부, 협력사, 직원 등 이해관계자의 만족을 높이는 것 역시 기업의 중요한 목표이다. 즉 기업은 여기에서 언급한 것만 나열하더라도 회계적 성과, 경제적 성과, 주가, 지속가능성, 그리고 이해관계자의 만족 등 다양한 목표를 가질 수 있다.

그렇다면 경영 전략이 달성해야 하는 기업의 목표는 이 중 무엇이어야 하는가? 사실 이들 목표들은 서로 상반될 수 있기 때문에 특정한 경영 전략을 일관적으로 추구하기는 어려울 수 있다. 예를 들어 어느 기업이 매출액을 높이기 위한 경영 전략을 추구하다가 고객의 불만을 초래한다면 그 기업은 초기에 세운 경영 전략을 수정해야 하는가? 전략은 장기적이고 광범위하며 구조적으로 변하지 않는 성격을 가진다. 만약 기업이 단기적이거나 국지적이거나 비구조적인 행동을 취한다면 우리는 그것을 전략이 아닌 **전술**(tactic)이라고 불러야 한다. 전쟁을 이기려면 전략이, 전투를 이기려면 전술이 필요하듯 이 두 개념은 구분된다. 그러므로 경영 전략이 달성해야 할 목표는 매출액이나 고객 만족 등 개별적이고 국지적인 것이 아닌 기업이 궁극적으로 추구해야 하는 것이다.

기업이 경영 전략을 통해 달성해야 할 궁극적인 목표를 **경쟁우위**(competitive advantage)라 한다. 이 개념은 기업이 추구하는 목표들을 포괄하는데, 예를 들어 매출액이나 주가가 높다면 경쟁우위가 높은 것이다. 그러나 그 역은 성립하지 않는다. 즉 경쟁우위가 높다고 해서 반드시 매출액이나 주가가 높은 것은 아니다. 경쟁우위는 하나의 수준으로만 정의되지 않는다. 경쟁우위의 다양한 수준에 대해서는 기업자원분석 모형을 설명할 때 다루기로 한다.

 기출문제

I. 커피를 생산하는 기업의 경쟁우위 확보를 위한 수단 및 효과에 대한 설명으로 옳지 않은 것은?

① 제품 생산 프로세스를 바꾸어 동일 품질의 제품을 생산하는 데 걸리는 시간을 단축하였다.

② 모든 구성원을 대상으로 종합적 품질경영에 참여하도록 독려하여 고객만족도를 향상시켰다.

③ 신기술 도입으로 원두 가공방식을 수정하여 커피의 품질을 향상시켰다.

④ 제품을 납품하는 대형마트의 재고시스템과 연계된 생산시스템을 도입하

여 재고회전율을 낮췄다.

(7급 2015 문 5)

답   I. ④ 효율성 향상, 고객만족도 향상, 품질 제고는 경쟁우위를 높인다. 재고회전율을 낮추면 경쟁우위가 훼손된다.

경영학의 구루로 불리는 피터 드러커(Peter Drucker)는 경영 전략을 특이한 방식으로 정의했는데, 이 정의에서는 목표 달성과 관련하여 기업이 이용하는 수단 또는 방법이라는 용어 대신 기업이 가진 이론이라는 개념을 도입한다. 그는 왜 이러한 표현을 했을까?

연습문제 1

▶ **경영 전략을 정의하라.**

결론적으로, 그가 이론이라는 용어를 사용한 이유는 가정이라는 개념을 도입하기 위해서이다. 어떤 이론이 현실적이려면 현실적인 가정에 기반해야 한다. 훌륭한 가정이 전제되어야 훌륭한 이론을 세울 수 있다. 기업의 전략도 마찬가지이다. 경영 전략이 이론이라는 의미는 훌륭한 가정에 기반한 경영 전략이 훌륭한 전략이

Drucker5789_Jeff McNeill, Creative Commons (CC-BY-SA-2.0)

▲ 피터 드러커는 경영학의 구루로 인정받는다

라는 의미를 담고 있다.

그렇다면 기업 경영에 있어서 훌륭한 가정은 어떤 가정일까? 드러커는 경영자가 기업 경영과 관련하여 갖는 세 가지 유형의 가정을 설명한다. 첫 번째는 환경에 대한 가정이다. 경쟁 기업들의 활동, 소비자의 취향, 정부 정책의 동향 등은 모두 환경적 요소이다. 두 번째는 기업이 가진 사명에 대한 가정이다. 주어진 환경에서 성공하기 위해 기업이 궁극적으로 추구해야 하는 것을 의미한다. 세 번째는 기업의 핵심 역량에 대한 가정이다. 기업이 할 수 있는 것과 할 수 없는 것을 파악하는 것이다.

드러커는 이제 기업이 갖는 이론, 즉 경영 전략의 성공 조건에 대해 설명한다. 첫째, 세 가지 유형의 가정은 각각 현실과 부합되어야 한다. 환경이나 사명, 또는 역량에 대한 가정이 비현실적이면 상황 파악에 실패하는 것이므로 좋은 경영 전략을 갖지 못하게 된다. 둘째, 세 가지 유형의 가정은 서로 부합해야 한다. 예를 들어 환경에 대한 가정은 정확한데 이에 기반한 사명을 도출하지 못하면 그 기업은 부적절한 전략을 갖게 된다. 셋째, 기업의 전략을 직원들이 충분히 인지하고 이해할 수 있어야 한다. 우리 속담에 구슬이 서말이라도 꿰어야 보배라는 말이 있듯이 기업이 아무리 좋은 전략을 가지고 있다고 하더라도 직원들이 관심이 없거나 이해하지 못한다면 좋은 전략이라고 할 수 없다. 넷째, 기업의 전략은 정기적으로 점검되어야 한다. 전략은 특정 시기에 수립되고 실행되는 것이므로 시간이 지나면 부적절할 수 있다.

요약하면, 경영 전략은 기업이 경쟁우위를 획득하기 위해 세운 이론이라고 정의할 수 있다. 이 정의는 기업의 목표는 경쟁우위고 좋은 전략은 좋은 가정에 기반한다는 의미를 내포한다.

3.2 외부환경 분석 모형

드러커가 설명하는 전략의 정의에서도 볼 수 있듯이 외부환경 분석은 좋은 경영 전략을 세우기 위한 필수적인 절차이다. 우리는 외부환경 요인들을 분석함으로써 특정 기업이 발견할 수 있는 기회와 위협 요인을 파악하려 하지만, 사실 많은 경우 외부환경은 기업 단위보다는 산업 단위로 영향을 미치게 된다. 그러므로 이 장에서는 외부환경 요인들이 산업에 영향을 미친다고 가정한다. 즉 외부환경 요인들은 해당 기업이 속한 산업에 영향을 미치는 것을 통해 개별 기업의 전략에 영향을 미치게 된다.

사실 특정 산업이 외부환경으로부터 항상 영향을 받는다는 것은 너무도 당연한 것이므로 외부환경 분석의 관건은 얼마나 체계적인가이다. 어떤 일을 체계적으로 수행하기 위해 우리는 모형을 사용한다. 외부환경 분석을 위한 모형으로는 거시환경 분석 모형, 산업환경 분석 모형, 그리고 산업수명주기 모형을 들 수 있다.

거시환경 분석 모형은 특정 산업 또는 기업을 둘러싼 거시적이고 일반적인 트렌드를 대상으로 한다. 대중적으로 사용되는 다양한 개념 중 하나인 STEP(Society, Technology, Economy, Politics) 분석을 예로 들어 보자. 이 모형의 이름은 사회, 기술, 경제, 정치적 동향을 의미하는 단어의 첫 글자로 구성되어 있다. 먼저 일반적인 사회적, 또는 사회문화적 동향이 특정 산업에 기회 또는 위협이 되는 경우를 생각해 보자. 한국 사회의 늦은 결혼, 낮은 출산율, 독신 선호 등의 사회문화적 동향은 독신자들이 선호하는 여가 활동과 소량 먹거리 주문 등, 산업에 큰 기회가 되는 반면 웨딩 산업이나 신생아 관련 산업에게는 전반적으로 위협이 되고 있다. 물론 동일한 산업 내에서도 고급 아동복 시장이나 고급 웨딩 시장 등 특정 섹터에게는 그와 관련된 사회문화적 동향으로 말미암아 특별한 기회가 주어지기도 한다. 기술적 동향의 예로서 5G 기술을 들 수 있는데, 기존의 물리적 저장장치에 콘텐츠를 담아서 판매하는 방식의 산업은 점차 사라지고 콘텐츠 플랫폼을 기반으로 한 서비스 산업이 큰 기회를 얻는 것을 볼 수 있다. 경제적 동향은 경제의 호황과 불황, 환율과 이자율의 변동 등 경제지표의 변화로 파악할 수 있다. 예를 들어 세계 경제의 장기적인 호황은 일반적으로 전통적인 제조업에게 기회가 될 것이고, 특정 국가의 화폐 가치의 저평가 동향은 수출산업에게 기회가 될 것이다. 대체로 경제 호황은 대부분의 산업에게 기회를, 불황은 위협을 가져오지만 불황이라고 해서 모든 산업에게 위협이 되는 것은 아니다. 예를 들어 1997년에 우리나라에 닥친 경제 위기로 많은 기업들이 도산했지만 이런 기업들이 인수·합병되는 과정은 기업 가치를 평가하는 컨설팅 산업에 큰 기회가 되었다. 마지막으로 정치적 또는 법적 동향 역시 특정 산업에 기회 또는 위협이 된다. 환경 보전에 대한 높은 기준을 적용하는 입법은 환경 관련 산업에 큰 기회가 되고 공공기업 독점 영역에 대한 규제 철폐는 해당 영역의 사기업들에게도 큰 기회가 된다. STEP 모형에서 다루지 않는 인구적 동향(노인 인구 비율, 성별 분포, 외국인 비율 등)과 국제적 동향(국지전 발생, 특정 원자재 가격 상승 등)도 거시환경 분석의 요인으로 포함될 수 있으며, 이 여섯 가지 요인을 포함한 모형을 **여섯 가지 추세**(Six-Segment) **모형**이라고 부른다.

연습문제 2

▶ **거시환경과 산업환경의 차이에 대해 설명하라.**

거시환경보다 직접적으로 기업에게 영향을 미치는 환경은 **산업환경**이다. 산업의 여러 여건에 따라 높은 이익을 올리는 산업이 있고 이익을 볼 확률이 희박한 산업이 있을 수 있다. 그런데 높은 이익을 올리는 산업의 보편적인 공통점은 사실상 독점 상태에 있다는 것을 볼 수 있다. 어느 산업의 평균 이익이 크면 외부의 많은 기업이 진입해서 높은 이익을 나누어 가져간다는 것이 경제학에서 설명하는 논리인데, 이러한 진입을 막는 상황이 있기 때문에 특정 산업의 높은 이익이 지속된다는 것이다. 즉 진입 장벽을 구성하는 요인들이 존재하면 그 산업은 평균적으로 높은 이익을 지속할 수 있고, 이것은 그 산업 내의 기업에게 높은 이익을 실현할 수 있는 기회로 작용한다.

그런데 특정 산업이 높은 이익을 지속할 수 있는 조건은 진입 장벽만이 아니라고 주장한 학자가 있다. 1980년대에 발표한 일련의 저서를 통해 경제학을 기반으로 전략경영의 틀을 마련한 마이클 포터(Michael Porter)이다.

그는 높은 이익이 지속될 수 있는 매력적인 산업의 조건은 높은 진입 장벽만이 아니라 해당 산업을 위한 공급자, 해당 산업의 제품이나 서비스를 대량으로 구매하는 구매자, 해당 산업의 대체재, 그리고 해당 산업 내 경쟁자의 위협을 분석해야 한다고 주장했다. 이러한 경쟁자, 공급자, 구매자, 대체재, 그리고 잠재적 진입자를 **다섯 가지 세력**(그림 3.1)이라고 명명하고, 이러한 위협이 모두 낮으면 매력적인 산업, 모두 높으면 매력적이지 않은 산업, 그리고 높은 위협도와 낮은 위협도가 혼재되어 있으면 매력도가 중간인 사업이라고 설명했다.

경쟁자(competitors)는 산업에서 경쟁하고 있는 기업들이다. 경쟁자의 수가 많거나, 경쟁자가 유사한 제품 또는 서비스를 생산하고 있거나, 또는 산업의 성장 속도가 더딘 경우 경쟁자의 위협이 높다고 평가한다. 글로벌 컴퓨터 제조산업에는 많은 경

▲ **포터는 경제학 기반의 경영 전략을 도출했다**

쟁기업이 있고 그들은 유사한 제품을 생산한다. 즉 이 산업의 경쟁자 위협은 높다.

공급자(suppliers)는 특정 산업의 공급요소를 제공하는 집단인데 공급자가 독점적 지위를 가지고 있을 때 위협이 높다고 평가한다. 컴퓨터 제조 산업의 공급요소는

그림 3.1 다섯 가지 세력 모형

부품이나 소프트웨어인데 핵심 부품인 CPU는 인텔과 AMD가 독점적 지위를 가지고 있고 가장 중요한 소프트웨어인 OS 프로그램은 마이크로소프트가 독점하고 있다. 즉, 이 산업의 공급자 위협은 높다.

구매자(buyers)는 특정 산업에 대해 가격 협상을 할 수 있는 중요 구매 집단이다. 주의할 점은 개별 소비자는 구매자가 아니라는 것이다. 구매자도 공급자와 유사하게 독점적 지위를 가질 때 위협이 높다고 평가한다. 컴퓨터 제조 산업의 중요한 구매자는 전자제품을 유통하는 오프라인 도매점과 소매점, 온라인 점포, 대량 구입을 하는 정부와 기업 등이다. 이들 구매자는 대량 유통의 장점을 내세워서 일정 수준의 가격 할인을 요구할 수 있다. 그러므로 이 산업의 구매자 위협은 중간 정도라고 할 수 있다.

대체재(substitutes)는 이 산업이 제공하는 제품이나 서비스를 통해 소비자가 충족하는 니즈를 대체할 수 있는 제품 또는 서비스이다. 대체재의 가격이 저렴할 때 위협이 높다고 평가한다. 컴퓨터의 대체재로는 태블릿 PC나 스마트폰 등이 있는데 가격에 비해 컴퓨터의 기능을 어느 정도 대체할 수 있다고 볼 수 있기 때문에 대체재 위협은 중간 또는 높다고 할 수 있다.

마지막으로 **잠재적 진입자**(potential entrants)는 산업 외부에 존재하는 모든 기업을 의미한다. 잠재적 진입자를 분석한다는 건 특정 기업 자체가 아니라 잠재적 진입자의 진입이 얼마나 용이한지를 분석하는 것이다. 즉 진입 장벽이 높으면 잠재적 진입자의 위협이 낮고 진입 장벽이 낮으면 잠재적 진입자의 위협이 높다고 평가한다. 진입 장벽의 높이는 여러 요소로 측정할 수 있다. 산업 내 기업들이 이미 큰 생산설비를 갖추고 있고 그로 인해 낮은 단위생산비용을 이루는, 즉 규모의 경제를 이루고 있는 경우 새로운 기업이 진입할 때 기존의 낮은 단위생산비용을 이루는 것은 힘들다. 즉 진입과 동시에 원가 경쟁력에서 열세에 놓이게 되므로 진입이 어렵다. 규모의 경제와 유사한 개념으로 **경험곡선의 경제**를 들 수 있는데, 이는 반복적인 생산으로 생산비용을 절감하는 것을 의미한다(그림 3.2). 기존 기업은 오랫동안 특정 제품 또는 서비스를 반복적으로 생산하면서 쌓인 노하우로 단위생산비용을 낮추었을 수 있다. 이 경우에도 높은 진입 장벽이 형성된다.

또한 소비자들이 산업 내 기업들의 제품 또는 서비스에 높은 충성도를 가지고

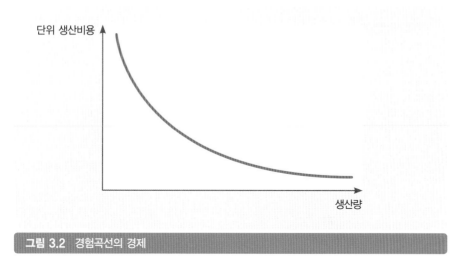

단위 생산비용

생산량

그림 3.2 경험곡선의 경제

있는 경우 새로 진입하는 기업은 매출을 올리기 어렵다. 즉 기존 제품이나 서비스에 대한 소비자의 충성도도 진입 장벽을 구성한다. 충성도와 혼동하기 쉬운 개념으로 **전환비용**을 들 수 있는데, 이는 기존의 제품 또는 서비스를 새로운 것으로 전환할 때 소요되는 금전, 수고, 시간 등의 비용을 의미한다. 전환비용이 높은 경우에도 높은 진입 장벽이 형성된다.

요약하면 규모의 경제, 경험곡선의 경제, 소비자 충성도, 전환비용 등이 존재해서 기존 기업들이 높은 진입 장벽을 쌓을 수 있을 때 잠재적 진입자의 위협은 낮고, 이러한 요인들이 존재하지 않을 때 잠재적 진입자의 위협은 높다고 평가한다. 컴퓨터 산업의 경우 규모의 경제와 경험곡선의 경제는 어느 정도 존재하지만 기술의 발전에 따라 기존 설비와 생산방식이 노후화될 가능성이 존재하고, 소비자 충성도와 전환비용은 높지 않다. 그러므로 진입 장벽은 중간 정도라고 평가되어 잠재적 진입자의 위협도 중간 정도라고 할 수 있다.

기출문제

I. 마이클 포터(M. E. Porter)의 산업구조분석(5-forces Model)에 대한 설명으로 옳지 않은 것은?

① 퇴출장벽(exit barrier)이 높을수록 가격경쟁이 치열해져 시장의 매력도가 낮아진다.

② 구매자의 공급자 전환비용(switching cost)이 높을수록 구매자의 교섭력이 높아져 시장의 매력도가 낮아진다.

③ 진입 장벽(entry barrier)이 높을수록 새로운 경쟁자의 진입이 어려워져 시장의 매력도가 높아진다.

④ 대체재가 많을수록 대체재의 존재 때문에 가격을 높이기가 어려워져 시장의 매력도가 낮아진다.

(7급 2018 문 15)

II. 포터가 제시한 산업구조분석 모형에서 산업 내 기업 상호 간의 경쟁 상태에 영향을 주는 다섯 가지 요인에 해당되지 않는 것은?

① 현재 기업들의 성장잠재력

② 새로운 기업의 진입 가능성

③ 기존 기업들 간의 경쟁의 정도

④ 대체품의 압력

(7급 2010 문 13)

답 I. ② 전환비용이 높으면 진입 장벽이 높아서 시장의 매력도가 높다.

II. ① 진입 장벽과 기존 기업 간 경쟁의 정도는 경쟁자 위협, 대체품의 압력은 대체재의 위협에 해당된다.

마지막으로 **산업수명주기 모형**은 특정 산업의 성장 경로에서 발견할 수 있는 단계별 기회 요인들을 설명한다. 어느 산업이 시간에 따라 보이는 태동-성장-성숙-쇠퇴 현상을 종종 S 형태의 커브로 기술하는데, 이것을 **산업수명주기**(Industry Life Cycle, ILS)라고 한다(그림 3.3).

태동기는 새로운 산업이 탄생하여 아직 산업의 경계가 불분명한 특성을 갖고 있

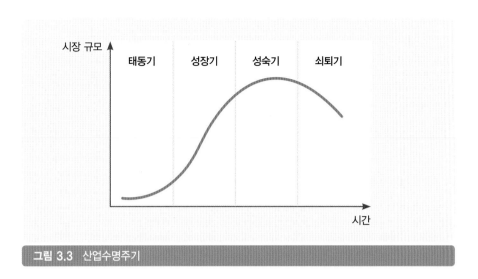

시장 규모

태동기 성장기 성숙기 쇠퇴기

시간

그림 3.3 산업수명주기

다. 예를 들어 개인용 컴퓨터 산업이 태동했던 1970년대에는 PC가 정형화되지 않았으므로 소규모의 인원이 모여서 제각기 나름대로의 컴퓨터를 제작하곤 했다. 최근 태동한 드론 산업에서도 유사한 상황을 볼 수 있다. 어떤 산업은 태동기에서 소멸하는 경우도 있는데, 소비자의 니즈를 충족하지 못한다고 판단되는 경우 그러하다. 자동차가 처음 발명되었던 20세기 초에 동력으로서 증기, 내연, 전기의 세 가지 형태가 경쟁하다가 결국 내연기관의 자동차산업이 성장기로 진입하고 증기와 전기차는 소멸했었다.

태동기에서는 진입 장벽이 거의 존재하지 않고 수많은 기업이 빈번하게 진입 및 퇴출을 하는 것을 볼 수 있는데, 이러한 특성을 가진 산업을 **세분화된 산업**(fragmented industry)이라고 한다. 이 시기의 산업에 존재하는 기회는 **통합화**(integration) 기회이다. 다른 기업을 인수하여 규모를 키우면 규모의 경제를 통해 우위를 획득할 수 있다. 그런데 어떤 산업에서는 태동기에서만 아니라 충분히 시간이 흐른 성숙기에서도 세분화된 특성을 보이기도 한다. 예를 들어 분식집, 중국음식집, 잡화점, 세탁소 등의 산업에서는 성숙기임에도 불구하고 여전히 많은 업체가 진입과 퇴출을 반복하는 것을 볼 수 있다. 이러한 세분된 성숙기 산업에서도 어느 정도의 통합화 기회는 존재한다. 예를 들어 분식집이나 편의점, 또는 세탁소 업체들이 프랜차이즈의 가맹점으로 전환하는 것을 종종 볼 수 있다. 그러나 어떤 산업이 성숙기에 이르도록 세분화된 상태에 머무른다는 것은 그만한 이유가 있을 것이라고 추측할 수 있다. 대개 소비자의 취향이 매우 다양하거나 소비자 니즈가 즉각적으로 충족될 필요가 있을 때 그 산업은 세분화될 가능성이 높다. 하나의 통합된 기업이 규모의 경제를 통해 다양한 취향과 즉각적 니즈를 맞춤형으로 충족하는 것은 비효율적일 수 있기 때문이다.

성장기는 태동기에서 소비자의 니즈를 충족한다고 판단되어 시장의 공급 및 수요가 급증하는 기간을 의미한다. 이 기간에는 많은 기업이 진입하여 경쟁하게 되는데 시장 규모가 증가하기 때문에 퇴출의 비율은 낮다. 이 시기의 산업에 존재하는 기회는 기술적 표준을 선점하여 시장을 선도할 수 있는 **기술적 선도기업우위**(first-mover advantage)의 기회이다. 기술적 선도기업우위의 좋은 예를 음악 CD 산업에서 볼 수 있다. 1980년 이전에 사람들은 주로 LP판을 통해 음악을 청취했지만 1981년에 등장한 컴팩트 디스크, 즉 음악 CD로 인해 사람들은 잡음이 제거된 높은 품질을 음악을 청취할 수 있게 되었다. 그런데 음악 CD를 생산하는 기업은 다수 존재했고, 각 기업에서 제조한 CP 플레이어에서는 그 기업의 음악 CD만 작동했다. 기술 표준이 정립되기 전이었기 때문이었다. 그러나 소니와 필립스가 맺은 기술적 제휴를 통해 이들 기업 간의 음악 CD는 호환 사용이 가능했고 결국 시장 표준으로 인정받게 되어 시장을 지배했다.

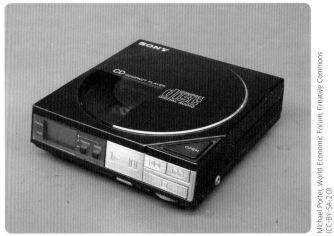

▲ D-50은 보급형 저가제품으로서 CD 플레이어의 보급에 기여했다

I. 선도 진입자가 후발 주자보다 유리한 점으로 옳지 않은 것은?

① 기술적 리더십 강화

② 구매자의 제품 전환비용 발생

③ 자원의 선취

④ 시장 불확실성 해결

(7급 2014 문 16)

답 I. ④ 선도기업은 시장 불확실성을 감수하는 단점을 갖는다.

성숙기는 산업의 규모가 더 이상 증가하지 않고 기업의 진입 또는 퇴출이 빈번하게 일어나지 않는 기간을 의미한다. 이 시기에는 새로운 기술이 개발되기보다는 기존 기술에 기반하여 차별화를 시도하는 기회를 발견할 수 있는데, 이것을 **과정 혁신**(process innovation)의 기회라고 부른다. 즉 생산 과정에서 비용을 절감하거나 새로운 기능을 추가하는 방식으로 시장점유율을 높이려는 시도를 하게 된다. 이와 대조되는 유형의 혁신을 **제품 혁신**(product innovation)이라고 부르는데, 이는 앞에서 설명한 태동기에서 흔히 볼 수 있는 유형의 혁신이다. 정해진 제품 표준이 존재하지 않은 경우 기업들은 제각기 독창적인 제품을 선보이게 된다.

쇠퇴기는 사람들의 니즈가 감소하여 산업의 규모가 축소되는 기간을 의미한다. 타이프라이터 제조, 진공관 제조, 전보 서비스, 비디오 대여 등의 산업은 이미 거의 사라졌고 우편 산업과 담배 산업도 이메일 서비스와 건강에 대한 우려 등의 이유로 상당히 축소되었다. 그러나 쇠퇴기에 직면한 기업들에게도 기회는 존재한다. 먼저 산업 규모의 축소에도 불구하고 여전히 공격적인 활동을 통해 매출을 높일 수 있는 **리더십**(leadership) 기회, 틈새 시장 공략을 통해 매출보다는 이익에 집중할 수 있는 **틈새 시장**(niche) 기회, 추가적인 투자를 하지 않지만 줄어드는 매출과 이익을 확보하는 **수확**(harvest) 기회, 그리고 합리적인 매각을 통해 잔존가치를 극대화하는 **철수**(exit) 기회가 존재할 수 있다. 이러한 기회가 발견되면 그에 합당한 전략을 통해 기업의 경쟁우위를 추구할 수 있다.

3.3 기업자원 분석 모형

외부환경을 분석하여 기회와 위협 요인을 파악하면 이에 대응할 수 있는 기업자원을 파악하는 것이 필요하다. 이때 기업자원은 특정 기업이 이미 보유한 자원만이 아니라 보유하지 않은 자원을 대상으로도 분석할 수 있다. 보유하지 않은 자원인 경우 그 자원을 획득하는 데 필요한 비용까지 계산하여 자원의 가치를 평가할 수 있다. 그러나 이러한 접근방식은 경영전략 수립과 내용이 겹치므로, 여기에서는 기업자원을 특정 기업이 현재 보유하고 있는 자원으로만 한정하여 다루기로 한다. 즉 기업자원 분석과 내부환경 분석을 동의어로 간주한다.

기업자원 분석을 수행하기 위한 대표적인 모형으로서 바니의 VRIO 모형을 들 수 있다. 바니는 산업 단위의 분석을 개별 기업의 경쟁우위 파악에 이용하는 것은 모순된다고 주장하고 기업자원 단위의 분석 이론으로서 자원기반이론을 창시하고, 그 구체적인 모형으로서 VRIO 모형을 제안했다. 이 모형은 기업자원이 보유 기업에 창출할 수 있는 경쟁우위의 수준을 설명한다. 이를 설명하기 위해 먼저 경

▲ 바니는 자원기반이론을 창시했다

쟁우위에 수준에 대해 알아보기로 하자.

앞에서 언급했듯이 경쟁우위는 기업이 추구할 수 있는 다양한 목표를 포괄하는 개념이다. 이는 기업에 대한 일반적인 기대에 부응했는가에 대한 평가를 의미하기도 하고, 또는 비교가 되는 경쟁 기업보다 높은 가치를 창출했는가에 대한 평가를 의미하기도 한다. 사실 비교 기준이 해당 기업에 대한 기대 수준인가 또는 경쟁 기업인가에 대한 문제는 철학적 이슈를 담고 있다. 경쟁 기업을 비교 기준으로 보는 시각은 회계적 성과를 중시하는 시각이고, 해당 기업에 대한 기대 수준을 비교 기준으로 보는 시각은 경제적 성과를 중시하는 시각이다. 두 시각의 차이점으로 동일한 기업에 대해서도 상이한 평가를 할 수 있다. 예를 들어 매출액이 경쟁 기업보다 높지만 해당 기업에 대해 일반적으로 기대되었던 수준보다는 낮을 수 있다. 이 기업에게는 경쟁우위가 존재하는 것일까, 아니면 존재하지 않는 것일까? 더 쉬운 예로, 동종 산업 내 다른 기업들이 모두 10% 이상 이익을 내고 있을 때 어떤 기업만 7%의 이익을 냈다면 이 기업은 경쟁우위의 실현에 성공한 것일까 아니면 실패한 것일까? 우리는 다른 기업과의 단순 비교를 통해 성과를 평가하기도 하지만 때로는 해당 기업의 상황을 고려하여 '그 정도면 잘했다'라는 식으로 평가하기도 한다. 경쟁우위의 평가에도 두 가지 기준이 모두 성립할 수 있다.

먼저 가장 낮은 수준의 경쟁우위는 **경쟁열위**(competitive disadvantage)이다. 이는 다른 기업보다 낮은 경쟁력, 또는 기대 수준보다 낮은 경쟁력을 가진 상태를 의미한다. 그보다 높은 수준의 경쟁우위는 **경쟁등위**(competitive parity)이다. 이는 다른 기업과 유사한 경쟁력, 또는 기대 수준과 유사한 경쟁력을 가진 상태를 의미한다. 보통 경쟁등위를 중시하지 않는 경향이 있는데, 경쟁등위를 획득하는 것은 경쟁열위를 피한다는 점에서 매우 중요한 의미가 있다. 예를 들어 맛집 식당을 예로 들어보자. 식당의 강점으로 음식의 맛, 종업원의 친절함, 음식의 청결함, 교통의 편리함 등 많은 요인을 들 수 있다. 만약 맛집으로 유명세를 얻었다면 앞에서 열거한 강점 중 무언가 덕분일 것이다. 그러나 위생 상태가 엉망이라면 아무리 강점이 많더라도 손님들은 발길을 끊을 것이다. 즉 기업의 성과를 구성하는 많은 요인이 전반적으로 경쟁등위를 유지한다는 것은 어쩌면 매우 어려운 일일 수도 있다. 많은 기업은 훌륭한 강점을 보유했음에도 불구하고 전반적인 경쟁등위를 유지하지 못해서 실패한다.

경쟁등위보다 높은 수준의 경쟁우위는 **임시적 경쟁우위**(temporary competitive advantage)로, 다른 기업보다 우월한 상태가 임시적으로 유지되는 것을 의미한다. 여기에서 임시적이라는 것은 다분히 주관적이고 상황에 따라 다르게 해석될 수 있는데, 편의상 대체로 6개월에서 1년 정도라고 해 두자. 사실 1년이 넘게 경쟁우위를 유지하는 것은 매우 어려운 일이라고 본다(시시각각으로 변하는 주가의 동향을 보라).

기업이 가장 희망하는 수준의 경쟁우위는 **지속적 경쟁우위**(sustained competitive advantage)이다. 경쟁 기업보다 1년 이상 우월한 경쟁력을 갖거나 또는 일반적인 기대 수준보다 1년 이상 우월한 성과를 지속하는 경우는 흔하지 않을 것이다. 이제 경쟁열위, 경쟁등위, 임시적 경쟁우위, 지속적 경쟁우위의 창출과 기업자원이 갖는 관련성에 대해 설명하는 VRIO 모형을 살펴보기로 하자(그림 3.4).

연습문제 3

▶ VRIO 모형에 대해 설명하라.

먼저 V, R, I, O는 기업자원의 특성을 평가하는 기준의 영어 첫 글자로 각각 가치(Value), 희소성(Rarity), 모방 불가능성(Inimitability), 조직 배태성(Organizational embeddedness)을 의미한다. 이것은 특정 기업자원에 대해 순차적으로 평가하는 기준들이다. 예를 들어 보석 관련 제품을 생산하는 어느 기업이 보유한 보석 세공 특허(자원 1)를 평가한다고 해 보자. 가치 평가를 쉽게 설명하자면, 해당 자원의 획득 비용보다 그 자원에서 창출되는 이득이 더 크면 가치가 존재한다고 보는 것이다. 여기에서는 보석 세공 특허를 취득 또는 사용하는 비용과 그로 인해 얻는 이득을 비교하여 이득이 크면 V에 대한 평가에 Yes라고 표시한다. 만약 비용이 더 크다면 No라고 표시한다. VRIO 분석은 순차적 분석이므로

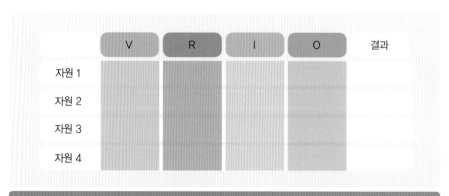

	V	R	I	O	결과
자원 1					
자원 2					
자원 3					
자원 4					

그림 3.4 VRIO 모형

No가 표시되는 즉시 해당 자원에 대한 평가는 종료되고 이 자원은 보유 기업에 대해 가치가 없으므로 경쟁열위의 원천으로 평가된다.

그다음으로 이 기업이 보유한 보석 세공 기계(자원 2)를 평가한다고 해보자. 이 기계를 구입하고 유지하는 것에 소요된 비용과 이 기계로부터 얻는 이득을 비교했을 때 이득이 크면 이 기계는 가치(V)에서 Yes의 평가를 받을 수 있다. 이제 다음 기준인 희소성(R)의 평가로 넘어갈 수 있다. 희소성은 경쟁 기업들 중에서 해당 자원이 희소한가에 대한 평가이다. 만약 이 기업과 비교가 되는 기업들이 대부분 보석 세공 기계를 보유하고 있다면 이 자원은 희소하지 않다. 그때 희소성(R)에 No라고 표시하고 이 자원에 대한 평가는 여기에서 종료된다. 가치는 있으나 희소하지 않은 이 자원은 보유 기업에 대해 경쟁등위를 창출할 수 있다.

이제 이 기업이 보유한 보석 세공 기술자(자원 3)를 평가한다고 해 보자. 앞에서 했던 것과 동일한 절차로 분석한 결과 인건비보다 더 큰 수익이 발생하여 가치가 존재하고(V에서 Yes), 다른 기업에 이와 같은 훌륭한 인적 자원이 드물어서 희소성이 존재한다고 하면(R에서 Yes), 모방 불가능성의 평가 단계로 넘어갈 수 있다. 모방 불가능성은 다른 기업들이 이 자원, 또는 이와 유사한 자원을 획득하거나 모방하는 것이 어려운가에 대한 평가 기준이다. 만약 이 기업에 존재하는 보석 세공 기술자가 쉽게 다른 기업으로 스카우트되어 옮길 수 있거나 또는 이 세공자와 같이 유능한 기술자를 다른 기업도 쉽게 채용 또는 육성할 수 있다면 이 자원은 모방이 쉬운, 즉 모방 불가능성이 낮은 자원이다. 이때 모방 불가능성(I)에 No라고 표시하고 이

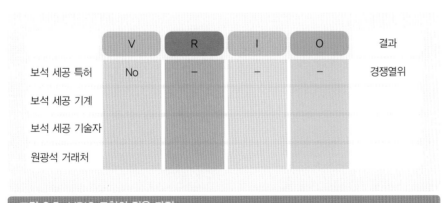

그림 3.5 VRIO 모형의 적용 과정

자원에 대한 평가는 여기에서 종료된다. 가치와 희소성은 존재하지만 모방 불가능성이 낮은, 즉 단기간에 경쟁사가 모방할 수 있는 자원은 기업에 어떤 경쟁우위를 창출할 것인가? 바로 임시적 경쟁우위이다.

마지막으로 이 기업이 오랫동안 거래하고 있는 질 좋은 원광석을 제공하는 특정 거래처(자원 4)에 대해 평가한다고 해 보자. 앞에서 했던 것과 동일한 절차에 의해 분석한 결과 이 거래처는 큰 이득을 가져오고(V에서 Yes) 다른 기업에서는 이러한 거래처가 존재하지 않아서 희소성이 존재하며(R에서 Yes) 다른 기업이 이 거래처와 거래관계를 갖는 것이 불가능하여 모방 불가능성이 낮다면(I에서 Yes) 이 거래처는 조직 배태성(O)이 존재한다는 조건하에서 이 기업에게 지속적 경쟁우위를 창출하게 된다. 조직 배태성은 기업이 이 자원의 가치를 충분히 인지하고 조직 내에서 활용할 수 있는 것을 의미한다. 아무리 훌륭한 자원을 가지고 있어도 그 가치를 인지하지 못하는 경우도 있는데, 앞에서 예를 들었던 보석 세공 특허이든, 보석 세공 기계이든, 보석 세공 기술자이든, 또는 원광석을 제공하는 거래처이든 조직에서 그 가치를 충분히 활용하지 못한다면 해당 자원을 획득하고 유지하기 위한 비용은 모두 경쟁열위의 원천이 될 뿐이다.

요약하면, 특정 자원에 대해 V, R, I, O의 기준을 순차적으로 적용하여 모든 기준에서 Yes 평가를 받는 경우 해당 자원은 그 기업에게 지속적 경쟁우위의 원천이 될 수 있고, 평가 과정에서 No의 평가를 받는 경우 그 단계에 해당하는 경쟁우위의 수준의 원천이 될 수 있다.

	V	R	I	O	결과
보석세공 특허	No	–	–	–	경쟁열위
보석세공 기계	Yes	No	–	–	경쟁등위
보석세공 기술자	Yes	Yes	No	–	임시적 경쟁우위
원광석 거래처	Yes	Yes	Yes	Yes	지속적 경쟁우위

그림 3.6 VRIO 모형의 적용 예

VRIO 모형에서 가장 핵심이 되는 개념은 모방 불가능성이다. 어느 기업이 높은 경쟁우위를 보유하고 있을 때 경쟁기업들은 모방을 통해 이와 유사한 경쟁우위를 가지려 할 것이기 때문이다. 이것은 마치 앞에서 설명한 산업 단위의 분석에 있어서 어느 산업이 높은 이익을 기록하고 있을 때 진입 장벽이 존재하지 않으면 외부로부터의 진입 기업들에 의해 높은 이익이 사라지는 것과 유사한 원리이다. 즉 산업 단위에서는 진입 장벽이 지속적 경쟁우위를 창출하듯 기업 단위에서는 모방 장벽이 지속적 경쟁우위의 원천이 된다. 여기에서 모방 장벽은 모방 불가능성과 동의어로 볼 수 있다.

모방 불가능성은 어떻게 발생하는 것일까? 첫 번째 조건은 시간이다. 어느 기업의 자원이 과거의 특정 시기에 생성되어 그 시기가 다시는 돌아오지 않는 경우 다른 기업이 모방하기 힘들다. 예를 들어 어느 기업이 2008년 금융위기 때 저평가되었던 많은 기업을 공격적으로 인수하여 현재의 성공을 이루었다고 한다면 2022년 현재의 경쟁기업들은 동일한 방법으로 이와 유사한 성공을 이루기 힘들 것이다. 2008년에 존재했던 공격적인 기업 인수의 기회는 이미 과거로 흘러갔기 때문이다. 또한 어느 기업이 20년 동안 숲 조성 사업을 통해 안정적으로 자원을 확보했다면 현재 다른 기업들이 이와 유사한 자원을 확보하는 것은 어려울 것이다. 이미 조성된 숲을 구매하려면 매우 큰 비용이 들기 때문이다. 이와 관련된 개념으로서 **경로의존**(path dependence)은 과거의 사건이 현재의 성과를 결정하고, 현재의 사건이 미래의 성과를 결정한다는 것을 설명한다.

다른 기업의 자원을 모방하기 어렵게 하는 두 번째 조건은 복잡한 사회적 관계다. 어느 기업의 자원이 개별적으로 사용되어 경쟁우위를 창출할 때는 경쟁 기업이 해당 개별 자원만을 모방하거나 획득하는 일은 비교적 쉽다. 그러나 여러 사람들 사이의 사회적 친분을 통해 경쟁우위가 창출될 때는 경쟁 기업이 이 사회적 관계를 모방하기란 힘들다. 예를 들어 신제품 개발에 한 명의 천재적인 연구원의 능력으로 충분하다면 한 기업의 연구원 활용 방식을 다른 기업이 모방하기는 쉽다. 그러나 신제품 개발에 수십 명의 체계적인 협력과 수평적 친분 관계가 필요하다면 이러한 성공을 가져오는 한 기업의 협력 관계를 다른 기업이 모방하는 것은 매우 어렵다.

모방을 어렵게 하는 세 번째 조건은 경쟁우위의 원인이 되는 자원이 무엇인지

▲ 사우스웨스트 항공사의 경쟁력은 모방하기 어렵다

모호한 경우다. 예를 들어 어느 기업이 갑자기 높은 이익율을 달성하게 된 이유가 다른 기업의 인수라고 한다면 경쟁 기업도 유사한 기업 인수를 통해 높은 이익율을 달성할 수 있다. 그러나 많은 경우에는 특정 기업의 높은 성과의 원인을 쉽게 특정하기 힘든 경우가 있다. 예를 들어 미국의 대표적인 저가항공사인 사우스웨스트 항공사는 경쟁 항공사에 비해 매우 효율적인 운영을 하는 것으로 유명한데, 예를 들어서 비행기가 공항에 착륙한 이후 다시 이륙할 때까지 걸리는 시간이 경쟁 항공사에 비해 3분의 1 수준밖에 되지 않는다.

이러한 신속한 업무 처리는 운영의 효율성에 있어서 매우 중요한 요소이고 경쟁력의 원천이 된다. 그렇다면 왜 다른 항공사는 이러한 효율적인 업무 처리를 모방하지 못하는 것일까? 그것은 이와 같은 효율적인 업무 처리에 영향을 미치는 요인이 너무나 많기 때문이다. 직원들이 일상적으로 일하는 방식, 업무에 대한 책임감, 회사에 대한 주인의식 등이 복합적으로 효율적인 업무 처리를 가능하게 하는 것이다. 즉 인과적으로 모호한 요인에 의해 경쟁우위가 창출되었다고 할 수 있다. 많은 학자들은 이러한 복잡한 요인들의 공통 기반으로 사우스웨스트 항공사가 가진 독특한 조직문화를 든다. 이 회사의 직원들은 신나게 일한다는 것이다. 사실 이 회사의 창립자인 허브 켈러허(Herb Kelleher)는 오랫동안 펀 경영(fun management), 즉 신나는 경영을 추구했던 것으로 유명한데, 직원들의 높은 충성도를 가져왔던 이 경영방식

▲ 허브 켈러허는 펀 경영으로 유명하다

이 유능한 직원 채용에 유리하게 작용하고 유능한 직원들은 다시 자율적이고 신나는 조직문화를 강화하는 선순환을 이루었던 것으로 추측할 수 있다. 그러나 그렇다고 해서 펀 경영 방식이 모든 기업에 동일한 효과를 가져올 것이라고 기대하기는 힘들다. 사우스웨스트 항공사의 높은 경쟁우위는 여전히 인과적 모호성의 영역에 남아 있다.

마지막으로 경쟁사의 모방을 어렵게 하는 조건은 특허 취득이다. 제약 산업을 예로 들자면 신약에 대한 특허는 20년 동안 지속되며 그 이후에 동일한 성분의 복제약품 제조가 가능하다. 그런데 특허는 앞에서 설명한 시간의 요소, 사회적 관계의 요소, 인과적 모호성의 요소에 비해 모방 불가능성의 효과가 낮다. 특허는 시간이 지나면 결국 말소되고, 말소 전에도 특허와 관련된 정보가 특허청에 의해 모두 공개되어 불법적으로 모방되는 부작용이 있기 때문이다. 이러한 이유로 기업에게 정말로 중요한 기술은 특허를 취득하는 대신 내부적인 사업 기밀로 유지하는 경우가 많다. 코카콜라의 원액 제조 방식이나 KFC의 양념 제조 방식은 역설적으로 특허를 설정하지 않았기 때문에 수십 년이 훨씬 지난 현재까지 경쟁우위를 유지할 수 있었다.

기업 성과의 원천에 대한 지속적인 논쟁

이 책에서 설명한 외부환경 분석과 내부환경 분석이 서로 보완적 관계임은 분명하지만, 외부 요인과 내부 요인 중 어느 요인이 기업의 성과에 더 큰 영향을 미치는가에 대한 논쟁은 학계에서 매우 오랫동안 지속되어 왔다.

이 논쟁의 시작점은 1985년과 1991년에 각각 발표된 리처드 스말렌시(Richard Schumalensee)와 리처드 루멜트(Richard Rumelt)의 논문이었다. 이들은 개별 기업의 성과

▲ 진입 장벽은 기업성과의 대표적인 외부환경 요인이다

에 산업의 영향력이 얼마나 작용하는가에 대해 조사한 결과 기존의 믿음에 반하여 개별 기업의 상황이 부각된다는 것을 발견했다. 이러한 결과는 외부환경 요인보다는 내부환경 요인이 기업의 성과에 더 결정적인 영향을 미친다는 자원기반이론을 뒷받침한다고 해석될 수 있는 것이었다. 이에 대해 아니타 맥가한(Anita McGahan)과 마이클 포터(Michael Porter)는 1997년에 발표한 논문에서 이를 반박하고 산업 요인이 중시되어야 할 분명한 증가가 있다고 주장했다. 그 이후 티모시 루플리(Timothy T. Ruefli)와 로버트 위긴스(Robert Wiggins)는 2003년에 이를 반박하는 논문을 발표했고, 2005년에는 맥가한과 포터의 반박과 루플리와 위긴스의 재반박이 이어졌다.

1985년부터 2005년까지만 보아도 20년 동안 이어진 이러한 논쟁이 왜 발생하는 것일까? 이는 포지셔닝 학파와 자원기반이론이 가진 근본적인 철학이 상이하

기 때문이다. 포지셔닝 학파에서 분석하는 기업의 경쟁력은 산업의 특정 상황을 전제로 하기 때문에 산업의 경계가 불분명한 경우에는 분석이 매우 어렵다. 먼저 특정 기업이 속한 산업을 먼저 규정하고 그 산업 내에서 기업의 전략이 가져오는 결과에 대해 분석한다. 그러나 자원기반이론에서 분석하는 기업의 경쟁력은 산업의 상황에 대한 의존도가 상대적으로 매우 낮다. 물론 기업이 보유한 자원의 가치는 그 기업이 속한 산업의 상황에 따라 정의되는데, 오히려 그 이유로 인해 기업이 보유한 자원의 가치를 극대화하기 위한 산업을 새로 창출하여 기업의 활동 반경을 넓히는 것이 자원기반이론에 있어서 자연스러운 전략 대안이 된다. 즉 산업 환경을 주어진 것으로 보고 그에 따라 전략을 수립하는 것이 아니라 기업 자원에 대한 분석을 중심으로 그에 따라 활동 분야의 선택을 포함한 전략을 수립하는 것이다.

3.4   사업부 수준의 전략 대안

외부환경 분석과 기업자원 분석이 종료된 후에는 이 분석에서 도출된 외부환경의 기회와 위협, 그리고 기업의 장점과 단점을 기반으로 복수의 전략 대안을 도출할 수 있다. 전략 대안은 사업부 수준과 전사적 수준으로 구분할 수 있는데, 구분 기준은 해당 전략이 특정 산업의 특성을 고려하는가 여부이다. 즉 특정 산업에 속한 기업을 분석하기 때문에 산업의 특성을 고려해야 하는 전략 대안은 **사업부 수준의 전략**(business-level strategy), 여러 산업에 걸친 기업을 분석하기 때문에 특정 산업의 특성을 고려하지 않는 전략 대안은 **전사적 수준의 전략**(corporate-level strategy)이다.

사업부 수준의 전략은 전통적으로 **저비용**(cost leadership) 전략과 **차별화**(differentiation) 전략으로 분류된다(그림 3.7). 이것은 포터가 1980년에 제시한 분류법으로서 특정 시장에서 구매자가 갖는 수요의 가격 민감도에 따른 것이다. 저비용 전략은 구매자들이 가격에 민감하게 반응하는 시장에서 효과적인 전략이다. 경쟁기업보다 가격을 낮추기 위해 생산 비용을 낮추는 방법을 찾는 것이다. 어느 시장에서 제품 또는 서비스가 서로 유사하거나 표준화된 경우 구매자들은 가장 저렴한 가격의 제품 또는 서비스를 구매하게 된다. 예를 들어 MP3 음원이나 영화 콘텐츠는 어느 플랫폼에서 구매해도 동일하므로 큰 불편이 없는 한 10원이라도 저렴한 플랫폼을 탐색하게 된다. 기업은 단위당 생산 비용을 낮추는 방법으로서 규모의 경제를 추구하거나, 경험곡선의 경제를 추구하거나, 저렴한 원료를 제공하는 공급자를 확보하거나, 비용 절감을 가능하게 하는 기술을 사용

> **연습문제 4**
>
> ▶ **사업부 수준의 전략 대안에 대해 설명하라.**

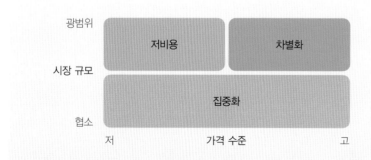

그림 3.7 사업부 수준의 전략

할 수도 있다.

반면에 차별화 전략은 구매자들이 가격에 민감하게 반응하지 않는 시장에서 효과적인 전략이다. 이 시장에서 구매자들은 본인이 취향에 따라 특정 제품 또는 서비스에 대해 높은 충성도를 갖게 되므로 가격의 영향이 상대적으로 낮다. 예를 들어 와인은 매우 섬세한 미각 차이에 따라 선택되는 제품이고, 백화점 VVIP 프로그램은 매우 섬세한 접객요인의 차이에 따라 선택되는 서비스이다. 이러한 제품 또는 서비스의 가격은 만족도에 비해 크게 중요하지 않으므로 고객이 만족할 수 있는 차별화를 이루는 것이 매우 중요하다. 기업은 차별화의 방법으로서 제품 또는 서비스의 물리적 속성, 복잡성의 정도, 광고를 통한 이미지 형성 등을 활용할 수 있다.

추가적으로, 포터는 시장의 범위가 넓지 않은 경우 저비용과 차별화가 큰 의미가 없을 수 있고 그 경우에는 **집중화**(focus) 전략을 추구할 수 있다고 설명한다. 이 전략은 협소한 시장에서 구매자의 취향에 맞추어 맞춤형 제조와 맞춤형 마케팅 등을 추구하는 것이다. 저비용, 차별, 그리고 집중화 전략은 포터가 제시한 세 가지 본원적 전략이다.

기출문제

I. 포터(M. E. Porter)가 제시한 기업의 본원적 경쟁전략에 해당하지 않는 것은?

① 낮은 원가를 유지하기 위해 추가적 특성이나 서비스를 제거한 표준화된 제품을 제공한다.

② 독특한 기능을 제공하기 위해 추가적 비용을 지불한다.

③ 끊임없이 새로운 시장에 진입하거나 기존 시장에서 철수하여 시장 다각화를 도모한다.

④ 특정 고객층에 집중화된 전문 상품을 개발한다

(7급 2014 문 20)

II. 포터(M. E. Porter)가 제시하고 있는 사업수준의 경쟁우위를 확보하기 위한 경쟁전략에 해당되지 않는 것은?

① 차별화전략(differentiation strategy)

   ② 집중화전략(focus strategy)

   ③ 다각화전략(diversification strategy)

   ④ 원가우위전략(cost leadership strategy)

(7급 2011 문 4)

> **답** Ⅰ. ③ 포터의 본원적 전략은 저비용, 차별화, 집중화 전략이다.
>
>   Ⅱ. ③ 포터의 본원적 전략은 저비용, 차별화, 집중화 전략이다.

바니는 위의 전략들에 더하여 담합과 실물옵션 전략도 사업부 수준의 전략으로 제시한다. **담합**(collusion)은 산업 내 기업들이 순수하게 경쟁하는 대신 가격이나 생산량에 대해 집단적으로 결정하는 것이다. **명시적 담합**(explicit collusion)은 공정거래를 해치는 불법적인 행동이지만 명백한 증거를 남기지 않는 **암묵적 담합**(tacit collusion)은 불법으로 간주되지는 않는다. 경쟁자의 수 등 산업 상황에 따라 담합 전략은 효과적일 수도, 그렇지 않을 수도 있다.

실물옵션(real option) 전략을 추구하는 것은 특정 자산을 바로 취득할 수 있더라도 그 가치에 불확실성이 존재하는 경우 취득 시점을 뒤로 미루도록 선택하는 것을 의미한다. 이것은 재무적 콜옵션의 개념과 유사한데 주식 구매를 예로 들면 쉽게 이해할 수 있다. 현재 기업 A의 주가가 5만 원이라면 이 주식을 당장 매입하기 위해 5만 원이 소요된다. 그러나 한 달 후 이 주식의 가격은 불확실하다. 5만 원에 매입한 주식 가격이 4만 원이 될 수도 있는 것이다. 그러나 반대로 6만 원으로 상승할 수도 있다면 주식 매입을 무작정 미루는 것도 좋은 방법은 아니다. 이 경우 콜옵션을 구입할 수 있는데 일정 금액을 지불하고(예를 들어 1,000원) 한 달 후에 A의 주식을 5만 원에 매입할 수 있는 콜옵션을 구입하는 것이다. 만약 한 달 후에 A의 주가가 5만 1,000원보다 높다면(예를 들어 6만 원) 5만 원을 지불하고 구입, 즉 콜옵션을 행사하여 주가 상승분의 이득(6만 원−5만 1,000원 = 9,000원)을 실현할 수 있다. 만약 주가가 하락한다면 얼마가 하락하든 무관하게 콜옵션 가격인 1,000원만 손실로 기록될 것이다.

실물옵션은 이러한 재무적 콜옵션의 대상을 주식 등 금융상품이 아니라 기업의 지분으로 적용하는 것이다. 기업 가치의 변동이 큰 산업, 예를 들어 한 번의 신약

개발이나 게임 개발로 인해 기업 가치가 크게 상승하는 바이오 산업이나 게임 산업 등에서는 실물옵션 전략이 매우 효과적일 수 있다. 그러나 기업 가치가 급격하게 변화하지 않을 산업에 있어서는 의사결정을 미루는 것보다는 즉각적인 전략 선택과 실행이 더 효과적일 수 있다. 이러한 의미에서 바니는 실물옵션 전략 역시 사업부 수준의 전략으로 간주했다.

3.5 전사적 수준의 전략 대안

전사적 수준의 전략은 특정 산업의 특성보다는 여러 산업에 걸친 기업이 지향하는 방향에 따라 선택할 수 있는 전략이다. 예를 들어 기업은 새로운 분야에 진출하기 위해 다각화 전략을 추구할 수 있고, 기업의 영역을 결정하는 과정에서 전략적 제휴 또는 기업 인수를 택할 수 있다.

연습문제 5

▶ **전사적 수준의 전략 대안에 대해 설명하라.**

먼저 다각화의 범위에 대해 생각해 보자. 어떤 기업은 서로 무관해 보이는 다양한 산업으로 다각화하고, 어떤 기업은 서로 연결되어 있는 소수의 산업에 집중하기도 한다. 먼저 서로 관련되어 있는 산업에 진출하는 경우를 **관련 다각화**(related diversification)라고 하고, 관련되지 않은 산업에 진출하는 경우를 **비관련 다각화**(unrelated diversification)라고 한다. 관련 다각화와 비관련 다각화를 구분하는 것은 쉽지 않은데, 대체로 기존 역량을 활용할 수 있으면 관련 다각화, 그렇지 않으면 비관련 다각화라고 할 수 있다. 그러나 비관련 다각화처럼 보여도 서로 관련되어 있는 경우도 있는데, 이를 **유사 비관련 다각화**(seemingly unrelated diversification)라고 부른다. 예를 들어 미국의 GE 사는 가전제품, 제트엔진, 의료기구, 금융서비스 등의 계열사를 보유하고 있어서 비관련 다각화 기업처럼 보이지만 어떤 학자는 이 계열사들이 동일한 경영 방식과 경영진의 리더십에 의해 결속되어 있으므로 관련 다각화라고 평가하기도 한다. 그 증거로 GE의 전 CEO였던 잭 웰치는 강력한 리더십으로 GE의 계열사들을 다양한 산업에서 선두로 이끌었는데 만약 GE의 계열사들이 관련되어 있지 않았다면 이러한 공통된 성과를 거둘 수 없었을 것이다.

다각화는 다양한 장점이 있다. 첫째, 생산활동의 공유를 통해 비용을 절감하고

▲ 잭 웰치는 강력한 리더십으로 GE의 다양한 계열사를 이 끌었다

효율을 높일 수 있다. 둘째, 기존의 중요한 역량을 하나의 사업에만 활용하기보다는 여러 사업에서 활용할 수 있다. 여기에서 기존 제품 또는 서비스에 공통적으로 존재하는 중요한 역량을 **핵심역량**(core competence)이라고 한다. 셋째, 다양한 사업을 보유하면 중간제품의 내부 거래를 통해 이익이 과다한 사업의 이익을 손실이 발생하는 사업으로 이전하여 기업 전체적으로 세금 절약 효과를 볼 수 있다. 넷째, 다양한 사업을 보유한 기업의 최고경영자는 외부 투자자보다 더 정확한 내부 정보를 파악할 수 있으므로, 각각의 사업에 대해 투자해야 하는 외부 투자자보다 전체 기업이 받은 투자액에 대해 더 효과적으로 내부자본할당을 할 수 있다. 다섯째, 다양한 사업을 보유한 기업은 소수의 사업을 보유한 기업보다 경쟁사와 더 많은 시장에서 접촉하게 되므로 경쟁사가 특정 시장에서 저가 공세로 공격할 때 이에 대해 반격할 시장을 더 많이 확보할 수 있다. 여섯째, 다양한 사업을 보유하면 소수의 사업을 보유하는 경우보다 각각의 산업에 도래할 수 있는 경기 침체에 대한 위험 분산 효과를 가질 수 있다. 일곱째, 다양한 사업을 보유하면 기업 내 다양한 순환 근무를 선호하는 지원자들을 유도할 수 있어서 우수한 채용자를 확보할 수 있다. 이러한 장

점 중 앞의 세 가지는 관련 다각화의 이득이고, 그다음 두 가지는 관련성과 무관한 이득이고, 마지막 두 가지는 비관련 다각화의 이득이라고 볼 수 있다.

전사적 수준의 전략에 있어서 다각화의 범위와 더불어 중요한 것은 다각화의 방식 또는 기업의 영역이다. 사실 단순하게 생각하면 기업의 영역은 넓으면 넓을수록 좋다고 생각할 수도 있지만, 영역을 넓혀서 많은 업무를 수행하게 되면 비효율성이 발생하는 단점도 존재한다. 비효율적인 작업을 기업 자체적으로 수행할 것인가, 아니면 외부의 전문적인 기업에 아웃소싱할 것인가를 결정하는 것은 매우 중요하다. 자체적 수행과 아웃소싱에 대한 이러한 의사결정을 **자체생산과 아웃소싱 결정**(make-or-buy decision)이라고 한다.

여기에서 더 나아가면 기업이 어떻게 탄생하게 되었는가에 대한 근본적인 질문에 답할 수 있게 된다. 기업은 두 명 이상의 개인이 지속적으로 경제적 관계를 맺고 있는 조직이라고 정의해 보자. 사실 우리 주변에는 1인 기업도 있기 때문에 두 명이라는 전제는 적절하지 않을 수 있지만 원래 기업을 의미하는 'firm'이라는 영어 단어는 두 명 이상이 '단단하게' 묶여 있는 조직이라는 의미를 담고 있다.

자, 개인들이 자유롭게 경제적 관계를 맺고 끊는 세상을 떠올려 보자. 이것은 애덤 스미스(Adam Smith)가 말하는 자유시장 경제이다. 모든 개인들은 자신의 이익을 좇아서 자유롭게 다른 사람과 거래를 한다. 어느 누구도 다른 사람에게 무엇을 지시하거나 간섭할 필요가 없고, 모든 경제활동은 시장 가격을 통해 조율된다. 예를 들어 당신이 고등어를 먹고 싶으면 시장에서 적절한 가격의 고등어를 시가로 구입해서 사 먹으면 된다. 그런데 만약 시장에서 구입한 고등어가 상해서 먹지 못하고 버렸던 경험이 한두 번 반복된다고 해 보자. 고등어를 판매했던 어부는 사라져서 찾을 수가 없다. 당신은 어떻게 할 것인가? 또는 당신이 구해서 먹고 싶은 것이 저렴한 고등어가 아니라 1년 전쯤 비싼 선금을 지불해야 하는 희귀 생선인데 여전히 판매자가 사기를 치고 달아날 위험이 높다고 해 보자. 당신은 어떻게 할 것인가? 차라리 어부를 고용해서 고등어 또는 희귀 생선을 직접 잡도록 하는 것을 택할지도 모른다. 즉 시장 거래에서 거래 상대를 믿지 못할 때 거래 상대를 고용해서 통제하는 것을 선택하게 된다. 이때 기업이라는 조직이 탄생한다. 기업 내에서는 생산 활동을 지시하고 그 대신 보수를 지급하는 지속적인 경제적 관계가 유지된다.

▲ 코즈는 기업의 존재 이유를 설명했다

이것이 바로 로널드 코즈(Ronald Coase)가 '기업의 속성(The Nature of the Firm)'이라는 제목의 논문에서 밝힌 기업의 존재 이유이다. 이것을 기업과 기업의 관계로 보면 시장 거래의 형태는 일회성 계약, 위계적 거래의 형태는 인수합병을 들 수 있고 그 중간 형태로서 장기적 협력관계를 의미하는 전략적 제휴를 들 수 있다. 기업이 선택하는 이러한 거래의 형태는 기업의 영역을 결정하며, 각 거래의 형태는 장단점이 있다. 어떤 상황에서는 기업은 많은 업무를 자체적으로 수행해야 하는데, 이 경우 기업의 영역이 넓어진다. 예를 들어 석유산업에서는 원유 채굴에서부터 주유소에서의 석유 판매까지의 모든 작업이 연속적으로 이루어져야 안정적인 사업을 영위할 수 있으므로 원료 생산부터 최종 유통까지 하나의 기업 내에서 통합적으로 관리하는 것이 유리하다. 이것을 수직적 **통합**(vertical integration)이라고 한다. 만약 어느 기업이 원재료 방향의 사업으로 수직적 통합을 한다면 그것은 **후방 통합**, 최종 소비자 방향의 사업으로 수직적 통합을 한다면 그것은 **전방 통합**이라고 한다. 즉 일회성 계약으로 원유 채굴이나 석유 정제 등 중간재 생산 활동을 아웃소싱하게 되면 사업 전체의 안정성이 불확실해질 수 있으므로 모든 활동을 수직적으로 통합하여 기업이 직접 수행하는 자체 생산이 선호된다.

기출문제

I. 수직적 통합(Vertical Integration) **방식이 다른 것은?**

① 정유업체의 유정개발사업 진출

② 영화상영관 업체의 영화제작사업 진출

③ 자동차업체의 차량공유사업 진출

④ 컴퓨터업체의 반도체사업 진출

(7급 2017 문 13)

II. 수직적 통합전략(vertical integration)**에 대한 설명으로 옳지 않은 것은?**

① 부품생산에서 유통까지 수직적 활동분야의 참여 정도를 결정하는 것으로 다각화의 한 종류로 볼 수도 있다.

② '부품업체 → 조립업체 → 유통업체'의 과정에서 조립업체가 부품업체를 통합하는 것은 전방통합이다.

③ 여러 단계의 시장거래를 내부화함으로써 세금을 줄일 수 있다.

④ 수요독점, 공급독점 시장에서 발생하는 가격의 불안정은 수직적 통합을 통해 피할 수 있다.

(7급 2016 문 4)

III. 자동차 제조회사 경영자는 최근 경영환경 변화에 효과적으로 대응하여 경영 성과를 극대화하기 위해 사업확장을 추구하고자 한다. 그는 사업확장 방안으로 전방통합을 추진하고자 하는데, 전방통합의 이점으로 옳지 않은 것은?

① 시장에 대한 통제력 증대를 통해 독점적 지위를 유지할 수 있다.

② 판매 및 분배 경로를 통합함으로써 제품의 안정적 판로를 확보할 수 있다.

③ 부품의 자력 공급을 통해 제품차별화 가능성을 높일 수 있다.

④ 적정 생산규모를 유지함으로써 생산비용과 재고비용을 감소시킬 수 있다.

(7급 2014 문 15)

IV. 후방통합(backward integration)**에 대한 설명으로 옳은 것은?**

① 제조 기업이 원재료의 공급업자를 인수·합병하는 것을 말한다.

② 제조 기업이 제품의 유통을 담당하는 기업을 인수·합병하는 것을 말한다.

③ 기업이 같거나 비슷한 업종의 경쟁사를 인수하는 것을 말한다.

④ 기업이 기존 사업과 관련이 없는 신사업으로 진출하는 것을 말한다.

(7급 2013 문 12)

답 I. ③ 정유업체에 대한 유정개발사업, 영화상영관에 대한 영화제작, 컴퓨터제조업체에 대한 반도체사업은 모두 전방 수직적통합이다. 자동차업체에 대한 차량공유사업은 최종소비자 방향의 사업으로서 후방 수직적통합이다.

II. ② 조립업체가 부품업체를 통합하는 것은 원재료 방향의 후방통합이다.

III. ③ 부품의 자력 공급을 위한 통합은 원재료 방향의 후방통합이다.

IV. ① 후방통합은 원재료를 공급하는 생산자 방향의 통합이다.

반면에 어떤 역할은 기업이 자체적으로 수행하기보다는 아웃소싱이 유리할 수 있는데 이 경우 기업의 영역이 한정되고 좁아진다. 예를 들어 소비자의 선호가 다양하고 제품에 대한 광고 방식이 급속하게 변화할 수 있는 인플루언서 광고 시장에서는 다양한 특성을 가진 인플루언서들을 모두 고용하기보다는 광고 캠페인별로 아웃소싱하는 것이 더 효과적일 수 있다.

결론적으로, 자체생산을 할 것인가 또는 아웃소싱을 할 것인가에 대한 결정은

Trend Influence, HumongoNationphotogallery, Creative Commons (CC-BY-SA-2.0)

▲ 다양한 취향에 대한 다양한 인플루언서가 존재한다

기업의 영역에 대한 결정과 동의어이다. 거래 상대 기업의 기술 역량에 대한 불확실성이 높거나 시장 수요의 불확실성이 높을 때는 거래 상대 기업을 인수 합병하는 것보다 아웃소싱 거래를 진행하는 것이 적절하며, 그 경우 기업이 직접 통제하는 활동의 영역은 축소된다. 그러나 거래 상대의 역량이 높은 것이 확실시되는데 거래 상대가 기회주의적으로 행동할 불확실성이 존재한다면 아웃소싱보다는 인수 합병을 통해 기업이 직접 통제하는 활동의 영역이 확장된다. 마지막으로, 인수 합병을 하게 되면 그 후에 따르는 **합병 후 통합**(Post Merger Integration, PMI) 과정에서 어려움을 겪을 수 있다. 사실 많은 연구에 따르면 인수 합병이 실패하는 이유는 합병 후 통합 과정에서 발생하는 문제 때문이다. 즉 인수 기업과 피인수 기업 사이에 유사점이 많을 때는 합병 후 통합 과정에서의 불확실성이 낮기 때문에 인수 합병을 통해 기업이 직접 통제하는 활동의 영역이 확장되고, 유사점이 적을 때에는 아웃소싱이 선택되어 기업의 영역이 축소된다고 할 수 있다.

기출문제

I. 인수합병에서 인수기업의 성과에 대한 설명으로 옳은 것은?

① 인수합병을 성공으로 이끄는 가장 중요한 요인은 높은 인수 프리미엄이다.

② 두 조직을 유기적으로 결합하는 합병 후 통합과정은 인수합병 성패의 주요 요인이 된다.

③ 인수합병의 최종목표는 경쟁기업과의 입찰에서 승리하는 것이다.

④ 모든 인수합병은 기업성장을 위해 긍정적으로 작용한다.

(7급 2017 문 12)

답 I. ② 높은 인수 프리미엄은 인수합병의 실패 위험을 높인다. 인수합병의 최종목표는 인수기업의 가치 상승이고, 많은 무모한 인수합병이 기업성장에 방해가 되는 것이 발견되었다.

사회적 트렌드와 경영 **예능 프로그램의 성공 비결**

해마다 연말이 되면 연예인들이 모이는 행사가 있다. 시상식이다. 아주 예전에는 가수와 탤런트에게만 상을 주었는데 지금은 예능인들에게 주는 시상식이 더 흥미로울 때가 있다. 심지어 가수와 탤런트들이 예능인이 되는 것을 자랑으로 여기는 분위기도 엿볼 수 있다.

한국의 예능 프로그램 시장은 급속히 성장하고 있다. 사실 드라마에 비해 상대적으로 적은 제작비로 큰 광고 수입을 올릴 수 있으니 방송사에서 관심을 갖지 않을 이유가 없다. 그러나 이 시장에서도 높은 경쟁이 존재한다. 잘되는 예능 프로그램은 장수하고, 그렇지 않은 예능 프로그램은 단기간에 막을 내린다. 여기에서는 장수하는 몇몇 예능 프로그램의 성공 비결을 지속적 경쟁력의 근원인 모방 불가능성의 요소에 적용하여 분석해 보기로 한다. 본문에서는 모방 불가능성의 요소로 시간, 관계, 그리고 습관에 대해 설명했다.

먼저 시간에 대해 살펴보자. 성공적인 예능 프로그램은 사회적 트렌드에 매우 민감하다. 예를 들어 코로나로 인해 여행이 타격을 입자 국내 골프장 이용이 크게 늘었고, 이에 골프를 주제로 한 예능 프로그램들이 우후죽순 나타났다. 이 프로그램들은 연예인, 운동선수, 그리고 패션과 결합한 미녀 프로골퍼 등을 출연시키면서 다양하게 진화하고 있다.

시간의 요소는 단지 트렌드에만 국한되는 것이 아니라 오랜 시간에 걸친 반복적 패턴도 의미한다. 예를 들어 〈무한도전〉은 2018년 3월에 이미 종영했지만 2019년 7월에 시작된 〈놀면 뭐하니?〉에서 비슷한 포맷으로 재연되고 있다. 예를 들면 유부장과 정과장이 등장하는 무한상사 콘텐츠는 〈놀면 뭐하니?〉를 마치 〈무한도전 시즌 2〉와 같은 분위기로 이끌고 있다. 이러한 분위기는 다른 예능 프로그램에서 절대 모방할 수 없는 요소가 된다.

사회적 관계를 활용하는 것은 나영석 피디의 장기이다. 출연자 사이의 독특한 관계는 예능 프로그램의 성공과 직결된다. 예를 들어 〈꽃보다 누나〉 또는 〈꽃보다 할배〉에서 등장하는 출연진 사이의 케미를 다른 어떤 출연진이 대체할 수 있

겠는가? 또는 8개 시즌으로 이어지는 〈신서유기〉 출연진의 케미는? 물론 이러한 케미는 김태호 피디의 예능에서도 두드러진다. 유재석을 중심으로 하는 출연진의 끈끈한 친분 관계는 높은 성공률을 기대하게 한다. 2021년 12월 18일에 음원을 공개한 유재석, 하하, 미주의 혼성그룹 〈토요태〉의 결성은 다른 예능 프로그램에서 모방하기 힘든 사회적 관계의 결과이다.

습관 역시 모방하기 힘든 요소다. 나영석 피디의 〈삼시세끼〉를 떠올려 보자. 드라마 〈참 좋은 시절〉에 동반 출연했던 이서진과 옥택연이 특별한 미션을 수행하는 것이 아니라 그저 누구나 먹는 하루 세 끼를 해 먹는 일상을 보여준다. 그 과정에서 시청자들이 힐링을 느끼게 하는 것이 이 프로그램의 편성 취지이다. 이 프로그램이 성공을 거둔 이후 성동일, 김희원 등이 캠핑카에서 일상을 보내는 〈바퀴 달린 집〉, 엄기준, 봉태규, 윤종훈이 폐가를 개조하여 친구들을 초대하는 〈해치지 않아〉, 〈슬기로운 의사생활〉의 주인공들이 다른 출연진들을 초청하여 대접하는 〈슬기로운 산촌생활〉이 이어졌다. 물론 이러한 프로그램들은 기존의 동반 출연의 기억을 되살린다는 점에서 시간의 요소를, 출연자 사이의 케미를 활용한다는 점에서 사회적 관계의 요소를 포함하고 있다. 그러나 이러한 프로그램들의 특징은 먹는 것과 자는 것 등 기본적인 일상을 중심으로 하는 출연자들의 자연스러운 대화를 풀어낸다는 것이다. 그러므로 이 프로그램을 선호하는 시청자들에게 왜 이 프로그램이 좋은가에 대해 묻는다면 특별한 이유를 답하기 힘들 것이다. 아마도 '그저 편하게 볼 수 있어서' 정도일 것이다.

생각해 볼 문제

1. 본인의 최대 강점 세 가지를 떠올려 보자.
2. 이 강점이 다른 사람이 모방하기 힘든 강점이라고 생각하는가? 시간, 관계, 습관의 관점에서 본인의 강점은 타인이 모방 불가능하다고 생각하는가?

요약

- 경영 전략은 경쟁우위를 획득하기 위해 기업이 갖는 이론이라고 정의된다.

- 일반환경 또는 거시환경은 여러 산업에 영향을 미칠 수 있는 여러 기회와 위협요소들의 집합이고, 산업환경은 특정 산업의 매력도에 영향을 미칠 수 있는 요소들의 집합이다.

- VRIO 모형은 특정 기업자원이 기업의 경쟁열위, 경쟁등위, 임시적 경쟁우위, 지속적 경쟁우위를 창출하는 이유에 대해 설명한다. 특히 지속적 경쟁우위를 창출하기 위한 조건인 특이한 역사적 조건, 사회적 복잡성, 인과적 모호성, 법적 권한에 대해 설명한다.

- 사업부 수준의 전략으로서 포터는 저비용 전략과 차별화 전략에 대해 설명했다. 전사적 수준의 전략으로는 전통적으로 다각화, 전략적 제휴, 인수합병 등이 제시되었다.

창업과
지배구조

창업 기업의 기업 공개

창업 기업의 성장과정에서 기업 공개는 가장 극적인 대목이 아닐 수 없다. 투자사는 높은 불확실성을 감수하고 창업 기업을 지원한 성과를 성공적인 기업 공개를 통해 단번에 성취하려 한다. 또한 창업자 역시 기업 공개를 통해 막대한 부를 창출할 수 있다.

2014년에 창업한 마켓컬리는 신선식품의 새벽배송 사업모델로 지속적 성장을 거듭했다. 설립 이후 한 번도 흑자를 기록한 적이 없어서 2021년 기준 누적 영업손실이 2,700억 원에

▲ 마켓컬리의 김슬아 대표가 투자사와 인터뷰를 하고 있다

달하지만 이는 배송 산업에서 흔한 일이다. 아마존이나 쿠팡 등의 기업도 이익이 나는 족족 배송 기간을 단축할 수 있는 물류에 투자를 거듭해서 의도된 적자를 오랫동안 지속했다. 1994년에 설립된 아마존이 흑자로 전환된 것은 창사 이래 10여 년 만이었고 그 이후로도 낮은 이익률을 유지하며 물류센터 건립과 인공지능 시스템 구축에 투자를 계속했다.

마켓컬리의 창업자인 김슬아 대표는 2022년 상반기 기업 공개를 목표로 NH 투자증권, 한국투자증권, JP모건을 주간사로 선정했다. 마켓컬리의 식품배송 시장점유율은 1위이지만 쿠팡과 SSG닷컴 등 덩치가 큰 경쟁기업들이 식료품의 온라인 사업으로 확장하는 위협에 직면해 있다. 이에 대해 김 대표는 국내 유통시장에서 온라인이 차지하는 비중은 50~80%인 것에 비해 식료품의 온라인 침투율은 아직 20~25% 정도이므로 성장의 여지가 많이 남아있다고 보고 있다. 이에 2021년 4월에는 CJ대한통운과 업무협약을 맺고 새벽배송 서비스의 지역을 확대하여 수도권 이외에도 충청권과 대구에서도 CJ대한통운의 물류망을 이용하여 서비스를 개시했고 영남과 호남까지 확장할 계획을 가지고 있다. 또한 마켓컬리의 사업영역을 비식품군으로 확대하여 식품

분야의 의존도를 낮추는 것을 추진 중인데 2021년 11월 코리아세일페스타 행사에서는 리빙과 주방용품을 판매하기도 했다.

마켓컬리는 이러한 사업확장에 필요한 자본을 기업공개를 통해 조달할 예정이다. 2021년까지 투자사로부터 조달받은 금액은 약 6,500억 원 규모이며 시가총액은 2조 5,000억 원이다. 2022년에 매출액 규모를 3조 원으로 예상하면 기업 가치는 최소 5조 원 이상이 될 것으로 예상했다. 현재 김 대표의 지분은 6.67%인데 기업 공개 후 적대적 기업 사냥꾼에게 경영권이 넘어가는 것을 막기 위해 우호적인 주요 주주들과 공동의결권을 체결하여 일정 기간 제3자에게 지분을 매각하지 못하는 조치를 강구하고 있다.

출처 : 연합뉴스(2021. 10. 29.). 마켓컬리, 내년 상반기 상장 추진… NH 투자증권 등 주간사 선정. https://www.yna.co.kr/view/AKR20211029071100003?input=1195m
비즈니스포스트(2021.11.12.). Who Is? 김슬아 마켓컬리 운영 컬리 대표이사. https://www.businesspost.co.kr/BP?command=article_view&num=259289.
조선비즈(2021. 11. 11.). 마켓컬리, 내년 1월 상장 신청… 시총 5조~7조원 대 전망. https://biz.chosun.com/stock/stock_general/2021/11/24/PT7SD7JHHJEO7F5U2A27FJ3XZM/

기업이 준비하는 계획 단계는 기존 기업 또는 대기업에게만 해당되는 것은 아니다. 새로운 기업을 준비하는 창업자도 외부환경과 기업 자원을 분석하여 전략을 수립하게 된다. 다만 창업 기업에게는 기존 기업과 구분되는 중요한 특징이 있다. 바로 자원이 매우 부족하다는 것이다. 대기업의 경영자와 달리 창업자에게 필요한 것은 이 부족한 자원을 효과적으로 활용하여 생존하는 능력이다.

4.1 사업계획서의 구성

창업자가 구상하는 사업이 다양한 만큼 자금의 원천도 다양하다. 은퇴 후 안정적인 생활비를 벌기 위한 프랜차이즈 가맹점 사업의 경우는 주로 본인의 자금이나 은행 대출을 이용하게 된다. 직원 수십 명의 생활을 책임지는 중소기업 규모의 사업 역시 본인, 가족, 친구 또는 은행 대출을 통해 시작하게 된다. 만약 특별한 기술 또는 사업모델을 개발하여 수년간 꾸준한 투자를 통해 사업의 규모를 키워야 하는 경우에는 벤처 투자자 등으로부터 투자를 받아야 한다.

혹자는 본인이나 지인의 자금을 이용하는 경우에는 사업계획서가 필요 없을 것이라고 생각할지도 모른다. 그러나 사업계획서는 자금 대여자 또는 투자자에게 보

▲ **사업계획 발표는 창업자의 숙명이다**

여주기 위해서만 작성하는 것은 아니다. 사업계획서를 작성하는 과정에서 창업자는 본인의 사업 구상을 객관적이고 논리적으로 평가할 기회를 얻는다. 창업자가 흔히 빠지는 오류 중에는 **긍정의 오류**(confirmation fallacy)와 **몰입의 상승효과**(escalation of commitment)를 들 수 있다. 본인의 사업 성공에 유리한 정보만 선별적으로 인식하고 불리한 정보는 의식적으로 기피하는 것을 의미하는 긍정의 오류는 균형 잡힌 의사결정을 어렵게 한다. 또한 과거에 결정한 사항이 잘못된 것이 아니었다고 증명하기 위해 지속적으로 불합리한 투자를 지속하는 것을 의미하는 몰입의 상승효과 역시 합리적인 의사결정을 불가능하게 한다. 사업계획서를 작성하여 본인의 사업 구상에 대해 검증하는 과정은 이러한 오류에서 벗어날 가능성을 높인다.

> **연습문제 1**
>
> ▶ **사업계획서의 주요 항목에 대해 설명하라**

사업계획서는 대략적으로 다음의 항목으로 구성된다.

- 전반적인 요약
- 사업 개요
- 산업 분석과 트렌드
- 목표 시장
- 잠재적 경쟁자
- 사업의 차별적 특성
- 창업조직/마케팅/생산/기술적 요소
- 재무 분석과 수익실현모형
- 장기적 계획
- 위험요인과 대처방안

사업계획서에서 가장 먼저 등장하는 내용은 **전반적인 요약**(executive summary)이다. 이것은 사업계획서 작성 단계의 가장 마지막이면서 가장 앞부분에 위치하는데, 사업계획서의 모든 내용을 항목당 2~3줄 정도로 요약하여 이 부분만 보면 내용 전체를 파악할 수 있도록 하는 역할을 한다. 슬라이드로 발표하는 경우 약 3~4장의 슬라이드에 작성하여 2~3분 정도 발표하게 된다. 발표를 경청하는 잠재적 투자자의 입장에서는 이 전반적인 요약이 끝났을 때 사업의 매력도에 대한 최초의 판단을 하게 되는데, 더 계속할 필요가 없다고 판단되면 발표를 중단시킬 수도 있다. 그러므로 전반적인 요약에는 가장 중요한 내용만 선별하여 포함시켜야 한다.

사업 개요는 이 사업이 어떤 가치를 고객에게 제공하며, 고객이 그 가치를 구매하는 이유를 단순하고 알기 쉽게 설명하는 항목이다. 간혹 사업 개요를 설명하지 않고 사업을 둘러싼 외부환경을 길게 설명하는 경우를 볼 수 있는데, 그 경우 발표의 집중력이 저하될 수 있다. 발표를 경청하는 잠재적 투자자는 오래 참지 않는다고 가정하고 사업 개요를 가장 먼저 설득력 있게 설명하는 것이 중요하다. 만약 창업자가 사업을 통해 궁극적으로 추구하고 싶은 사회적 가치가 있다면 사업 개요 단계에서 소개할 수 있다. 그러나 사업계획은 기본적으로 투자에 대한 금전적 보상을 설명하는 계획이므로 윤리적 가치를 지나치게 강조하는 것은 사업의 영리적 건전성을 의심하게 되는 역효과를 가져올 수 있으니 조심해야 한다.

산업 분석과 트렌드는 사업 개요에서 설명한 구매 이유, 즉 고객의 니즈가 존재하는 이유를 구체적인 근거를 들면서 설명하는 부분이다. 예를 들어 산업의 경쟁 요소 중 본 사업의 공급자 또는 구매자 현황을 설명하면서 사업이 성공할 수 있는 외부환경적 요인에 대해 설명하거나, 사회문화적 트렌드를 설명하면서 심리적으로 구매의 니즈가 충분히 존재한다고 설명할 수 있다. 이를 위해 통계 자료나 신문 기사, 전문가의 의견 등을 인용하는 것이 효과적이다.

사업의 성공 이유를 보다 설득력 있게 설명하기 위해서는 **목표 시장**의 분석 결과를 제시해야 한다. 이것은 창업자가 잠재적 고객에 대해 충분히 조사해서 사업의 실패 확률을 낮추었다는 것을 보여준다. 어떤 사업이든지 모든 고객에 대해 효과적으로 접근할 수는 없으므로 특히 초기에는 한정된 범위의 고객에 집중적으로 판매 노력을 기울여야 한다. 이를 위해 적절한 목표 시장을 선정하고 그에 따른 구체적인 접근방법을 마련하여 제시해야 한다. 여기에서 한 가지 주의할 점은 목표 시장 구분의 기준이 단지 연령, 성별, 거주 지역 등 인구통계학적 특성만으로 이루어지는 것은 아니라는 것이다. 과거에는 대도시 거주 20대 남성 등으로 목표 시장을 선정하는 것이 일반적이었으나 이제는 취미나 생활패턴 등 라이프스타일의 특성을 기준으로 목표 시장을 선정하는 것이 더 합리적이라는 견해가 많다. 예를 들어 1억 원 대 SUV 판매의 목표 시장을 선정하는 것에 있어서 소득 수준이나 연령대보다는 소비패턴과 취미활동이 더 효과적인 분류 기준이 될 것이다.

잠재적 경쟁자에 대한 설명은 목표 시장에서의 기존 기업들의 활동 현황을 보여주는 것이다. 만약 목표 시장에서 현재 유사한 가치를 제공하는 기존 기업이 존재하지 않다고 하면 두 가지 경우를 생각할 수 있다. 첫째, 창업자의 사업이 너무나 혁신적이라서 아무도 생각하지 못했던 사업 아이디어를 창업자가 고안했던 것이거나, 둘째, 사업이 그리 매력적이지 않아서 이미 여러 유사한 사업이 탄생했다가 사라졌을 수 있다. 어느 경우가 더 현실적이라고 생각하는가? 창업자의 사업과 유사한 기업이 이미 존재한다는 것은 그 사업의 성공 가능성이 존재한다는 긍정적인 정보이다. 또한 그 유사한 기업이 매우 높은 매출을 기록하고 있고 이익이 크다는 것은 창업 기업에 있어서 긍정적인 정보일까 부정적인 정보일까? 어떤 측면에서는 잠재적 경쟁자인 기존의 유사한 기업이 매우 강력하면 그 기업에 의해 창업 기업의 수익성이 제한을 받는다고 볼 수도 있지만, 기존의 유사한 기업이 성공적이지 못하다는 것은 그 자체로 창업 기업의 수익성에 한계가 존재한다고 볼 수 있다. 그러므로 잠재적 경쟁기업이 많이 존재할수록, 그리고 그 기업들이 높은 매출과 이익을 기록할수록 창업 기업에게는 큰 잠재적 기회가 존재하는 것이다.

창업 기업에게 주어진 잠재적 기회를 실제로 실현할 수 있다는 주장은 **사업의 차별적 특성**을 설명하는 과정에서 제시되어야 한다. 이 부분에서는 기존의 성공적인 잠재적 경쟁자들과 차별화되면서도 목표 시장의 니즈에 여전히 부합되는 새로운 경영모델을 설명한다. 이 내용은 앞에서 설명한 사업 개요와 중복되지만 목표시장과 잠재적 경쟁자의 분석 이후에 등장하기 때문에 훨씬 구체적일 수 있다.

그다음으로 사업 수행의 구체적인 요인에 대해 설명하는데, 여기에는 창업자를 포함한 인적 **조직구성**, 마케팅 수단과 소요비용, 시제품 제작을 포함한 **생산** 일정, 그리고 필수적인 기술에 대한 설명과 확보 방식에 대한 설명을 포함한다. 창업팀은 잠재적 투자자에게 있어서 가장 중요한 평가 요소인데 창업자의 적극성, 무리 없는 의사결정 과정, 팀원의 역량과 사용가능 시간 등이 평가된다. 아무리 경력이 화려한 창업팀이라도 의욕이 낮거나 단합이 안 되거나 의사결정이 지연될 가능성이 보인다면 투자 대상에서 제외된다. 목표 시장에 적합한 마케팅 수단과 적절한 비용을

창업 아이디어의 보호

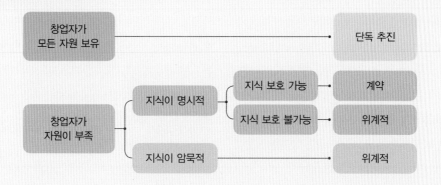

창업 아이디어는 창업자가 가진 중요한 자산이다. 그런데 때로는 창업자의 아이디어를 거래 업체가 가져가는 일도 발생한다. 그 주된 이유는 창업 아이디어가 물건처럼 물리적 형태를 갖는 것이 아니라 정보와 지식의 속성을 갖기 때문이다. 정보와 지식은 거래 상대에게 노출되는 순간 그 가치도 함께 이전되는 속성을 갖는다. 예를 들어 특정 제품의 새로운 유통 방식을 고안한 창업자의 사업 정보의 가치는 그 정보가 전달되는 순간 전달자의 손에서 수신자의 손으로 이전된다. 이 경우 창업자는 훌륭한 아이디어를 창출(generation)하는 것에 그칠 뿐 새로운 유통 방식을 실제로 실행하는 기업이 그 사업의 성과를 도용(appropriation)하게 된다.

정보와 지식의 이러한 속성은 많은 창업자에게 딜레마를 가져온다. 투자를 받아야 하는 입장에서는 사업 아이디어의 가치와 사업 방식을 충실히 전달해야 하는데, 너무 상세하게 설명하게 되면 탐욕스러운 투자자가 스스로 해당 사업을 시작할 수 있기 때문이다. 투자 아이디어에 소유권을 설정하기도 쉽지 않고, 때로는 기밀누설 금지 서약서를 요청하기도 하는데 투자자에게 잘 보여야 하는 입장에서 창업자가 이러한 서약서까지 요구하기는 쉽지 않다. 심지어 서약서를 쓰더라도 법망을 피해서 창업자에게 피해를 입힐 수 있는 방법은 얼마든지 있을 수 있다.

투자자를 상대로 하지 않더라도 이러한 사업 아이디어의 유출 위험은 제조업자, 유통업자, 기타 사업과 관련된 여러 형태의 거래관계에도 존재한다. 물론 사업 아이디어의 유출을 근본적으로 방지할 수 있는 방법은 외부 거래 상대의 도움을 받지 않고 단독으로 사업을 추진하는 것이다. 그러나 사업에 필요한 모든 자원을 창업자가 보유하는 경우는 많지 않다. 만약 외부 거래 상대의 도움이 필요한 상태에서 사업에 있어서 중요한 정보와 지식이 문서로 작성할 수 없는 암묵적 지식인 경우에는 정보의 전달을 효과적으로 차단할 수가 없다. 이 경우 사업 아이디어가 창출하는 가치를 창업자가 실현하기 위해서는 거래 상대에 대한 충분한 통제 수단이 필요하다. 거래 상대의 지분 보유가 한 방법이 될 수 있다.

만약 중요한 사업 정보와 지식을 문서로 작성할 수

있을 때에는 그 지식을 효과적으로 보호할 수 있는 제도(isolating mechanism)의 여부에 따라 전략을 선택할 수 있다. 예를 들어 사업에 직결되는 특허를 보유해서 거래 상대로부터 법적으로 사업 아이디어를 보호할 수 있다면 지분 보유와 같은 높은 비용을 지불하지 않고 계약의 방법을 사용하여 거래 관계를 관리할 수 있다. 반면 거래 업체가 해당 지식을 보유한 직원을 스카우트하여 합법적으로 지식을 획득할 수도 있다. 이때는 지식 누출을 막기 위해 비용이 들더라도 거래 상대의 지분을 획득하는 통제 수단이 필요하게 된다.

이 내용은 제이 바니(Jay Barney)와 샤론 앨버레즈(Sharon Alvarez)가 2004년에 발표한 연구에서 소개되었는데, 요약하면 창업 기업이 보유한 핵심적인 기업 자원의 속성에 따라 창업 기업이 다른 기업과 거래를 할 때 행해야 하는 전략이 결정된다는 것이다. 제3장에서 다룬 자원기반이론은 창업 기업도 적용될 수 있음을 보여준다.

출처 : Alvarez, S. and Barney, J. (2004). Organizing rent generation and appropriation: Toward a theory of the entrepreneurial firm, *Journal of Business Venturing*, 19(5), 621–635.

선택했는가, 사업 시작 및 생산 일정이 지연될 수 있는 여러 상황을 충분히 고려하고 있는가, 기술 개발 역량이 창업자에게 없다면 해당 업무를 담당할 기술자가 창업팀에서 떠나지 않을 충분한 동기부여가 보장되어 있는지에 대해서도 상세하게 기술해야 한다. 이러한 사항 중 한 가지라도 실패하게 되면 사업 전체가 위험에 빠질 수 있기 때문이다.

재무 분석은 초보 창업자에게 아마도 가장 어려운 부분일 것이다. 과거 자료가 없는 창업 기업의 재무 분석은 대부분 예측치로 이루어지기 때문에 기존 기업 분석에 비해 치밀하지 않을 수 있다. 그럼에도 불구하고 최선의 예측치로 자산 현황 및 매출과 이익을 추정한 결과를 보여주어야 그에 기반하여 잠재적 투자자의 의사결정이 이루어지게 된다. 이를 위해 초기 투자 현황을 보여주는 재무상태표와 초기 비용지출을 보여주는 추정 손익계산서를 작성한다. 여기에서 중요한 자료는 최초 투자액과 그 조달 방법, 그리고 향후 3년 정도의 고정비와 변동비 지출예정액이다. 이러한 자금조달 및 운용계획이 마련되면 그로부터 손익분기점(Break Even Point, BEP)을 분석을 할 수 있다. 손익분기점은 그래프에서 다음과 같이 표시된다(그림 4.1).

손익분기점에서의 판매량 X를 구하기 위한 식은 다음과 같다. 여기에서 고정비용은 FC, 단위변동비용은 V, 단위판매가격은 P, 판매에 따른 총소득은 TR, 총비용은 TC이다.

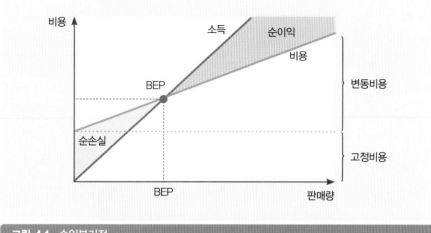

그림 4.1 손익분기점

$$TR = TC$$
$$P \times X = FC + V \times X$$
$$P \times X - V \times X = FC$$
$$X(P - V) = FC$$
$$X = FC/(P - V)$$

즉 손익분기점에서의 판매량은 고정비용을 (단위판매가격 − 단위변동비용)으로 나눈 값이다. 여기에서 (단위판매가격 − 단위변동비용)을 **공헌이익**(contribution margin)이라고 한다. 일반적으로 순익분기점이 낮은, 즉 빠른 시간에 이익을 실현할 수 있는 사업이 투자자의 입장에서 더 매력적이다. 그러나 사업의 성격에 따라 이익 실현에 시간이 오래 걸리지만 일정 기간이 지나면 매우 큰 이익을 실현할 수 있는 경우가 있다. 플랫폼 구축 사업이 그 예이다. 이 경우에는 사업 초기에 실현되는 이익을 모두 투자로 투입하여 의도적으로 이익을 실현하지 않는 정책을 추구하며, 투자자는 비교적 긴 기간에 걸쳐 큰 규모의 투자를 하게 된다.

또한 이 사업이 어떠한 방식으로 수익을 실현할지, 즉 **수익실현모형**에 대해 설명해야 한다. 수익실현 방법은 크게 창업자가 계속 운영을 하면서 지속적으로 수익을 실현하는 방법, 사업이 궤도에 오른 후 다른 기업에 매각하면서 일괄적으로 매각대금을 지불받는 방법, 또는 **상장**(Initial Public Offering, IPO)을 통해 경영권을 유지하면서 주식을 발행하여 주식회사로 전환하는 방법을 들 수 있다. 또한 주된 거래 상대를 기준으로 일반 소비자인 B2B, 기업인 B2C, 정부인 B2G 중 어느 형태의 사업을 수행할 것인지 설명해야 한다. 물론 거래 상대가 중복되는 것도 가능하다.

지금까지의 사업계획이 3~5년 정도의 사업 초기의 계획인 반면에, **장기적 계획** 부분에서는 5년 이상의 중장기 일정을 설명한다. 여기에는 장기적인 상품개발, 기술개발, 조직확장, 또는 업태의 확장 등이 포함된다. 앞에서 설명한 사업 매각 및 상장 이후의 계획도 여기에 포함할 수 있다.

마지막으로 사업 수행 과정에서 발생할 수 있는 여러 **위험요인**을 스스로 밝히고 그 대처방안을 설명한다. 혹자는 위험요인은 곧 약점이므로 이를 밝히는 건 창업자에게 불리하다고 생각할 수 있다. 그러나 모든 사업계획은 약점을 갖게 마련이고 잠재적 투자자는 그 점에 대해 질문을 준비할 것이다. 그런데 창업자가 약점에 대해 인지하고 있다는 것을 밝히면 잠재적 투자자의 신뢰를 얻을 수 있고, 특히 적절한 대처방안까지 준비했다면 감동을 줄 수도 있다. 그러한 효과를 위해서는 위험요인과 대처방안은 발표 서두의 전반적인 요약에서 언급하지 않아도 좋다. 일반적인 위험요인으로는 매출 부진과 이익 저하, 그리고 이를 초래하는 여러 원인을 들 수 있고, 그 대처방안으로는 매출을 높일 수 있는 광고방식 변경 등 여러 대안들과 비용을 줄일 수 있는 대안들을 들 수 있다. 이러한 B-Plan(Back-up Plan)은 사업계획서의 신뢰성을 높인다.

기출문제

I. '가산이익률에 따른 가격결정법(Mark-up Pricing)'을 사용할 경우 다음 제품의 가격은? 단위당 변동비 : 10,000원 기대판매량 : 100,000개 고정비 : 400,000,000원 가산(Mark-up)이익률 : 20%

① 16,800원

② 17,500원

③ 17,800원

④ 18,500원

(7급 2018 문 20)

> **답** I. ① 기대판매량이 100,000개이므로 총비용은 고정비 400,000,000 + 변동비 10,000 ×
> 100,000 = 1,400,000,000원이다. 가산이익률이 20%이므로 총매출은 1,400,000,000 ×
> 1.2 = 1,680,000,000. 이것을 기대판매량 100,000으로 나누면 가격은 16,800원이다.

4.2 기업의 법적 형태

상법상 우리나라에서 기업의 형태는 주식회사, 유한회사, 유한책임회사, 합명회사, 합자회사로 구분된다. **주식회사**는 대부분의 법인이 갖는 형태로서 주식 취득을 통해 주주가 되고 주식의 거래가 자유로우며 주식의 수에 따라 지분이 결정된다. 주주는 기업의 소유권을, 경영자는 경영권을 갖게 되어 소유와 경영이 분리된다. **유한회사**는 이러한 정보의 공개 의무가 없는 회사로서 구글코리아 등 외국계 기업의 한국지사 또는 세무법인 등의 예를 들 수 있다. 유한회사에서는 투자금액을 1좌의 금액으로 나누어서 투자자가 몇 좌를 출자하였는가에 따라 지분을 계산한다. **유한책임회사**(L.L.C.)는 2012년에 도입된 형태인데 유한책임사원은 채권자에 대해 유한적인 책임을 갖고 조합의 성격을 갖는 회사이다. 창업벤처기업, 사모투자펀드 등의 예를 들 수 있다. 유한책임회사는 출자금과 관계없이 1명당 의결권 1개를 소유한다. **합명회사**는 모든 사원이 동등한 무한책임을 지는 형태로서 사원의 가입은 전 사원의 동의를 필요로 한다. 법무법인, 회계법인 등을 예로 들 수 있다. **합자회사**는 1인의 무한책임사원과 1인 이상의 유한책임사원으로 이루어지는데 사모투자 회사 등을 예로 들 수 있다.

상법 이외에도 협동조합기본법에는 영리를 추구하는 **일반 협동조합**과 비영리인 **사회적 협동조합**의 두 가지 형태의 조직을 규정하고 있다. 협동조합은 이익을 극대화하는 목적 대신 조합원의 실익을 증진하는 목적을 가지고 있으며 지분은 유한책임/합명/합자회사와 마찬가지로 1인 1표로 정의된다. 일반 협동조합의 예로 농업협동조합 등을 들 수 있고, 사회적 협동조합의 예로 의료협동조합 등을 들 수 있다. 민법에는 영리를 추구하지 않는 사단법인을 규정하고 있다. 지분은 1인 1표제이며

> **연습문제 2**
> ▶ **상법상 기업의 다섯 가지 형태에 대해 설명하라.**

학교, 병원, 자선단체, 학술단체 등이 이에 속한다. 요약하면 사회적 협동조합과 사단법인은 비영리법인인 반면, 그 외의 조직은 영리법인이다.

🔍 기출문제

I. 주식회사(Corporation)에 대한 설명으로 옳지 않은 것은?

① 주주는 회사에 대해 개인적으로 출자한 금액한도에서 책임을 진다.

② 주식매매를 통하여 소유권 이전이 가능하다.

③ 전문지식을 가진 전문경영인에게 경영권을 위임하여 소유와 경영을 분리할 수 있다.

④ 주주의 수에 제한이 있어 복잡한 지배구조를 방지할 수 있다.

(7급 2017 문 3)

II. 주식회사에 대한 설명으로 적절하지 않은 것은?

① 주주의 유한책임제도를 전제로 한다.

② 자본의 증권화 제도를 채택하고 있다.

③ 주식은 증권거래소를 통해서만 거래될 수 있다.

④ 기업의 소유와 경영의 분리가 촉진된다.

(7급 2012 문 1)

III. 기업의 형태에 대한 설명으로 옳지 않은 것은?

① 합명회사는 출자액 한도 내에서 유한책임을 지는 사원만으로 구성된다.

② 합자회사는 연대무한책임을 지는 무한책임사원과 출자액 한도 내에서 유한책임을 지는 유한책임사원으로 구성된다.

③ 협동조합은 농민, 중소기업인, 소비자들이 자신들의 경제적 권익을 보호하기 위하여 공동으로 출자하여 조직된다.

④ 주식회사는 주주와 분리된 법적인 지위를 갖는다.

(7급 2018 문 14)

IV. 협동조합(cooperatives)에 대한 설명으로 옳지 않은 것은?

① 자신들의 경제적 권익을 보호하기 위해 두 명 이상이 공동출자로 조직한 공동기업이다.

② 조합원에게는 출자액에 비례하여 의결권이 부여된다.

③ 영리보다 조합원의 이용과 편익제공을 목적으로 운영된다.

④ 운영주체 또는 기능에 따라 소비자협동조합, 생산자협동조합 등으로 나눌
　수 있다.

(7급 2019 문 10)

답　I. ④ 주식회사의 주주의 수에는 제한이 없다.

Ⅱ. ③ 주식의 장외거래도 가능하다.

Ⅲ. ① 합명회사의 모든 사원은 무한책임을 진다.

Ⅳ. ② 협동조합의 지분은 1인 1표제이다.

4.3 지배구조와 지주회사

지배구조(governance)는 기업의 의사결정이 이루어지는 구조를 의미하는데, '지배구조가 좋다'라는 말은 일반적으로 의사결정이 투명하게 이루어지고 이해관계자들의 이익을 공평하게 반영한다는 의미다. 기업의 규모가 커지면서 소유와 경영이 분리되고 경영자들이 주주 및 기타 이해관계자를 위한 의사결정을 하게 되었는데, 이러한 이해관계자의 이익보다 경영자의 이익을 우선시하는 의사결정이 이루어지는 폐단이 나타나게 되었다. 그리고 이러한 잘못된 의사결정 구조가 지속될 수 있도록 모회사와 자회사의 지분구조를 조정하여 작은 지분을 가지고도 큰 회사를 지배할 수 있는 구조를 조성하기도 했다.

> **연습문제 3**
>
> ▶ **지주회사의 세 가지 형태에 대해 설명하라.**

지주회사는 여러 기업의 주식을 보유하여 집중적으로 관리하기 위한 형태이다. 여기에는 순수지주회사, 사업지주회사, 투자신탁 회사가 포함된다. 먼저 순수지주회사는 주식이나 사채를 발행하여 자회사에 투자하는 경영지배를 주된 업무로 하는 회사이고, **사업지주회사**는 자회사의 주식을 보유하면서 동시에 자체 사업을 추구하는 회사이다. **투자신탁회사**는 자회사의 주식 보유 목적이 경영지배가 아니라 투자인 회사이다.

I. 지주회사(holding company)에 대한 설명으로 옳지 않은 것은?

① 지주회사는 다른 기업의 주식 소유를 통해 다른 기업을 경영상 지배하려는 목적으로 이루어지는 대규모의 기업집중(industrial concentration) 가운데 하나이다.

② 순수지주회사는 독자적인 사업부문 없이 전략수립, 재무 등 자회사의 경영활동을 총지휘하는 본부기능만 담당한다.

③ 금융지주회사는 은행, 증권회사, 보험회사 등 업종이 다른 금융 회사를 자회사로 두는 대형 금융회사들이 주로 채택하고 있다.

④ 지주회사의 레버리지 효과는 자회사를 지배하는 데 필요한 소유주식의 비율이 높을수록 더욱 커진다.

(7급 2020 문 10)

답　I. ④ 지주회사의 레버리지 효과는 소유주가 소규모 자본으로 지주회사의 지분만을 소유하면서 다수의 자회사를 지배하는 효과를 의미한다.

　지주회사가 소유주가 동일한 여러 기업을 관리하기 위한 지배구조라면, 기업 집중은 소유주가 상이한 여러 기업이 불필요한 경쟁을 막기 위해 결합되는 지배구조를 말한다. 기업 집중의 형태로는 카르텔, 트러스트, 콘체른, 콤비나트 등이 있다. **카르텔**(cartel)은 기업연합이라고도 하며 대개 동종기업 간에 수평적으로 결합되고 자본 변동이 없으므로 구속력이 낮다. **트러스트**(trust)는 기업합동이라고도 하며 동종기업 간에 자본을 결합하여 소유권을 합치는 강력한 구조를 갖는다. **콘체른**(konzern)은 법적으로는 독립을 유지하지만 여러 산업에 걸쳐 금융결합을 하는 특징을 갖는다. **콤비나트**(kombinat)는 제품생산 단계에서의 여러 기업이 특정 지역에서 유기적으로 결합된 형태를 갖는다.

기출문제

I. 참가기업의 독립성과 결합 정도에 따른 기업집중 형태에 대한 설명으로 옳지 않은 것은?

① 카르텔(cartel or kartell)은 과당경쟁을 제한하면서 시장을 지배하기 위한 목적으로 각 기업이 경제적 독립성을 유지하면서 법률적으로 통합한 형태이다.

② 트러스트(trust)는 시장독점을 위해 각 기업이 법률적·경제적 독립성을 포기하고 새로운 기업으로 결합한 형태이다.

③ 컨글로머릿(conglomerate)은 기업규모 확대를 위해 다른 업종이나 기업 간 주식매입을 통해 결합한 형태이다.

④ 콘체른(concern or konzern)은 각 기업이 법률적 독립성을 유지하면서 주식소유 및 자금대여와 같은 금융적 방법에 의해 결합한 형태이다.

(7급 2019 문 5)

답 I. ① 카르텔은 법률적으로 독립된 상태를 유지한다.

사회적 트렌드와 경영 《타임》지 표지를 장식한 테슬라의 창업자 일론 머스크

시사주간지 《타임》은 2021년 올해의 인물로 테슬라 창업자인 일론 머스크를 선정했다. 올해의 인물은 2021년에 세상에 가장 영향을 미친 인물인데, 머스크는 지구에서의 삶에 그치지 않고 어쩌면 지구 바깥의 삶에 이르도록 영향을 미쳤다고 설명을 덧붙였다.

사실 그렇다. 머스크의 독특함은 단지 테슬라라는 전기차 제조기업을 성공적으로 경영했다는 것으로 그치지 않는다. 그는 비전을 제시함과 동시에 뛰어난 실천력을 가진 인물로 평가받는데, 사실 이 두 가지를 동시에 갖추는 것은 쉽지 않다. 이메일 주소를 이용해서 송금하는 방식을 고안했던 페이팔, 전기차로 고급 승용차 시장을 공략했던 테슬라 등은 그나마 현실적인 사업 아이디어였다. 시속 1,200킬로미터 이상

의 속도로 샌프란시스코에서 로스앤젤레스까지 30분에 주파하겠다는 하이퍼루프 프로젝트나 뇌와 컴퓨터를 연결하여 AI의 융합을 이루겠다는 뉴럴링크는 머스크가 단지 몽상가인지 아니면 천재인지 구분하기 힘든 아이디어였다.

그런데 더욱 특이한 점은 그는 이러한 원대한 비전을 이루기 위해 세세한 부분까지 일일이 신경을 쓰면서 추진한다는 것이다. 20년 이상 일주일에 80시간 이상 일을 하고, 특히 테슬라 모델 3의 생산 문제로 어려움을 겪던 2018년에는 120시간까지 일을 했다는 소문이 전설처럼 들려왔다. 이러한 열정과 추진력이 불가능하게 보이는 사업들을 가능하게 만드는 원동력이 되고 있다.

《타임》지의 표현대로 이제 머스크는 지구 바깥의 삶까

지 영향을 미치고 있다. 2025년까지 상업용 로켓으로 화성에 사람을 보내겠다는 스페이스 X 프로젝트는 우리의 삶의 터전을 지구 바깥으로 확장할 수도 있다. 끊임없는 머스크의 도전은 단지 재산을 극대화하기 위한 수단일까(그는 2021년 11월과 12월에 약 110억 달러어치의 테슬러 주식을 매각하여 현금화했다), 아니면 타고난 기업가 정신의 발현일까 아직은 확실하지 않다. 어느 쪽이든, 한 명의 천재적인 창업자는 우리의 일상 생활에 큰 영향을 미치고 있다.

생각해 볼 문제
1. 일론 머스크가 추진했거나 추진하고 있는 사업을 모두 조사해 보자.
2. 이 사업들 사이에 관련성이 존재하는가? 존재한다면 어떤 관련성이 존재한다고 생각하는가?

요약

- 사업계획서는 창업기업의 다양한 정보를 포함하여 잠재적 투자자 또는 자금대여자가 기업을 평가할 수 있도록 하는 기능과 함께 창업자가 객관적으로 창업기업을 바라볼 수 있게 해 준다.
- 상법상 기업은 주식회사, 유한회사, 유한책임회사, 합명회사, 합자회사로 구분할 수 있다.
- 지주회사는 순수지주회사, 사업지주회사, 투자신탁 회사로 구분할 수 있다. 순수지주회사는 주식이나 사채를 발행하여 자회사에 투자하는 경영지배를 주된 업무로 하는 회사이고, 사업지주회사는 자회사의 주식을 보유하면서 동시에 자체 사업을 추구하는 회사이다. 투자신탁회사는 자회사의 주식을 보유하는 목적이 경영지배가 아니라 투자인 회사이다.

조직행동

네이버의 새로운 리더십

2021년 11월 17일, 네이버는 이사회를 열어 2022년 3월에 취임할 새로운 대표를 내정했다. 그 주인공은 최수연 글로벌 사업지원 책임 리더였다. 이 인사는 여러 측면에서 언론의 관심을 끌었다. 젊은 나이(1981년생, 40세)와 최고경영자로서 아직 드문 여성 경영자라는 점, 그리고 서울대, NHN, 법무법인 율촌 변호사, 하버드 로스쿨 졸업으로 이어지는 화려한 경력은 최수연 내정자를 단연 돋보이게 했다. 하버드 로스쿨 이후 네이버로 돌아와서 CEO 직속 조직에서 글로벌 사업 지원을 총괄했다는 경력 역시 차기 CEO로서의 충분한 자격을 보여주는 것이었다.

그런데 네이버에서 설명한 최수연 리더를 내정한 배경을 보면 시장가치가 66조에 달하는 이 글로벌 기업이 추구하는 경영자상을 엿볼 수 있다. 네이버는 "최 내정자가 국내외 사업 전반을 지원하며 보여준 문제해결 능력, 회사의 글로벌 사업 전략 및 해당 시장에 대한 폭넓은 이해"를 내정 이유로 밝혔다. 또한 네이버 관계자는 "특정 사업을 주도한 이력보다 네이버의 많은 사업을 조율하고 시너지를 키울 능력을 갖춘 사람이 필요"하다고 평가했고, 또 다른 전직 동료는 "일을 잘할 뿐만 아니라 놀기도 좋아하는 등 성격이 살갑고 붙임성 좋은 인재"라고 전했다.

최 내정자가 2022년에 보여줄 능력이 아직 검증되지는 않았으나, 이번 인사는 적어도 최고경영자로 선출되기 위해 갖추어야 할 덕목에 대한 힌트를 보여주는 듯하다. 성공적인 경영자의 속성과 리더십 스타일에 대한 많은 연구가 진행되었지만 시간이 흐름에 따라 사회와 기업이 요구하는 속성은 계속적으로 진화하고 있다.

출처 : 중앙일보(2021. 11. 18). 시총 66조 네이버, 새 선장은 40세 워킹맘. https://www.joongang.co.kr/article/25024641

▲ 2022년에 네이버의 새로운 리더십이 출범했다

© Shutterstock

처음으로 다룰 경영학의 골격에 해당하는 세부 영역으로 제5장과 제6장에서는 조직행동과 인적자원관리, 그리고 조직설계에 대해 살펴본다. 이 영역은 기업에서 수립한 계획을 실행으로 옮기는 직원들에 주목한다. 이 영역은 다시 개별 직원에 초점을 맞추는 미시적 관점과(제5장) 직원의 집단인 조직의 특성에 초점을 맞추는 거시적 관점(제6장)으로 구분할 수 있다. 이 장에서는 먼저 미시적 관점에 대해 설명하기로 한다.

사실 직원 관리는 기업의 경영자가 가장 기본적으로 접하는 이슈 중 하나이다. 직원이 월급보다 적게 일하는 것처럼 보이기도 하고 태도가 불량해 보이기도 한데 그 이유가 직원에게 있는지 아니면 경영자의 리더십에 있는지 모호할 때가 많다. 또한 좋은 직원을 채용하고 다른 곳으로 이직하지 않게 관리하는 것도 실무적으로 중요한 이슈이다. 이 장에서는 조직에서의 개인의 행동에 영향을 미치는 요인들에 대해 살펴본다.

제1장에서 보았듯이 응용학문인 경영학은 여러 인접 학문에 기반한다. 이 장과 관련된 인접 학문은 사회학, 심리학, 인류학, 정치학, 그리고 행정학 등이라 할 수 있다. 이들 학문은 집단에서의 인간의 심리, 권력, 인지 과정 등을 다루고 있어서 기업이라는 조직에서의 개인의 행동을 이해하는 토대를 제공한다.

5.1 조직에서의 개인 : 성격, 태도, 지각, 그리고 오류

성격(traits)은 개인의 모든 일상에 영향을 미치지만 조직에서의 행동에서도 특히 그러하다. 경험에 기반해서 혈액형으로 개인의 성격을 추측하기도 하지만 성격 분석을 위한 여러 기법이 개발되었다. 여기에서는 두 가지 기법을 소개한다.

첫 번째 기법은 마이어스-브릭스가 개발한 MBTI(Myers-Briggs Type Indicator)이다(그림 5.1). 이 모형에는 성격을 특징짓는 네 가지 차원이 포함되는데, 질문항목에 따라 본인이 에너지의 사용 방향이 외향적인가 내향적인가(Extroversion vs. Introversion), 외부 정보의 인식 방법이 감각적인가 직관적인가(Sensing vs. iNtuition), 의사결정을 할 때 사고를 중시하는가 감정을 중시하는가(Thinking vs. Feeling), 그리고 평소 생활 방식에 있어서 판단을 중시하는가 인식을 중시하는가(Judging vs. Perceiving)에 대해 스스로 평가하면

그림 5.1 MBTI는 개인의 성격 유형을 알려준다

네 가지 차원에서 각각 하나의 알파벳을 사용한 성격 유형(예를 들어 ENTJ)을 도출할 수 있다. 이 유형은 총 16가지 조합이 가능하다. 이 기법은 기업이 수행하는 다양한 성격의 여러 직무 중 특정 개인의 성격에 적합한 직무가 존재한다고 가정한다.

두 번째 기법으로 1960년대에 개발되어 1980년대 학문 영역에서 인정되었던 빅파이브(Big 5) 모델을 들 수 있다. 이 모델은 인간의 심리를 특징지을 수 있는 수많은 단어들을 통계적 요인분석으로 분류하여 유사한 성격을 가진 다섯 가지 유형을 도출한 것이다. 흔히 OCEAN으로 요약되는 이 유형들은 얼마나 호기심에 대해 개방적인가(Openness to experience), 성실한가(Conscientiousness), 외향적인가(Extraversion), 타인에 친화적인가(Agreeable), 그리고 정서적으로 안정적인가(Emotional stability)를 의미한다. 이 기법 역시 기업의 다양한 직무 중 특정 유형의 성격이 중요한 직무가 존재한다고 가정한다.

연습문제 1

▶ **태도의 세 가지 구성 요소에 대해 설명하라.**

성격이 사전에 결정되는 것이라면 태도(attitudes)는 본인의 의지에 의해 변화될 수 있는 것이다. 사람은 태도에 따라 어떤 대상에 대해 호의적 또는 비호의적 반응을 하게 하는데, 이를 구성하는 세 가지 요소로서 인지적 요소, 정서적 요소, 행동적 요소를 들 수 있다. 예를 들어 최고경영자가 제안하는 새로운 전략에 대해 직원이 해당 전략은 기업의 이익을 높일 것이라고 평가한다면 인지적 태도를 취한 것이고, 해당 전략에 칭찬을 아끼지 않는다면 정서적 태도를 취한 것이며, 해당 전략을 적극적으로 수행할 준비를 취한다면 행동적 태도를 취한 것이다. 또 다른 예로서, 높은 보수를 제공하는 새로운 직무 제안을 받은 직원이 이 직무에 비윤리적인 요소가 포함되어 있다고 평가한다면 인지적 태도를 취한 것이고, 해당 직무가 마음에 들지 않는다고 평가한다면 정서적 태도를 취한 것이며, 해당 직무를 거부할 자세를 갖는다면 행동적 태도를 취한 것이다.

그런데 이러한 태도는 때로는 실제 행동과 일치하지 않을 때가 있다. 이것을 **인지부조화**(cognitive dissonance)라 하는데 레온 페스팅거(Leon Festinger)가 1957년에 발표한 논문에서 소개되었다. 태도와 행동이 일치하지 않는 경우 사람은 이러한 스트레스 상태를 해소하기 위해 태도 또는 행동을 바꾸거나, 새로운 태도로 기존의 행동을 정당화하거나, 정보를 무시하는 방법을 이용한다.

태도와 비교되어 등장하는 개념으로서 **지각**(perception)을 들 수 있다. 태도는 본인이 주도적으로 선택하는 것임에 반해 지각은 외부의 정보를 수동적으로 받아들여서 해석하는 과정인데, 놀랍게도 이 과정에서도 정보의 왜곡이나 선택이 일어나게 된다.

이러한 왜곡을 넓은 의미에서 지각에서의 **오류**(fallacy)라고 부르는데 그 종류는 매우 다양하다. 예를 들어 사람을 평가할 때 **후광효과**(halo effect)가 발생하면 일부 특성만으로 상대방의 전체를 평가하게 된다. 예를 들어 인기 있는 브랜드의 컵을 휴대한 사람을 항상 유행에 민감하다고 평가하는 것이다. **상동효과**(stereotyping)는 집단의 특성을 그 집단에 속한 개인도 그대로 가지고 있다고 인식하는 것인데, 예를 들어 가족 구성원 직업이 군인이면 그 사람도 엄격할 것이라고 인식하는 것이다. **투사효과**(projection)는 인식하는 시점에서의 본인의 상태에 따라 상대를 인식하는 것인데, 예를 들어 본인의 기분이 좋지 않을 때 상대의 성격이 나쁘다고 평가하는 것이다. **유사효과**(similar-to-me effect)는 본인과 유사한 사람을 더 호의적으로 평가하는 것인데, 예를 들어 본인의 성격이 급하면 성격 급한 사람을 더 높게 평가하는 것이다. **대비효과**(contrast effect)는 객관적으로 평가하기보다는 주변 사람과 비교하여 평가하는 것으로서, 예를 들어 우수한 사람들이 모인 집단에서는 평범한 사람도 더 안 좋게 평가하는 것이다.

개인이 아니라 집단에 대해 평가할 때는 점수의 분포가 평균을 중심으로 고르게

> **연습문제 2**
>
> ▶ **오류의 유형에 대해 설명하라.**

▲ **후광효과는 긍정적 인식을 가져올 수 있다**

분배가 되어 충분한 변별이 되는 것이 바람직하다. 그런데 평가자의 잘못으로 인해 점수의 분포가 한쪽으로 쏠리는 결과가 발생하기도 한다. 이때 모두 높은 평가가 나오는 경우를 **관대화**, 모두 낮은 평가가 나오는 경우를 **가혹화**, 그리고 모두 중간 정도의 평가가 나오는 경우를 **중심화 경향**이라고 한다.

어떤 사람의 특정 행동의 이유에 대해 추정하는 것을 귀인(attribution)이라고 한다. 예를 들어 어떤 사람이 지각을 했을 때, 즉 부정적인 결과에 대해 그 사람이 게을러서 지각했다고 인지하는 것을 **부정적 내적 귀인**, 어쩔 수 없는 사고 때문에 지각했다고 인지하는 것을 **부정적 외적 귀인**이라 할 수 있다. 그 반대로 어떤 사람이 대회에서 우승을 했을 때, 즉 긍정적인 결과에 대해 그 사람이 열심히 노력했을 것이라고 인지하는 것을 **긍정적 내적 귀인**, 어쩌다 운이 좋았을 뿐이었다고 인지하는 것을 **긍정적 외적 귀인**이라고 할 수 있다. 본인에 대해 부정적 결과는 외적 귀인, 긍정적 결과는 내적 귀인을 하고, 타인에 대해서는 그 반대로 하는 귀인 오류를 쉽게 볼 수 있다.

오류는 사람에 대해서만 발생하는 것이 아니라 일반적인 의사결정에 있어서도 발생한다. 대표적인 오류로서 **몰입의 상승효과**(escalation of commitment)를 들 수 있는데, 이는 초기에 내린 의사결정이 잘못된 것이 아니라고 합리화하려고 잘못된 결정임을 인지한 이후에도 초기의 결정을 계속 고수하는 것을 말한다. 예를 들어 어떤 투자 결정으로 손실이 누적되어 투자를 중단해야 하는 경우에도 그 투자 결정이 애당초 옳았다는 것을 증명하기 위해 계속 손실을 감수하는 것을 들 수 있다.

앵커링 효과(anchoring and adjustment bias)는 여러 대안 중 처음에 제시된 대안이 비합리적이라고 해도 그 지점을 출발점으로 하여 논의가 진행되는 현상을 말한다. 예를 들어 투자 규모에 대한 대안들을 논의하는 과정에서 처음에 1억 원으로 논의가 시작되면 1억 원을 출발점으로, 10억 원으로 논의가 시작되면 10억 원을 출발점으로 후속 논의가 진행될 수 있다.

그 밖에도 **가용성 오류**(availability bias)는 당장 이용할 수 있는 정보만으로 논의를 진행하고 추가적인 정보를 수집하지 않으려는 오류를 의미하고, **대표성 오류**(representative bias)는 현재 발생한 이슈가 과거에 발생했던 유사한 이슈와 동일한 결과를 가져올 것이라고 굳게 믿는 오류이다. **승자의 저주**(winner's curse)는 의사결정에 경쟁이 개입될 때 그 경쟁에서 이기는 것만을 최종 목표로 오해하는 오류이다. 예를 들어 입찰 계약을 검토할 때 경쟁자를 의식해서 계약 성사만을 목표로 하다가 손실을 보는 경우를 들 수 있다.

기출문제

I. 인사평가의 오류 중 평가자가 평가측정을 하여 다수의 피평가자에게 점수를 부여할 때 점수의 분포가 특정 방향으로 쏠리는 현상으로 인해 발생하는 분배적 오류(distributional error) 혹은 항상 오류(constant error)에 해당하는 것으로만 옳게 짝지은 것은?

① 유사성 오류, 대비 오류, 관대화 오류

② 유사성 오류, 관대화 오류, 중심화 오류

③ 대비 오류, 관대화 오류, 중심화 오류

④ 관대화 오류, 중심화 오류, 가혹화 오류

(7급 2017 문 19)

Ⅱ. 성과평가 시 평가자들이 종업원들의 성과를 정확하게 측정하지 못하는 오류에 대한 설명으로 적절하지 않은 것은?

① 후광효과(halo effect)는 피평가자의 일부 특성이 전체 평가 기준에 영향을 미치는 오류이다.

② 상동효과(stereotyping)는 피평가자 간 차이를 회피하기 위해 모든 피평가자들을 유사하게 평가하는 오류이다.

③ 투사효과(projection)는 평가자의 특성을 피평가자의 특성이라고 생각하고 잘못 판단하는 오류이다.

④ 대비효과(contrast effect)는 피평가자를 평가할 때 주위의 다른 사람과 비교하여 잘못 평가하는 오류이다.

(7급 2012 문 13)

답   Ⅰ. ④ 집단의 점수의 분포가 한 방향으로 쏠리는 오류로서 관대화, 중심화, 가혹화 오류를 들 수 있다.

Ⅱ. ② 상동효과는 피평가자가 속한 집단의 특성을 피평가자의 특성으로 잘못 판단하는 오류이다.

5.2   개인이 행동하는 이유 : 동기부여

개인이 특정 방향으로 행동해야 하는 명분을 부여하는 것을 **동기부여**(motivation)라고 한다. 버러스 프레더릭 스키너(Burrhus Frederick Skinner)는 1953년에 자극과 반응의 관계를 **강화**(reinforcement)로 설명했는데, 원하는 자극을 통해 특정한 결과를 유도하는 정적(positive) 강화를, 원하지 않는 자극의 제거를 통해 특정한 결과를 유도하는 부적(negative) 강화를 조성할 수 있다. 또한 특정한 결과를 제거하기 위해서는 원하는 자극을 소거(extinction)하거나 원하지 않는 자극을 통한 처벌(punishment)을 가할 수 있다.

개인의 동기부여 요인을 이해하면 기업이 원하는 방향으로 개인의 행동을 유도할 수 있는데, 동기부여 요인을 알기 위해서는 먼저 개인이 가진 욕구를 이해할 필요가 있다. 이에 욕구에 대한 다양한 이론이 제시되어 왔다.

이 중 가장 잘 알려진 이론 중 하나는 에이브러햄 매슬로(Abraham Maslow)가 1943년에 발표한 **욕구단계이론**(hierarchy of needs)이다(그림 5.2). 매슬로는 사람이 가진 다양한

기출문제

I. 행위강화전략 중 소거(extinction)에 해당하는 것은?

① 품행이 좋은 학생에게 칭찬과 격려를 아끼지 않는다.

② 성적이 기준에 미달한 학생에게 장학금의 지급을 일시적으로 중지한다.

③ 수형생활을 모범적으로 하는 죄수에게 감형이나 가석방의 기회를 부여한다.

④ 업무수행 실적이 계속해서 좋지 않은 직원을 징계한다.

(7급 2010 문 6)

답 I. ②. ①은 정적 강화, ③은 부적 강화, ④는 처벌에 해당한다.

욕구에는 위계적인 속성이 전재하기 때문에 하위 차원의 욕구가 충족되어야 상위 차원의 욕구를 추구한다고 주장했다. 그가 제시한 다섯 가지 욕구를 가장 기본적인 욕구부터 상위 욕구의 순서로 나열하면 생리적 욕구, 안전에 대한 욕구, 사회적 욕구, 존경받을 욕구, 그리고 자아실현의 욕구이다. 즉 모든 욕구가 동시에 추구되는 것이 아니라 하위 욕구가 충족되어야 상위 욕구의 결핍을 느끼게 되므로 현재 수준에서 결핍된 욕구를 충족하기 위한 동기부여가 이루어진다는 것이다. 그런데 때에 따라서는 상위 욕구가 충족되어도 여전히 하위 욕구가 충족되지 않는 경우가 존재

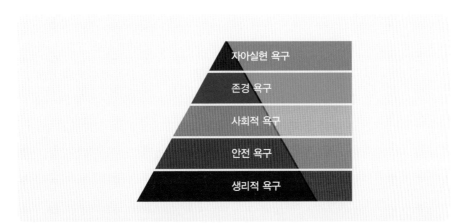

그림 5.2 매슬로의 욕구단계

기출문제

I. 욕구단계 이론에서 매슬로(Maslow)가 주장하는 인간의 욕구를 하위부터 상
위단계 순으로 바르게 나열한 것은?

ㄱ. 일상의 안전, 보호, 안정 등에 대한 욕구

ㄴ. 물과 음식, 물질적 풍요 등에 대한 욕구

ㄷ. 다른 사람과의 관계 속에서 사랑, 관심, 소속감 등에 대한 욕구

ㄹ. 창조적인 능력을 향상시키고 활용하여 자아를 실현하고자 하는 욕구

ㅁ. 타인으로부터 존경, 권위, 위엄 등에 대한 욕구

① ㄱ-ㄴ-ㄷ-ㄹ-ㅁ

② ㄴ-ㄱ-ㄷ-ㅁ-ㄹ

③ ㄴ-ㄱ-ㅁ-ㄷ-ㄹ

④ ㄴ-ㄷ-ㄱ-ㅁ-ㄹ

(7급 2011 문 5)

답 I. ② 생리적 욕구, 안전에 대한 욕구, 사회적 욕구, 존경받을 욕구, 자아실현의 욕구 순서이다.

한다는 비판이 뒤따랐다.

매슬로의 욕구 5단계는 하위의 욕구가 충족되어야 상위의 욕구가 추구되는 순
차적 충족을 전제하는 반면에, 1969년에 소개된 클레이턴 앨더퍼(Clayton Alderfer)의
ERG 이론은 여러 가지 욕구가 동시에 존재할 수 있다고 전제한다. 또한 매슬로의
욕구 단계는 상방향으로 진행되는 과정에 초점을 맞추는 반면에 앨더퍼의 ERG 이
론은 욕구가 좌절되는 경우도 인정하여 상위 욕구가 좌절되는 경우 하위 욕구가 더
욱 증가하는 퇴행 현상도 설명한다. 여기에서 ERG는 존재(existence), 관계(relatedness),
성장(growth)을 의미하는데 존재의 욕구는 매슬로의 생리적 욕구와 안전 욕구, 관
계의 욕구는 사회적 욕구, 성장의 욕구는 존경 욕구와 자아실현 욕구에 각각 대응
된다.

데이비드 맥클리랜드(David McClelland)는 1960년에 사람의 욕구가 조직의 목표 달
성에 영향을 미치는 것에 주목하여 **성취동기이론**을 제시했는데, 이 이론에서 개인

의 욕구를 친화 욕구, 권력 욕구, 성취 욕구로 분류했다. 이 세 가지 욕구는 직무에 있어서의 성취동기를 구성하는데, 예를 들어 타인과의 밀접한 관계 유지가 중요한 직무는 친화 욕구가 높은 직원에게, 타인에 대한 통제가 중요한 직무는 권력 욕구가 높은 직원에게, 그리고 도전적인 직무는 성취 욕구가 높은 직원에게 배정하는 것이 성취동기를 높일 수 있다는 것이다. 그런데 이 중 조직의 발전에 가장 중요한 것은 성취 욕구이고, 이러한 욕구를 높게 설정하는 것과 그것을 충족하기 위해 노력하는 것은 훈련과 학습을 통해 증진될 수 있다고 주장했다.

그런데 이러한 욕구의 충족에 있어서 만족과 불만족은 반대의 개념인 것일까? 예를 들어 사랑의 반대말이 증오가 아니라 무관심인 것처럼, 만족의 반대말은 불만족이 아니라 만족을 못하는 것이라고 볼 수 있다. 1968년에 소개된 프레더릭 허즈버그(Frederick Herzberg)의 2요인 이론은 바로 이 점을 설명한다(그림 5.3). 그는 불만족에 영향을 미치는 요인을 위생요인(hygiene factors), 만족에 영향을 미치는 요인을 동기요인(motivator)이라 명명했는데, 여기에서 불만족 요인인 위생요인은 근무환경에서 발견되는 객관적인 조건이고 만족 요인인 동기요인은 근무 자체에서 발견되는 주관적인 조건을 의미한다. 그리고 이를 다시 각각 존재와 부존재로 나누어 네 단계의 수준으로 설명했다. 즉 단지 불만족스러운 상태와 만족스러운 상태가 아니라 불만족이 큰 상태, 불만족이 작은 상태, 만족이 큰 상태, 만족이 작은 상태로 구분되는 것이다. 이 이론에서는 연봉이나 지위 등 업무와 관련된 객관적인 조건이 충족된다고 하더라도 그것은 불만족이 작은 상태일 뿐이고 능력을 충분히 발휘하게 하는 동기부여로는 부족하다고 본다. 즉 충분한 동기부여를 위해서는 객관적인 조건만이 아니라 성취감이나 책임감 등 업무 자체의 주관적인 만족이 필요하다는 것을 강조한다.

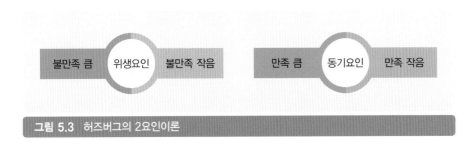

그림 5.3 허즈버그의 2요인이론

기출문제

I. 동기이론 중 허즈버그(F. Herzberg)의 2요인 이론(two factor theory)에 대한 설명으로 옳지 않은 것은?

① 임금, 작업조건, 동료관계 등은 동기유발요인에 해당된다.

② 동기유발요인은 만족요인, 위생요인은 불만족요인이라고 한다.

③ 만족과 불만족을 동일 차원의 양 극점이 아닌 별개의 차원으로 본다.

④ 직무불만족은 직무 상황과 관련되고, 직무만족은 직무 내용과 관련된다.

(7급 2013 문 3)

II. 여러 학자들이 제시한 동기부여의 내용이론을 고차욕구와 저차욕구로 나누어 볼 때, 적절하지 않은 것은?

	고차욕구	저차욕구
① 매슬로	자아실현욕구	생리적 욕구
② 앨더퍼	성장욕구	존재욕구
③ 맥클리랜드	성취욕구	권력욕구
④ 허즈버그	동기요인	위생요인

(7급 2010 문 15)

III. 직무만족 및 불만족에 대한 설명으로 옳은 것은?

① 직무불만족을 증가시키는 개인적 성향은 긍정적 정서와 긍정적 자기평가이다.

② 역할 모호성, 역할 갈등, 역할 과다를 경험한 사람들의 직무 만족이 높다.

③ 직무만족이란 직무를 통해 그 가치를 느끼고 업무 성취감을 느끼는 긍정적 감정 상태를 말한다.

④ 종업원과 상사 사이의 공유된 가치관은 직무만족을 감소시킨다.

(7급 2016 문 11)

답 I. ① 임금, 작업조건 등은 근무환경 또는 상황에서 발견되는 객관적인 불만족 요인으로서 위생요인에 해당한다.

II. ② 앨더퍼의 ERG 이론에서 성장욕구가 가장 상위 욕구이다.

III. ③ 긍정적 정서와 공유된 가치관은 직무만족을 증가시키고, 역할 모호성은 직무 만족을 감소시킨다.

또한 더글러스 맥그리거(Douglas McGregor)는 경영자가 사람에 대해 갖는 가정이 동기부여에 미치는 영향에 대해 연구했는데, 그 결과 사람은 일하기를 싫어하고 책임을 지려 하지 않으며 낮은 수준의 욕구를 갖는다고 가정하는 이론을 X이론, 그 반대로 사람은 스스로 일하고 책임을 지며 성취 등 높은 수준의 욕구를 갖는다고 가정하는 이론을 Y이론이라고 1960년에 발표한 연구에서 명명했다. 그는 기존의 경영 관행은 X이론에 기반하기 때문에 직원을 관리하고 통제하는 것에 초점을 맞추었으나 사람은 스스로 자기실현을 추구하는 존재이므로 Y이론에 기반하여 직원

기출문제

I. 동기부여이론에 대한 설명으로 옳지 않은 것은?

① Y이론적 관점에 따르면 직원은 부정적 강화(reinforcement)에 의해 동기부여가 된다.

② 애덤스(J. S. Adams)의 공정성이론에 따르면 사람은 자신의 일에 투입한 요소와 그로부터 받은 보상의 비율을 다른 사람의 그것과 비교한다.

③ 2요인이론에서 동기유발요인은 직무에 내재하는 요인들이다.

④ 기대이론에서 동기부여가 되는 정도는 노력과 성과 관련성, 성과와 결과 관련성, 결과와 개인의 욕구 사이의 관련성의 영향을 받는다.

(7급 2018 문 17)

II. 종업원의 동기부여와 성과관리 수단으로 기업에서 활용하는 목표관리기법(Management By Objective, MBO)**의 특징으로 적절하지 않은 것은?**

① 목표달성 기간의 명시

② 개인 목표의 구체화를 위한 과정

③ 상사와 조직에 의한 하향식 목표 설정

④ 목표달성 여부에 대한 실적 및 정보의 피드백 제공

(7급 2016 문 1)

답   I. ① Y이론에 의하면 긍정적 강화가 동기부여의 원천이다.

II. ③ MBO에서 목표는 부하와 상사가 함께 설정한다.

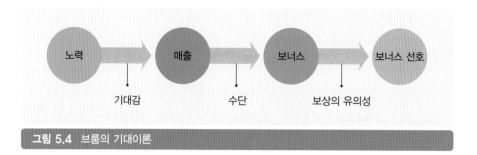

그림 5.4 브룸의 기대이론

이 목표를 세우고 그 과정에서 당면한 문제를 스스로 해결하는 과정에서 경영자는 도와주는 역할을 충실히 해야 한다고 보았다. 이는 **목표에 의한 관리**(Management By Objectives, MBO)와 관련이 깊다.

지금까지 동기부여에 대해 욕구, 만족, 책임감 등 주된 개념을 중심으로 설명했는데, 동기부여가 발생하거나 성과로 이어지는 과정을 설명하는 다양한 이론도 존재한다. 먼저 1964년에 빅터 브룸(Victor Vroom)은 동기부여의 강도는 기대감(expectation), 수단(instrumentality), 보상의 유의성(valance)의 곱으로 계산할 수 있다고 주장했는데 이를 **기대이론**(expectancy theory)이라고 부른다(그림 5.4). 예를 들어 어떤 직원이 열심히 일을 하면 높은 매출을 달성하고 그에 따라 보너스를 받는다고 가정해 보자. 여기에서 열심히 일을 하는 것과 매출이 상승하는 것의 관계는 기대감으로 나타난다. 만약 아무리 열심히 일을 해도 매출이 상승할 가능성이 낮다면 기대감은 낮을 수 있다. 매출이 상승했을 때 보너스를 받을 수 있다는 믿음은 수단을 보여준다. 만약 매출이 상승하더라도 회사 사정이 여의치 않아서 보너스를 받지 못할 수 있다면 수단에 대한 믿음의 수준이 낮을 수 있다. 해당 직원이 보너스를 얼마나 선호하는가를 보여주는 것이 보상의 유의성이다. 만약 보너스보다 휴가 같은 다른 형태의 보상을 바란다면 보상의 유의성은 낮을 수 있다. 이제 동기부여의 강도를 계산하는 과정을 살펴보면 다음과 같다. 여기에서 동기부여의 강도는 기대감 × 수단 × 보상의 유의성으로 계산할 수 있다.

I. 브룸(Vroom)의 기대이론에 대한 설명으로 옳지 않은 것은?

① 자기효능감이 높고 목표의 난이도가 낮으면 기대가 커진다.

② 조직에 대한 신뢰가 낮고 의사결정이 조직정치에 의해 좌우된다는 인식이 강할수록 수단성이 커진다.

③ 개인적 욕구와 가치관, 목표에 부합되는 보상이 주어지면 유의성이 커진다.

④ 유의성, 수단성, 기대감 중 어느 하나라도 0이 발생하면 동기는 일어나지 않는다.

(7급 2017 문 11)

답 I. ② 조직에 대한 신뢰가 낮고 의사결정이 조직정치에 의해 좌우된다는 인식이 강할수록 수단성이 낮아진다.

그런데 모든 직원은 다른 직원과 무관하게 개별적으로 동기부여가 되는 것일까? 아마도 다른 직원과의 비교에 의해 더 힘을 얻거나 반대로 힘이 빠지는 경우도 있을 것이다. 스테이시 애덤스(Stacy Adams)는 이 점을 주목하여 1963년에 **공정성이론**(Equity Theory)을 제시했다. 여기에서 등장하는 주요 개념은 조직에 대한 개인의 노력의 투입과 조직으로부터의 보상, 그리고 본인과 타인이다.

$$\text{균형보상}: \quad \frac{\text{본인에 대한 보상}}{\text{본인의 노력의 투입}} = \frac{\text{타인에 대한 보상}}{\text{타인의 노력의 투입}}$$

$$\text{과소보상}: \quad \frac{\text{본인에 대한 보상}}{\text{본인의 노력의 투입}} < \frac{\text{타인에 대한 보상}}{\text{타인의 노력의 투입}}$$

$$\text{과대보상}: \quad \frac{\text{본인에 대한 보상}}{\text{본인의 노력의 투입}} > \frac{\text{타인에 대한 보상}}{\text{타인의 노력의 투입}}$$

즉 개인이 투입하는 노력보다 조직에서 제공받는 보상이 높다고 해서 무조건 동기부여가 되는 것이 아니고, 만약 다른 사람이 투입하는 노력에 비해 다른 사람이 제공받는 보상이 더 높다고 생각되면 본인은 여전히 과소보상을 받는다고 판단하여 동기부여가 저하된다는 것이다. 불공정한 상태라고 판단되어 이를 해소하는 방법으로는 노력을 줄이거나, 보상을 요구하거나, 또는 비교 대상을 바꾸는 방법이 사용될 수 있다.

동기부여의 과정을 설명하는 이론 중 에드윈 로크(Edwin Locke)가 1968년에 제시한 **목표설정이론**(goal setting theory)은 본인이 세운 목표가 성과를 달성하는 행동을 유도한다는 단순한 논리를 담고 있다. 먼저 바람직한 목표는 구체적이고 도전적이어야 한다. 이것은 목표의 특성에 해당한다. 그다음으로 목표의 종류에 대한 설명으로서 목표는 상급자에 의해 주어질 수도, 상급자와 수행자가 참여해서 설정할 수도, 그리고 직무 수행자가 스스로 설정할 수도 있는데 목표 몰입이 가장 높은 방식으로 설정하는 것이 중요하다. 여기에서 상급자에 의해 주어지는 지시적 목표의 경우 목표를 수용(acceptance)하는 정도가 높을수록 바람직하다. 그리고 이러한 목표 설정이 성과를 이끌어내는 과정에서 여러 상황요인들이 영향을 미칠 수 있는데 직장 상사 또는 본인이 스스로를 격려하는 피드백, 목표 달성에 대한 적절한 보상조건, 너무 지나치지 않은 직무의 복잡성, 직무 수행자의 능력, 그리고 적절한 경쟁상황도 긍정적 영향을 미칠 수 있다. 즉 목표설정이론은 목표의 특성, 목표의 종류, 그리고 상황요인이 성과 달성과 관련한 동기부여의 요소를 설명한다고 할 수 있다.

지금까지 동기부여의 내용이론, 즉 어떤 욕구들이 동기부여에 영향을 미치는가에 대해, 그리고 동기부여의 과정이론, 즉 동기부여의 발생 또는 성과로 이어지는 과정에 대해 살펴보았다. 마지막으로 동기부여가 외부의 영향보다는 내재적으로 발생하는 것을 설명하는 이론인 직무특성이론, 인지평가이론, 그리고 자기결정이론을 살펴본다.

먼저 **직무특성이론**은 리처드 해크먼(Richard Hackman)과 그레그 올덤(Greg Oldham)이 1975년에 제시했는데, 직무 수행자는 다양한 수준의 성장욕구를 가지고 있으므로 개인의 성장욕구의 수준에 부합되는 특성을 가진 직무를 배정하면 동기부여에 효과적이라고 설명한다. 직무특성은 다섯 가지로 분류되는데, 첫째, 기술 **다양성**(skill variety)은 직무 수행을 위해 요구되는 기술이 얼마나 다양한가를 의미하고, 둘째, **과업 정체성**(task identity)은 직무가 전체적인 의미를 파악할 수 있는 완결성이 있는 것인가를 의미하며, 셋째, **과업 중요성**(task significance)은 직무 수행 결과가 다른 사람에게 중요한 영향을 미치는가를 의미한다. 넷째, **자율성**(autonomy)은 직무 수행자에게 부여된 재량권의 정도를 의미하며, 다섯째, **피드백**(feedback)은 직무 수행 결과에 대해 정보를 획득하는 정도를 의미한다. 이 다섯 가지 요소에 의해 **동기잠재력지수**(Motivation Potential Score, MPS)가 결정되는데 이것은 자신의 직무가 동기부여를 일으키는지 지각하는 정도이다.

$$\text{MPS} = \frac{\text{기술 다양성} + \text{과업 정체성} + \text{과업 중요성}}{3} \times \text{자율성} \times \text{피드백}$$

여기에서 기술 다양성, 과업 정체성, 과업 중요성은 직무 수행자가 본인의 직무가 어떤 의미를 가지는가에 대해 인지하는 직무의 의미감에 영향을 미치고, 자율성은 책임감에, 그리고 피드백은 직무수행 결과에 대한 지식에 영향을 미친다. 즉 핵심 직무특성은 객관적인 요인인 것에 비해 직무 수행자의 심리 상태는 주관적인 요인이다. 이러한 객관적인 직무특성 요인과 주관적인 심리적 요인은 직무성과에 영향을 미치는데, 여기에서 직무 수행자의 성장 욕구가 중요한 역할을 한다. 즉 성장 욕구가 높은 직원은 높은 MPS의 직무를 맡았을 때 더 높은 성과를 거둘 수 있다는 것이다. 직무성과는 높은 동기부여, 높은 질적 직무수행, 높은 직무만족, 낮은 이직률 등으로 나타난다.

요약하면 핵심 직무특성들은 직무 수행자의 심리 상태에 영향을 미치고 이는 다시 성과에 영향을 미치는데, 모든 직무 수행자에 대해 동일한 처방은 존재하지 않으며 직무 수행자의 성장욕구 강도가 중요한 조절작용을 한다(그림 5.5).

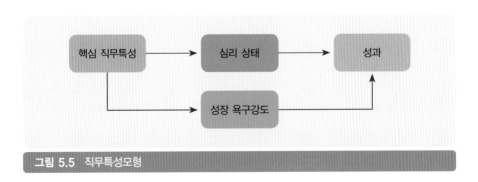

그림 5.5 직무특성모형

기출문제

I. 해크먼(Hackman)과 올덤(Oldham)이 제시한 직무특성모형에서 핵심 직무차원에 해당하는 것만을 모두 고른 것은?

ㄱ. 기술 다양성   ㄴ. 과업 표준성   ㄷ. 과업 정체성   ㄹ. 과업 중요성

ㅁ. 과업 교차성   ㅂ. 자율성, 피드백

① ㄱ, ㄴ, ㄷ, ㄹ

② ㄱ, ㄷ, ㄹ, ㅂ

③ ㄴ, ㄷ, ㄹ, ㅁ

④ ㄴ, ㄹ, ㅁ, ㅂ

(7급 2017 문 2)

II. 직무특성이론에서 주장하는 핵심직무특성에 대한 내용으로 옳지 않은 것은?

① 기술 다양성 : 직무를 수행하는 데 요구되는 기술의 종류가 얼마나 다양한가를 의미한다.

② 과업 정체성 : 직무가 독립적으로 완결되는 것을 확인할 수 있는 정도를 의미한다.

③ 직무 혁신성 : 개인이 수행하는 직무가 조직 혁신에 어느 정도 기여할 수 있는가를 의미한다.

④ 피드백 : 직무 수행 도중에 직무의 성과와 효과성에 대해 직접적이고 명확한 정보를 획득할 수 있는 정도를 의미한다.

(7급 2013 문 15)

답 Ⅰ. ② 핵심 직무특성에는 기술 다양성, 과업 정체성, 과업 중요성, 자율성, 피드백이 포함된다.

Ⅱ. ③ 핵심 직무특성에는 기술 다양성, 과업 정체성, 과업 중요성, 자율성, 피드백이 포함된다.

직무특성이론은 내재적 동기에 대해 초점을 맞추었는데, 그렇다면 외적 보상은 과연 내재적 동기에 영향을 미치지 않는 것일까? 이에 대해 에드워드 데시(Edward Deci)가 1975년에 소개했던 **인지평가이론**(Cognitive Evaluation Theory)은 외적 보상은 내적 동기를 감소시킨다는 흥미로운 결과를 제시했다(그림 5.6). 사람은 스스로 할 수 있

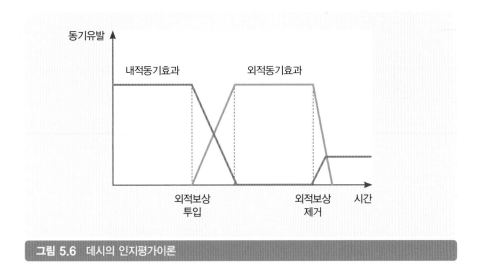

그림 5.6 데시의 인지평가이론

다는 유능감(competence)과 스스로 결정할 수 있다는 자기결정감(self-determination)을 가지고 있는데 어떤 직무에 대해 외적 보상이 주어지면 유능감과 자기결정감이 감소하여 내재적 동기부여가 감소할 수 있다는 것이다. 물론 모든 외적 보상이 부정적 영향을 미치는 것은 아니다. 인지평가이론의 시사점은 부적절한 외적 보상은 오히려 내재적 동기에 악영향을 미칠 수 있으며, 유능감과 자기결정감을 높이는 방향으로 보상이 이루어져야 함을 지적했다는 것이다.

인지평가이론은 더 높은 수준에서 **자기결정이론**(Self-Determination Theory)으로 발전했다. 데시와 리처드 라이언(Richard Ryan)이 1975년에 집대성한 이 이론은 어떤 직무를 수행하는 동기는 자기결정권이 전혀 없는 무동기, 자기결정권이 어느 정도 존재하는 외재적 동기, 그리고 자기결정권에 의해 수행되는 내재적 동기로 구분할 수 있다고 설명한다. 또한 가장 바람직한 내재적 동기부여는 본인의 직무를 스스로 결정하려는 욕구인 자율성(autonomy), 본인이 직무를 수행함으로써 유능하다는 것을 보여주고 싶은 욕구인 유능감(competence), 그리고 직무 수행 과정에서 타인과의 안정적 관계를 유지하고 싶은 욕구인 관계성(relatedness)의 세 가지 욕구가 충족될 때 가능하다고 설명한다.

5.3 조직을 움직이는 개인 : 경영자

경영자는 사적인 개인인 동시에 조직을 움직이는 공적 개인이다. 이러한 경영자의 역량은 기업이라는 조직의 성과에 매우 큰 영향을 미치기 때문에 경영자의 리더십을 중심으로 한 다양한 연구가 이루어졌다. 그러한 리더십 이론들을 설명하기 전에 여기에서는 먼저 경영자의 속성에 대해 간략히 살펴보기로 하자.

경영자는 수행 업무의 범위에 따라 전반경영자와 부문경영자로 구분할 수 있고, 직위의 고하에 따라 상위경영자, 중간경영자, 하위경영자로 구분할 수도 있다. 먼저 **전반경영자**(general manager or generalist)는 기업이 수행하는 마케팅, 운영, 재무 등 다양한 기능적 활동에 대해 전반적으로 이해하고 전사적 의사결정을 할 수 있는 경영자이다. 관할하는 범위 또는 수준이 다양하며 최고경영자, 지사장, 또는 부서장 등이 이에 해당한다. 전반경영자는 기업 전체, 특정 지사, 특정 부서 등 독자적 단위의 조직 내에서 발생하는 전반적인 문제를 해결한다. **부문경영자**(specialist)는 마케팅, 운영, 재무 등 특정 분야의 전문가로서 기업 또는 특정 단위조직 내 해당 부문을 총괄 관리하여 최고경영자 등 전반경영자의 의사결정을 돕는다.

직위의 고하에 따른 경영자 또는 관리자가 가져야 하는 역량은 로버트 카츠(Robert Katz)가 1955년에 제시한 세 가지 관리적 역량과 관계가 깊다(그림 5.7). 카츠는 경영자의 역량에 대해 개념적 역량(conceptual skill), 대인 역량(human skill), 그리고 기능적 역량(technical skill)을 제시했는데, 경영자의 직급이 높을수록 개념적 역량이 더 중

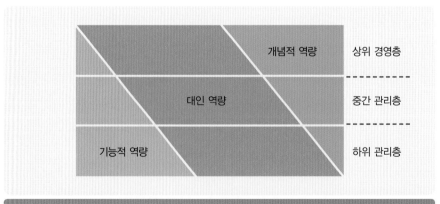

그림 5.7 경영자의 역량에 대한 카츠의 모형

요하고 낮을수록 업무수행 역량이 더 중요하다고 설명했다.

기출문제

I. 카츠(R. L. Katz)는 "어떤 경영자든 성공하기 위해서는 세 가지 기본적인 기술이 있어야 한다"고 주장했는데, 그중 하위 및 중간 경영층에 비해 최고경영자층에 많이 요구되는 기술은?

① 인간적 기술(interpersonal skill)

② 전문적 기술(technical skill)

③ 관리적 기술(operating skill)

④ 개념적 기술(conceptual skill)

(7급 2012 문 7)

II. 부분이 아닌 전체의 관점에서 자신이 맡은 업무를 진행하는 전반경영자(general manager)에 대한 설명으로 옳지 않은 것은?

① 전반경영자는 라인과 스탭 부문 상호 간에 일어나는 갈등을 조정한다.

② 전반경영자는 반드시 최고경영자일 필요는 없다.

③ 전반경영자는 독자적으로 사업단위를 책임진다.

④ 전반경영자는 마케팅, 생산, 재무, 인사 등 각 기능의 전문가를 뜻한다.

(7급 2012 문 8)

답 I. ④ 최고경영층에게 더 많이 요구되는 역량은 개념적 역량(기술)이다.

II. ④ 각 기능의 전문가는 부문경영자이다.

5.4 개인이 행동하게 하는 힘 : 리더십

앞에서 다룬 동기부여가 조직 내에서 개인이 행동하게 하는 이유에 대해 다룬다면 여기에서 설명하는 리더십은 조직 내에서 개인이 행동하게 하는 힘에 대해 다룬다. 직무를 수행하는 직원은 스스로의 동기부여에 의해 행동하기보다는 직장상사의 지시에 따라 행동하는데, 여기에 영향을 미치는 많은 요인이 존재한다.

먼저 부하 직원을 움직이는 리더의 힘에 대해 살펴보기로 하자. 당신은 어떤 리

연습문제 3

▶ **권력의 유형에 대해
설명하라.**

더의 말을 따르겠는가? 이것은 정치학에서의 전통적인 주제로서, 효과적인 권력(power)의 원천이 무엇인가에 대한 것이다. 첫째, 어떤 사람은 지시에 따르지 않을 경우 직면할 불이익에 대한 두려움에 의해 행동할 수 있다. 이러한 유형의 권력을 **강압적 권력**(coercive power)이라 한다. 둘째, 어떤 사람은 지시에 따를 때 받을 보상에 의해 행동할 수 있다. 이는 **보상적 권력**(reward power)에 의한 행동이다. 셋째, 어떤 사람은 직장 상사가 가진 공식적 지위를 존중하여 그의 지시에 따라 행동할 수 있다. 이는 **합법적 권력**(legitimate power)에 의한 행동이라고 설명한다. 강압적, 보상적, 합법적 권력은 직장 상사가 가진 공식적 권력의 예

기출문제

I. 제조업자가 유통업자(중간상)를 자신이 기대하는 대로 행동하도록 유도하기 위해 동원할 수 있는 영향력의 원천에 해당하지 않는 것은?

① 강압적 힘(coercive power)

② 대항적 힘(countervailing power)

③ 보상적 힘(reward power)

④ 합법적 힘(legitimate power)

(7급 2019 문 12)

II. 조직 내에서 권한(authority)과 권력(power)에 대한 설명으로 옳지 않은 것은?

① 권한은 조직 내 직위에서 비롯된 합법적인 권리를 말한다.

② 권력을 휘두르기 위해서 반드시 많은 권한을 가질 필요는 없다.

③ 관리자는 종업원에게 권한을 이양할 때, 그에 상응하는 책임을 부여하여 권한이 남용되지 않도록 해야 한다.

④ 사장이 누구를 만날지, 언제 만날지를 결정할 수 있는 비서는 권력은 작으나 권한은 크다.

(7급 2016 문 2)

답　I. ② 영향력(권력)의 종류에는 강압적, 보상적, 합법적, 전문적, 준거적 권력이 포함된다.

II. ② 사장 면접 여부를 결정하는 비서의 권력은 크다고 할 수 있다.

이다. 넷째, 어떤 사람은 직장 상사의 전문적 지식을 존중하여 지시에 따를 수 있다. 이것은 **전문적 권력**(expert power)의 예이다. 다섯째, 어떤 사람은 직장 상사를 존경하거나 모범으로 삼기 때문에 지시에 따를 수 있다. 이것은 **준거적 권력**(reference power)의 예이다. 전문적 권력과 준거적 권력은 비공식적인 개인적 권력의 예이다.

이제 이러한 다양한 권력과 관련된 리더십에 대해 살펴보기로 하자. 1940년대 이전에는 리더십을 개인의 특성으로 파악하는 경향이 강했다. 이에 따르면 마치 개인의 성격이 자손으로 유전되듯 리더십도 유전되는 것으로 볼 수 있다. 그러나 과연 리더는 타고나는 것인가에 대해, 그리고 개인의 다양한 특성 중 어떤 특성이 리더십과 관련이 있는가에 대해 여러 이슈가 제기되었다.

1940년대 말에는 리더십에 대한 연구를 진행할 때 리더의 내적 특성이 아닌 외적 행동을 중심으로 진행하는 것이 더 객관적이고 과학적이라는 주장이 제기되었다. 즉 리더가 보여주는 행동 스타일이 리더십이라는 것이다. 이러한 유형의 연구 중 가장 고전적인 것으로서 1939년에 수행된 아이오와 대학교의 연구는 리더십 행동유형을 권위형, 민주형, 방임형으로 구분하여 모형 제작 등 과제에 참여하는 학생들의 만족감과 과제 성취의 생산성 등 결과를 살펴보았다. 그 결과 구성원의 참여를 장려하는 민주형 리더가 가장 만족스러운 리더십이지만 생산성에 있어서는 세 가지 유형에 차이가 발견되지 않았고, 평상시에는 민주적 리더십이 효과적이지만 신속한 의사결정이 요구되는 상황에서는 권위적 리더십이 효과적일 수 있다는 결과를 발견했다. 방임형 리더십의 경우 구성원의 협조가 이루어지지 않았고 구성원의 전문성이 높을 때에는 효과적이지만 일반적으로 다른 유형의 리더십에 비해 생산성이 가장 낮았다.

1945년에 수행된 오하이오 주립대학교의 연구(OSU 연구)는 리더의 행동을 배려와 구조주도의 두 가지의 차원으로 분류하여 네 가지의 유형을 도출했다. 여기에서 **구조주도**(initiating structure)는 직무의 체계를 공식화하여 직무 수행을 수월하게 만드는 과업지향적 행동이고, **배려**(consideration)는 정서와 상호존중을 중시하는 관계지향적 행동이다. 가장 효과적인 리더십은 구조주도와 배려 모두 높은 수준을 유지하는 것이었다. 물론 부하직원에 대한 리더의 배려가 차별적일 수도 있고 리더에 대한 차별적 호감이 리더십의 효과성에 영향에 미칠 수 있다는 것도 발견되었다.

1947년에 수행된 미시간 대학교의 연구는 리더의 행동을 종업원 중심과 직무 중심의 양 극단을 갖는 일차원적 연속선상에서 파악했는데, 두 개념은 각각 오하이오 주립대학교 연구의 배려 차원 및 구조주도 차원과 유사하다고 볼 수 있다. 그 결과 종업원 중심 리더십은 장기 성과, 직무 중심 리더십은 단기 성과를 각각 높이지만 직무 중심적 행동을 할 때에도 종업원 중심의 요소를 동시에 추구해야 효과적인 리더십이 될 수 있다는 것이 발견되었다.

오하이오 주립대학교의 연구에 기반하여 로버트 블레이크(Robert Blake)와 제인 모튼(Jane Mouton)은 1964년에 **관리격자이론**(managerial grid theory)을 제시했다(그림 5.8). 이 모형에서는 인간에 대한 관심과 생산에 대한 관심을 두 가지 차원으로 설정하고 각 차원을 9개의 단계로 구분하여 리더의 행동유형을 81개로 세분화하였다.

이제 가로축과 세로축의 좌표에 의해 표현되는 81개의 리더십 행동유형 중 특징적인 다섯 가지 행동유형은 좌표 (1, 1)의 방임형(impoverished), 좌표 (9, 1)의 과업형(task), 좌표 (5, 5)의 중간형(middle of the road), 좌표 (1, 9)의 사교형(country club), 그리고 좌표 (9, 9)의 팀형(team)을 들 수 있다. 가장 바람직한 유형은 팀형이며, 리더십 개발 훈련의 방향성을 제시한다.

지금까지 설명한 리더십 이론들은 리더의 특성에 의한 리더십 평가를 비판하며

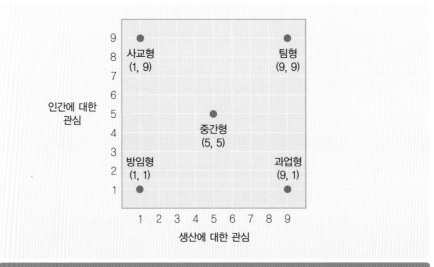

그림 5.8 블레이크와 모튼의 관리격자이론

제기되었던 리더십 행동이론이라고 불린다. 그러나 리더십은 모든 상황에 있어서 동일한 효과를 갖는 것은 아닐 수 있다. 즉 다양한 상황에 적합한 리더십의 효과성에 주목한 이론들이 제기되었는데 이를 **리더십 상황이론**이라고 한다.

첫 번째로 소개할 리더십 상황이론은 프레드 피들러(Fred Fiedler)에 의해 1967년에 제시되었다(그림 5.9). 그는 리더십의 효과는 리더의 특성 변수뿐 아니라 상황 변수에 의해 결정된다고 주장했는데 먼저 리더의 특성으로서 특이하게 동료들 중 가장 함께 일하고 싶지 않은 동료(Least Preferred Co-worker, LPC)를 떠올리며 그의 특성을 평가하는 점수로 과업지향적 유형과 관계지향적 유형을 도출했다. 그다음으로 상황 변수로서 리더와 구성원의 관계, 과업구조, 직위권력을 제시했는데, 먼저 리더와 구성원의 관계는 리더가 구성원들에게 신뢰를 얻어서 자신의 역할을 쉽게 수행할 수 있다고 느끼는 정도이고, 과업구조는 과업수행의 절차가 명확히 명시되어 있는 정도를 나타내는 척도이며, 직위권력은 구성원을 통제할 수 있도록 리더에게 권력이 부여된 정도이다. 이 세 가지 상황 변수는 리더가 리더십을 용이하게 행사할 수 있는 상황을 설명하는데, 각 변수에 대해 호의적인 상황과 비호의적인 상황을 구분하여 $2 \times 2 \times 2 = 8$개의 상황 조합을 제시했다. 이 상황을 리더의 두 가지 유형인 과업지향적 유형과 관계지향적 유형을 결합하면 그림 5.9와 같은 결과를 구할 수

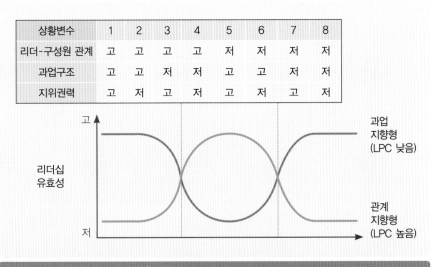

상황변수	1	2	3	4	5	6	7	8
리더-구성원 관계	고	고	고	고	저	저	저	저
과업구조	고	고	저	저	고	고	저	저
지위권력	고	저	고	저	고	저	고	저

그림 5.9 피들러의 리더십 상황이론

있다.

이 결과를 간략히 요약하면, 리더에게 대체로 유리하거나 불리한 상황인 경우 과업지향형 리더십이 효과적이지만 특별히 유리하거나 불리한 상황이 아닌 경우에는 관계지향형 리더십이 더 효과적이라는 것이다.

폴 허시(Paul Hersey)와 켄 블랜차드(Ken Blanchard)가 1969년에 발표한 상황적 리더십 이론은 상황 변수로서 부하의 성숙도에 주목하고 이를 리더의 특성과 결합했다. 먼저 리더의 특성은 기존의 리더십 행동이론에서 자주 언급되었던 직무지향형 행동과 관계지향적 행동의 두 차원에서 도출되는 **위임형**(delegating; 직무 저, 관계 저), **지원형**(supporting; 직무 저, 관계 고), **지시형**(directing; 직무 고, 관계 저), **설득형**(coaching; 직무 고, 관계 고)의 네 가지 유형으로 분류하고, 부하의 성숙도는 능력과 의지의 두 차원에서 도출되는 M1(능력 저, 의지 저), M2(능력 저, 의지 고), M3(능력 고, 의지 저), M4(능력 고, 의지 고)의 네 가지 유형으로 분류했다. 이제 리더의 특성과 상황 변수, 즉 부하의 성숙도를 결합하면 그림 5.10과 같다.

이 모형에서 곡선이 보여주는 궤적은 리더십 유효성이 가장 높은 경우를 나타낸

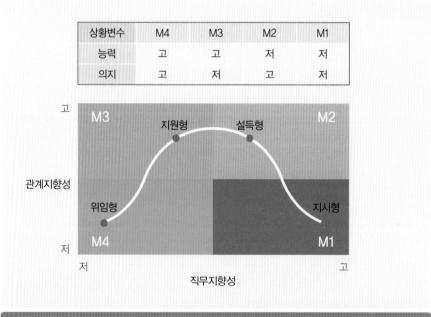

상황변수	M4	M3	M2	M1
능력	고	고	저	저
의지	고	저	고	저

그림 5.10 허시와 블랜차드의 상황적 리더십 이론

다. 즉 직무지향성과 관계지향성이 모두 낮은 위임형 리더십은 능력과 의지가 모두 높은 M4의 상황에 가장 효과적이고, 직무지향성은 낮지만 관계지향성이 높은 참여형 리더십은 능력이 높고 의지가 낮은 M3의 상황에 가장 효과적이며, 직무지향성과 관계지향성이 모두 높은 설득형 리더십은 능력이 낮고 의지가 높은 M2의 상황에 가장 효과적이고, 직무지향성이 높지만 관계지향성이 낮은 지시형 리더십은 능력과 의지가 모두 낮은 M1의 상황에 가장 효과적이라는 것이다.

로버트 하우스(Robert House)는 OSU 연구와 기대이론에 기반하여 1971년에 **경로-목표이론**(Path-Goal Theory)을 제시했는데, 이 이론에서 관심을 두는 상황 변수는 과업환경과 부하의 특성이다(그림 5.11). 과업환경에는 과업의 단순성 정도, 절차가 공식화된 정도, 과업의 반복성 정도가 포함되고, 부하의 특성에는 욕구의 강도, 능력의 강도, 스스로 업무를 통제할 수 있는 믿음의 강도가 포함된다. 또한 다른 이론들과 마찬가지로 리더의 행동특성으로 참여형(participative), 지원형(supportive), 지시형(directive), 성취지향형(achievement-oriented)의 네 가지 유형이 제시된다. 즉 네 가지의 리더십 유형과 두 부류의 상황 변수가 만들어내는 조합이 리더십 효과성을 설명하게 된다. 예를 들어 참여형 리더십의 경우 스스로 업무를 통제할 수 있다고 믿는 부하에 대해 효과적이고, 지시형 리더십의 경우 스스로 업무를 통제할 수 없다고 믿거

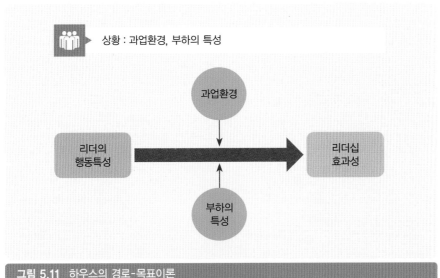

그림 5.11 하우스의 경로-목표이론

나 과업능력이 낮은 부하에 대해 효과적이다. 그러나 이 이론은 다소 많은 변수를 포함하고 있어서 이로부터 도출되는 복잡한 조합을 파악하기가 어렵다는 단점을 가지고 있다.

빅터 브룸(Victor Vroom)과 필립 예튼(Phillip Yetton)은 1973년에 제시한 의사결정모형에서 의사결정이 수행되는 일곱 가지 상황에 따라 다섯 가지 의사결정 형태 중 한 가지가 선택되어야 한다고 주장했다. 이 모형에서 고려되는 상황은 의사결정자가 충분한 정보를 가지고 있는가 등 의사결정의 질에 대한 세 가지 상황과, 의사결정자의 결정을 구성원들이 받아들일 것인가 등 의사결정의 수용 가능성에 대한 네 가지 상황을 포함한다. 이 일곱 가지 상황을 고려하면서 이 모형은 다섯 가지의 의사결정 형태 중 한 가지를 선택하게 하는데, 다섯 가지 형태는 두 가지의 독단적 (autocratic) 리더십(순수 독단형 AI와 참고형 독단형 AII), 두 가지의 협의적(consultive) 리더십(개별 참여형 CI와 집단 참여형 CII), 그리고 한 가지의 집단적(group) 리더십(위임형 GII)이다. 이 모형은 실제 검증 결과를 제시하는 것이 아니라 바람직한 형태를 제시하는 규범적 모형이다(그림 5.12).

상황 요인을 중시하는 리더십 상황이론 이외에도 리더와 구성원과의 관계에 대한 리더십 이론이 제기되었다. 1975년에 제시된 **리더-구성원 교환이론**(Leader-Member Exchange Theory, LMX)은 모든 부하에게 적용되는 일반적인 리더십 대신 리더와 특정 구성원이 상호 영향을 미치는 현상에 주목한다. 이 이론은 리더와 부하의 개별적 관

상황 : 의사결정의 질과 의사결정의 수용성					
구분	AI	AII	CI	CII	GII
형태	순수 독단형	참고형 독단형	개별 참여형	집단 참여형	위임형
방식	단독 결정	정보 수집	개별적 협의	공개적 협의	회의 주재
의사결정자	리더	리더	리더	리더	집단

그림 5.12 브룸과 예튼의 의사결정모형

계에 관심을 두었던 수직적 양자관계(Vertical Dyad Linkage, VDL) 이론에 기반하는데, 간략하게 요약하자면 리더는 역량이 있고 동기부여가 된 부하를 높게 신뢰하여 내집단(in-group)으로, 그렇지 못한 부하를 외집단(out-group)으로 구분하여 내집단의 부하에게는 고용 계약보다 높은 도전과 책임을 부여하고 그에 합당한 지원을, 외집단의 부하에게는 공식적인 수준의 관계를 유지한다는 것이다.

또한 리더는 부하를 변화시킬 수 있다는 **변혁적 리더십**(transformation leadership) 개념도 제시되었다(그림 5.13). 제임스 번스(James Burns)가 1978년에 소개한 이 개념은 기존의 리더–부하 관계에 대해 리더가 제시하는 책임을 달성하는 경우 부하는 보상을 받는다는 거래적 관계를 명시하는 것에 그쳤다고 평가한다. 즉 기대만큼의 성과를 거둘 수 있다는 것이다. 그러나 리더는 부하의 욕구를 자극하여 기존보다 더 높은 수준으로 끌어올릴 수 있고, 그 결과 기대 이상의 성과를 거둘 수 있다고 주장한다. 번스는 거래적 리더십과 변혁적 리더십을 배타적이라고 생각했는데, 훗날 버나드 배스(Bernard Bass)는 변혁적 리더십과 거래적 리더십을 상호 보완적이라고 보았다. 즉 거래적 리더십으로서 상황에 따른 적절한 보상(contingent reward)을 제공하고 예외에 의한 관리(management-by-exception)를 한다면 기대 수준의 성과를 확보할 수 있는데, 그에 더하여 부하를 변화시킬 수 있는 변혁적 리더십으로서 카리스마와 같은 이상적 영향력을 행사하고 영감을 주는 동기유발을 시키며 지적 자극을 주고 개인적 배려를 하면 기대 이상의 성과를 거둘 수 있다고 주장했다.

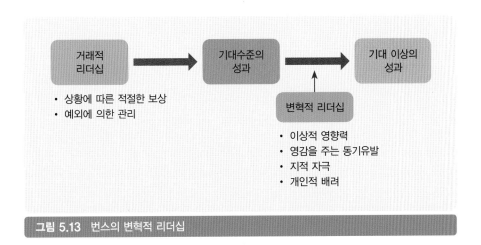

그림 5.13 번스의 변혁적 리더십

기출문제

I. 변혁적 리더십(transformational leadership)에 대한 설명으로 옳지 않은 것은?

① 변혁적 리더십과 거래적 리더십은 상호 보완적이지만 변혁적 리더십이 리더와 부하직원들의 더 높은 수준의 노력과 성과를 이끌어내기에 적합할 수 있다.

② 변혁적 리더십은 리더가 부하직원의 성과와 욕구충족을 명확히 인식하고 노력에 대한 보상을 약속하여 기대되는 역할을 수행하게 만든다는 것이다.

③ 변혁적 리더십은 리더와 부하직원 간의 교환관계에 기초한 거래적 리더십에 대한 비판으로부터 발전하였다.

④ 배스(Bass)는 카리스마, 지적 자극, 개별적 배려를 변혁적 리더십의 구성요소로 제시하였다.

(7급 2019 문 7)

II. 리더십 유형을 크게 거래적 리더십과 변혁적 리더십으로 구분할 때, 변혁적 리더십 유형의 설명으로 옳은 것은?

① 알기 쉬운 방법으로 중요한 목표를 설명하고 자긍심을 고취한다.

② 노력에 대한 보상을 약속하고 성과에 따라 보상한다.

③ 부하들이 조직의 규칙과 관습을 따르도록 한다.

④ 부하들의 문제를 해결해 주거나 해답이 있는 곳을 알려준다.

(7급 2014 문 3)

III. 리더십 이론에 대한 설명으로 옳지 않은 것은?

① 특성이론은 리더가 지녀야 할 공통적인 특성을 규명하고자 한다.

② 상황이론에서는 상황에 따라 적합한 리더십 유형이 달라진다고 주장한다.

③ 배려(consideration)와 구조 주도(initiating structure)에 따라 리더십 유형을 분류한 연구는 행동이론에 속한다.

④ 변혁적 리더십은 명확한 역할 및 과업 요건을 제시하여 목표 달성을 위해 부하들을 동기부여하는 리더십이다.

(7급 2013 문 17)

읽을거리

텐바이텐의 수평적 리더십

텐바이텐은 2001년에 젊은 디자인과 감성을 중시하는 전문쇼핑몰로 출발했다. 다섯 명의 대학동기가 동일한 지분과 경영권, 그리고 성과를 공유하는 매우 독특한 지배구조를 2011년까지 유지하다가 대기업에 매각 후 이 중 최은희가 경영을 맡고 있다. 텐바이텐은 지배구조가 정착되지 않은 창업 기업에게는 독약이 될 수 있는 수평적 리더십을 성공적으로 실천했던 소수의 기업 중 하나로 평가받고 있다.

수평적 리더십, 또는 공유 리더십(shared leadership)은 이름 그대로 리더와 팀원들이 업무와 역할을 동등한 지위로 나누고 공헌도에 따라 질적 평가를 통해 보상하며 공동의 목적 달성에 대해 서로 장려하고 권고하는 리더십이다. 이것은 리더가 팀원의 행동 방향을 지정하고 비전을 명확히 제시하며 사기를 북돋고 성과에 대해 보상을 하는 수직적 리더십과 명확히 구분된다. 의사결정 과정의 예를 들자면 수직적 리더십은 리더가 최종적인 의사결정을 내리는 반면에 공유 리더십에서는 만장일치로 의사결정을 내려야 한다. 그러므로 공유 리더십을 실천하기 위해서는 팀원 전원의 합의를 이끌어 내기 위해 끝없는 인내와 설득의 시간이 필요할 수도 있다. 텐바이텐의 경우에도 이 점이 가장 힘든 점이었다고 토로했다.

공유 리더십은 소통을 강조하기 때문에 많은 사람들에 의해 선호되지만, 학자들 사이에서는 공유 리더십의 효과에 대해 논쟁이 이어져왔다. 확실한 결론은 없지만, 아마도 상황에 따라 적절한 리더십을 발견하고 적용하는 것이 정답인 것으로 보인다. 공유 리더십의 전도사 격으로 유명한 크레이그 피어스(Craig Pearce)가 2004년에 발표한 논문 제목도 '수직적 리더십과 공유 리더십의 결합'이었다.

출처 : 신형덕(2018), 독수리 오형제의 비상－텐바이텐의 도전, AER

마지막으로, 리더는 부하를 이끌고 나가거나 영감을 주는 존재이기보다는 부하를 섬기는 역할을 해야 한다는 리더십 모형이 1970년에 로버트 그린리프(Robert Greenleaf)에 의해 제시되었다. 헤르만 헤세의 소설《동방순례》에 등장하는 레오의 캐릭터에서 영감을 받은 그는 공감, 경청, 치유, 설득 등 부하에 대해 봉사하는 특성을 리더가 가질 때 부하들의 자발성을 자극하는 진정한 동기부여를 할 수 있다고 주장했다.

🔍 기출문제

I. 리더와 리더십에 대한 설명으로 가장 적절하지 않은 것은?

① 리더십은 조직에 비전을 제시하고, 그 비전을 실현할 수 있는 능력을 제고하는 것이다.

② 리더와 관리자는 같은 재능과 기술을 필요로 한다.

③ 리더십은 현상 유지보다는 변화창출을 목적으로 한다.

④ 권한을 위임하여 구성원의 동기를 유발하는 것은 리더의 중요한 역할이다.

(7급 2011 문 12)

답 I. ② 리더와 관리자는 구분된다.

정용진 신세계그룹 부회장의 리더십

정용진 부회장은 2021년에 바쁜 한 해를 보냈다. 네이버와 2,500억 원 규모의 상호 지분 교환을 통해 동맹을 맺고 네이버의 플랫폼과 신세계의 물류 역량을 결합했다. SK 와이번스를 인수하여 SSG 랜더스를 창단, 스포츠와 유통을 연결하고 있다. W컨셉과 이베이 코리아를 인수하여 SSG닷컴과의 시너지를 구축했다.

그런데 이러한 바쁜 행보에도 불구하고 정용진 부회장은 꾸준히 SNS를 통해 대중, 특히 MZ세대와 소통하고 있다. 그는 자사 식재료로 손수 만든 음식을 선보이기도 하고, 랜더스 MVP에게 '용진이 형 상'이라는 이름을 붙이기도 하며, 벙커에서 골프를 치는 모습이나 딸아이와 부엌에서 요리를 하는 모습을 공개하여 60만 명이 넘는 인스타그램 팔로어와 개인의 일상을 공유하고 있다. 이러한 SNS 활동의 끝판은 신세계푸드의 고릴라 캐릭터인 제이릴라와의 케미이다. 2021년 5월에 공개된 인스타그램 포스팅에서 정 부회장은 고릴라 모습의 아빠에 두 아기 고릴라가 매달려 놀고 있는 사진을 올리고 "아니 얘는 나 디스하는 거까지 모자라서 애들까지 고릴라로 만들고 있네 – 아 진짜 너무나 짜증나는 고릴라 x끼"라는 댓글을 달아서 큰 관심을 끌었다. 제이릴라는 본인 계정에서 "어떻게 하면 형과 친해질 수 있을까?"라며 구애를 하고 있다.

사실 이러한 활동은 기업의 홍보를 위해 최고경영자가 발 벗고 나서는 것으로 해석할 수 있다. 그런데 어떤 사람들은 '용진이 형 리더십'이나 'YJ 리더십' 등의 이름을 붙여서 이를 해석하고 있다. 전지전능한 카리스마를 가진 리더의 모습이 아니라 현명한 광대와 같은 모습으로 자신의 부족함과 만만함을 드러내며 편하게 대중과 소통하는 리더라는 것이다.

여기에서 말하는 리더는 더 이상 기업 조직 내에서의 리더가 아니라 일반 대중과의 관계에서의 리더이다. 이것은 마치 팬덤을 이끄는 연예인과 같다. 우리가 제3장에서 다루었던 사우스웨스트항공의 창업자 허브 켈러허의 리더십은 소통과 유머를 통해 직원의 사기를 높이는 것이었는데, 정용진 부회장은 소통과 유머를 대중의 통해 관심을 모으고 있다. 리더십의 개념이 확장되고 있다.

생각해 볼 문제

1. 수평적 리더십과 수직적 리더십의 차이점은 무엇이라고 생각하는가?
2. 리더십과 팬덤의 차이점은 무엇이라고 생각하는가?

요약

- 개인의 성격, 태도, 지각, 오류의 성향은 조직의 성과에 영향을 미친다.
- 권력의 원천으로서 강압, 보상, 합법성, 전문성, 준거성이 존재하며 이것은 다른 사람을 행동하게 하는 힘으로 작용한다.
- 다양한 리더십 이론은 리더가 조직의 효과성을 실제로 높일 수 있다고 설명한다.

인적자원관리

배터리 업계의 인력난과 산학협력

2019년부터 2021년까지 한국의 대표적 대기업인 LG와 SK는 미국의 연방법원에서 기나긴 법정 다툼을 벌였다. 2017~2019년에 LG 에너지솔루션에서 SK 이노베이션으로 이직한 100여 명의 연구인력에 의해 영업비밀이 누설되었다는 것이다. SK 이노베이션은 이 기술을 이용해서 폭스바겐의 배터리 수주에 성공했다는 의심을 받았다. 이 소송은 다소 엉뚱하게 바이든 미국 대통령의 중재에 의해 SK가 LG 측에 2조 원 규모의 배상금을 지불하는 합의를 이룸으로써 마무리되었다. 미국 대통령이 이 소송에 개입하게 된 이유는 만약 합의가 이루어지지 않는 경우 SK가 미국 조지아에 투자하기로 한 계획이 무산되기 때문이다. 일자리 창출을 최우선으로 하는 미국 정부는 남의 나라 기업이 다투는 분쟁에 대통령까지 나서서 해결해 주는 모습까지 보여주게 되었다.

그런데 그 이후 배터리 업계의 인력 이동이 꽁꽁 얼어붙었다는 기사가 보도되고 있다. 지적재산권 침해에 대한 배상 선례가 알려지게 되자 타사 출신 경력직 채용이 위축되었던 것이다. 이러한 현상은 SK와 LG 사이에서만 국한된 것은 아니었다. 삼성SDI의 경력직 채용도 위축되었다.

반면에 이러한 인력난에 활성화된 분야가 있다. 바로 기업과 대학교의 산학협동 분야이다. LG 에너지솔루션은 고려대학교와 함께 배터리 전문학과인 배터리-스마트팩토리 학과를, 연세대학교와는 이차전지융합공학협동과정을 개설했다. SK온은 울산과학기술원대학원과 e-SK 석사과정을 개설했다. 대학교는 기업의 지원을 받아 첨단 과정을 개설하여 학교의 위상을 높이고, 기업은 필수적인 연구인력을 안정적으로 육성하며, 국가는 안정된 일자리를 창출하게 된다. 그 무엇보다도, 미래 사회를 이끌어 나아갈 젊은이들은 첨단 기술의 연구 역량을 갖출 기회를 갖게 된다. 두 대기업의 소송은 어쩌면 긍정적인 결과를 가져올 것 같기도 하다.

출처 : 머니투데이(2021. 10. 22). 배터리3사 "그쪽 사람은 안 뽑아요"… 소송 불똥에 우는 직원들. https://news.mt.co.kr/mtview.php?no=2021102215342190540

▲ 연구 인력은 기업의 소중한 자산이다

인적자원관리는 기업의 가장 중요한 자원인 직원의 관리와 관련된 분야이다. 직원을 인건비 발생 요인으로 보는 기업은 인건비 절감을 위해 고민하지만, 성장의 중요한 동력으로 보는 기업은 인적자원에 대한 투자를 위해 고민한다. 직원은 단순한 비용 발생 요인이 아닌 경쟁력의 원천으로 고려해야 한다.

6.1 인적자원관리의 요소

지금까지 살펴보았던 동기부여와 리더십은 조직 구성원을 기업이 원하는 방향으로 움직이게 하는 기초적인 개념을 제시하는 반면, 인적자원관리는 조직 구성원의 전반적인 관리에 대한 큰 틀을 제공한다. 만약 창업을 한다면, 당신이 필요로 하는 직원을 관리하는 모든 과정이 인적자원관리에 포함된다고 보면 이해하기 쉬울 것이다. 따라서 여기에서는 당신이 창업을 하는 상황을 가정하여 설명하기로 한다. 이 관리과정에는 직무분석과 직무평가, 직무설계, 모집, 선발, 교육훈련, 경력관리, 인사평가, 보상관리, 노사관계가 포함된다.

먼저 **직무분석**(job analysis)은 새로 고용할 직원에게 어떤 직무를 맡길지 파악하는 과정이다. 실제로 해당 직무를 수행해 본 기존 직원에게 물어보는 것이(면접법) 가장 보편적인 방법이겠지만 설문을 할 수도 있고(설문지법), 기존 직원의 행동을 관찰할 수도 있으며(관찰법), 당신이 직접 체험해 볼 수도 있다(경험법). 기존 직원에게 스스로의 업무를 기록하도록 하거나(참여자 기록법) 중요 직무만을 중심으로 분석할 수도 있다(중요사건법). 마지막으로 여러 직무분석 방법을 병용할 수도 있다(결합법). 직무분석의 결과 직무기술서(job description)와 직무명세서(job specification)가 작성되는데 직무기술서에는 직무개요, 직무내용, 작업조건 등이 포함되고 직무명세서에는 직무수행에 요구되는 직원의 전문지식, 요구되는 기술, 신체조건 등이 포함된다.

당신이 새로 고용할 직원이 수행할 직무에 대한 직무기술서와 직무명세서가 준비되었다면 **직무평가**(job evaluation)를 수행해야 한다. 직무평가는 해당 직무에 대한 정당한 보수를 결정하기 위해 중요한 과정인데, 그 방법으로서 다른 직무와 중요성을 기준으로 서열을 매기거나(서열법), 직무별로 사전에 결정한 등급을 부여하거나(분류

> **연습문제 1**
>
> ▶ **직무기술서와 직무명세서의 차이에 대해 설명하라.**

법), 사전에 결정한 직무요소를 등급화한 후 해당 직무에 적용하여 점수를 부여하거나(점수법), 또는 서열법과 점수법을 결합한 방식으로서 사전에 결정한 기준 직무의 직무요소를 중심으로 여러 직무의 직무요소들에게 상대적 점수를 부여하여 점수를 부여할 수 있다(요소비교법). 당신이 고용하려는 새로운 직원에게 맡길 직무를 평가하기 위해 요소비교법을 사용하는 예를 들면 다음과 같다.

단위 : 100만 원

직무	임금	평가요소		
		경력	자격증	직무강도
회계업무	40	10	5	25
기술총괄	50	10	10	30
매장관리	35	15	0	20

만약 당신이 고용하려는 직원이 시장조사 직무를 맡아야 하는데 그 업무가 경력에서는 매장관리(1,500만 원)와 유사하고 자격증에서는 기술총괄(1,000만 원)과 유사하며 직무강도는 회계업무(2,500만 원)와 유사하다면 요소비교법에 의해 시장조사 직무는 1,500 + 1,000 + 2,500 = 5,000(만 원)으로 평가된다.

기출문제

I. 직무평가의 방법에는 분류법, 서열법, 점수법, 요소비교법의 4가지가 있다. 이 방법들은 성격상 계량적 방법과 비계량적 방법으로 구분되기도 하고, 또한 직무 대 기준 그리고 직무 대 직무를 평가하는 방법으로 구분되기도 한다. 계량적 방법이면서 직무 대 직무를 평가하는 방법은?

① 분류법

② 서열법

③ 점수법

④ 요소비교법

(7급 2010 문 1)

답 I. ④ 요소비교법은 서열법과 점수법을 결합한다.

시장조사 업무의 직무평가를 통해 보수를 결정함과 함께 그 직무를 어떤 방식으로 운영할 것인가에 대해 결정해야 한다. 기존에 있는 회계, 기술, 매장관리 근무 직원과 정기적으로 직무를 바꾸는 것을 **직무순환**(job rotation)이라 하고, 시간이 지남에 따라 시장조사와 매장조사를 동시에 부여하는 것을 **직무확대**(job enlargement)라 한다. 또한 개인적으로 직무를 계획하고 평가하도록 허용하는 것을 **직무충실화**(job enrichment)라 하고, 직원들이 팀 단위를 이루어서 자율적으로 업무를 조정하게 하는 것을 **자율적 관리팀**(self-managed work team) 제도라고 한다. 이러한 제도들은 직원들이 시간이 흐름에 따라 개인적 역량을 강화할 수 있는 기회를 제공한다. 이와 관련하여 1990년에 마이클 해머(Michael Hammer)는 리엔지니어링이라는 개념을 설명하는 논문을 발표했는데, 이것은 기존의 업무수행 과정을 근본적으로 재검토하여 정확한 가정에 의해 보다 효과적인 새로운 직무 절차를 제시하는 것이다.

또한 근무 시간과 장소에 대한 제도로서 스스로의 근무시간을 선택할 수 있도록 허용하는 것을 **유연시간 근무제**(flextime)라고 하고, 회사 대신 집에서 근무할 수 있도록 하는 것을 **재택근무**(telecommuting)이라고 하며, 복수의 직원이 근무시간을 나누어 담당하도록 하는 것을 **직무 공유**(job sharing)라고 한다. 또한 동일한 시간을 근무하지만 하루 근무시간을 늘려서 근무일수를 줄일 수 있도록 하는 것을 **압축근무제**(compressed work)라고 한다. 예를 들어 시장 조사 업무에 직무확대와 유연시간 근무제, 그리고 재택근무를 적용하는 방식으로 직무설계를 적용할 수 있다.

 기출문제

Ⅰ. 직무설계에 대한 설명으로 옳지 않은 것은?

① 비즈니스 리스트럭처링은 기존의 업무수행 프로세스에 대한 가장 기본적인 가정을 의심하고 재검토하는 것에서 시작하여 근본부터 전혀 다른 새로운 업무처리 방법을 설계하는 것이다.

② 직무충실은 현재 수행하고 있는 직무에 의사결정의 자유 재량권과 책임이 추가로 부과되는 과업을 더 할당하는 것이다.

③ 준자율적 작업집단은 몇 개의 직무들이 하나의 작업집단을 형성하게 하

여 이를 수행하는 작업자들에게 어느 정도의 자율성을 허용해 주는 것이다.

④ 직무전문화는 한 작업자가 하는 여러 종류의 과업(task)을 숫자 면에서 줄이는 것이다.

(7급 2020 문 6)

II. 직무설계 방법 중 작업자가 수행하는 직무에 대한 의사결정의 자율권과 재량, 책임을 부여하기 위해 직무수행과 관련된 계획, 조직, 통제, 평가기능 등을 추가하여 수행하도록 하는 것은?

① 직무전문화

② 직무확대

③ 직무충실화

④ 직무순환

(7급 2011 문 14)

답 I. ① 기존의 업무수행 프로세스에 대한 가장 기본적인 가정을 의심하고 재검토하는 것에서 시작하여 근본부터 전혀 다른 새로운 업무처리 방법을 설계하는 것은 리엔지니어링의 개념이다.

II. ③ 직원이 직무에 대한 재량을 갖도록 계획 및 평가 등을 허용하는 것은 직무충실화이다.

연습문제 2

▶ **내부모집과 외부모집의 장단점에 대해 설명하라.**

이제 본격적으로 시장조사 업무를 담당할 직원을 **모집**(recruitment)할 단계가 되었다. 직원 모집은 내부모집과 외부모집으로 구분할 수 있는데, 내부모집은 기존 직원이 승진이나 이동을 통해 새로운 직무를 맡는 것을 의미하고 **외부모집**은 신규 채용이나 경력직 채용을 통해 기업 외부에서 인력을 영입하는 것이다. 내부모집의 장점으로는 비용이 적게 들고 직원의 자질에 대한 불확실성이 낮으며 승진기회 제공을 통해 기존 직원의 사기를 높일 수 있다는 것이다. 그러나 내부적인 과도한 경쟁이나 탈락에 대한 불만 등은 단점이라고 할 수 있다. 외부모집의 장점은 신규 인사의 영입을 통해 조직 분위기에 변화를 주거나 풍부한 경력직 직원 영입으로 새로운 역량을 흡수할 수 있다는 것이고, 단점으로는 내부 인사와의 갈등 또는 새로운 환경에의 부적응 문제를 들 수 있다.

모집을 통해 지원자가 모이면 **선발**(selection) 과정을 밟는다. 가장 익숙한 선발 도구로서 시험 또는 면접을 들 수 있는데 시험으로는 어학, 전공, 교양 등을 평가하는 필기시험과 적성, 인성, 지능 등을 평가하는 각종 검사를 진행할 수 있다. 면접 방식으로 주어진 질문을 사용하는 **구조적 면접**(structured interview), 스스로 발언할 내용을 최대한 정하게 하는 **비구조적 면접**(unstructured interview), 여러 명의 평가자가 한 명을 면접하는 **패널면접**(panel interview), 여러 명의 평가자가 여러 명을 면접하는 **집단면접**(group interview), 그리고 고의적으로 스트레스를 유발하는 질문을 던지는 **스트레스면접**(stress interview) 등을 들 수 있다.

사실 선발 과정은 기업이 필요로 하는 직원을 찾아내는 매우 중요한 과정인데, 당신이 찾는 직원이 시장조사 업무를 담당할 능력이 있는가, 또는 직무상 다른 사람과 잘 협업할 수 있는가에 대해 평가하는 과정에서 신뢰성과 타당성의 개념을 사용할 수 있다. **신뢰성**(reliability)이란 측정하려는 속성이 일관적으로 평가되는 정도를 보여준다. 예를 들어 시장조사 능력을 파악하기 위해 시험을 본다고 하면 동일한 지원자가 유사한 시험을 반복해서 볼 때 점수의 편차가 크지 않아야 하고, 유사한 면접을 반복해서 한다고 하면 인터뷰 평가점수의 편차가 크지 않아야 한다. 이 경우 **검사-재검사 신뢰성**(test-retest reliability)이 높다고 한다. 또한 필기시험과 인터뷰가 혼용되어 사용된다고 할 때 두 가지 방식의 결과의 편차가 크지 않아야 한다. 이 경우 **대안항목 신뢰성**(multiple forms reliability)이 높다고 한다. 마지막으로 시장조사 능력을 평가하기 위해 복수의 질문을 던진다면 그 질문들의 성격이 동질적이어야 특정하고자 하는 속성을 적절히 파악할 수 있다. 이것을 파악하기 위해서는 복수의 질문들을 양분하여 두 질문집단 사이의 상관관계가 높으면 문제가 없다고 할 수 있다. 이 경우 **내적 일관성**(internal consistency)이 높다고 한다.

타당성(validity)이란 궁극적으로 측정하고 싶은 속성을 측정방식이 적절히 평가하는 정도를 보여준다. 예를 들어 시장조사 능력을 파악하기 위해 체력검사 결과를 사용한다면 그것은 타당도가 낮은 도구를 사용하는 것이다. 이를 좀 더 세분하여 살펴보면 같다. 첫째, 선발 시험 점수와 직무상 시장조사 성과가 일치한다면 이 경우 **기준관련 타당성**(criterion validity)이 높다고 할 수 있다. 만약 이 비교가 현재의 직원을 대상으로 이루어진다면, 즉 현재 직원의 시험 점수와 직무 성과의 관련성이 높

연습문제 3

▶ **신뢰성과 타당성의 차이에 대해 설명하라.**

다면 이 시험도구의 **동시타당성**(concurrent validity)이 높은 것이고, 선발하는 직원의 입사 시험 점수와 그 직원이 추후 거두는 성과와의 관련성이 높다면 이 시험도구의 **예측타당성**(predictive validity)이 높은 것이다. 둘째, 선발 시험에서 다루는 내용이 시장조사 업무를 대표하는 내용을 적절히 다루면 **내용타당성**(content validity)이 높은 것이다. 시장조사 과정에서 요구되는 통계적 분석능력이나 자료 수집능력 등이 시험 또는 면접의 내용에 포함된다면 높은 내용타당성을 확보할 수 있다. 셋째, 추상적인 능력, 예를 들어 통계적 분석능력을 측정하기 위해 구체적으로 회귀분석이나 분산분석을 위한 데이터를 제공하고 결괏값을 구하는 문제를 제출한다면, 이러한 계산 과정 없이 통계적 개념만을 묻는 시험문제보다 **구성타당성**(construct validity)이 높은 것이다. 즉 추상적인 개념을 구체적으로 측정하기 위해 적절한 방식을 사용하면 구성타당성을 확보할 수 있다.

마지막으로 당신이 선발 절차를 통해 지켜야 하는 세 가지 원칙을 간단히 정리하면, 시장조사 업무를 담당할 직원을 선발하는 과정에서 모든 지원자에게 동등한 기회를 부여하는 형평성, 회사의 목표에 어울리는 적합성, 그리고 선발 비용보다 효익이 더 큰 효율성을 들 수 있다. 요약하면 앞에서 설명한 신뢰성과 타당성, 그리고 선발의 원칙이 준수되는 선발 도구가 사용되어야 한다.

당신은 이제 선발된 직원이 당신의 회사에서 근무하면서 자신의 경력을 관리할 수 있는 기회를 부여해야 한다. 그렇지 않으면 생산성이 저하되거나 이직을 할 수도 있고, 그렇지 않더라도 적절한 재교육이 결여되면 직무 능력에 부정적 영향을 미칠 수 있다. 경력관리에는 교육훈련, 인사평가, 승진, 그리고 보상 등이 고려된다. 먼저 직원은 교육훈련(training)을 통한 능력 향상을 고려할 수 있다. 교육훈련은 크게 직장상사가 담당하는 **현장교육**(On the Job Training, OJT)과 훈련전문가가 담당하는 **집합교육**(off-the-job training)으로 구분되는데, 담당 업무에 대한 교육인지 또는 업무와는 별도의 교육인지에 따른 구분이다. 교육훈련은 그 내용을 중심으로 직원 사이의 관계를 강화하는 팀 빌딩 교육, 가상적 상황에서 의사결정 훈련을 하는 인바스켓 훈련, 다른 사람의 감정에 반응하는 감수성 훈련, 주어진 시나리오에서 경영을 실습하는 비즈니스 게임, 타인의 역할을 연기하여 문제해결능력을 키우는 역할연기법 등을 들 수 있다. 마지막으로 **행동학습**(action learning) 훈련은 주로 본인이 소속된

부서에서의 타인을 연기하는 역할연기법과는 달리 기업 수준의 문제를 해결하기 위해 여러 부서 소속 직원의 역할을 경험하는 것이다.

기출문제

I. OJT(On the Job Training)에 대한 설명으로 옳지 않은 것은?

① 보통 훈련전문가가 담당하기 때문에 훈련의 효과를 믿을 수 있다.

② 피훈련자는 훈련받은 내용을 즉시 활용하여 업무에 반영할 수 있다.

③ 기존의 관행을 피훈련자가 무비판적으로 답습할 가능성이 있다.

④ 훈련자와 피훈련자의 의사소통이 원활해진다.

(7급 2018 문 1)

II. 숙련자가 비숙련자에게 자신의 여러 가지 경영기법을 오랜 기간에 걸쳐 전수해 주는 교육훈련 기법으로서 비공식적으로 진행되는 특징이 있는 것은?

① 코칭

② 멘토링

③ 직무순환

④ 실습장 훈련

(7급 2014 문 7)

답 I. ① OJT는 훈련전문가가 아니라 직장 상사가 담당한다.

II. ② 멘토링은 스승(멘토)과 제자(멘티)의 역량 전수 과정을 의미한다.

교육 훈련의 성과를 평가하는 모형으로서 도널드 커크패트릭(Donald Kirkpatrick)은 1959년에 4단계 수준 모형을 제시했다. 첫 번째 수준인 **반응**(reaction)평가는 교육훈련 참가자들의 만족도를 측정하는 것이고, 두 번째 수준인 **학습**(learning)평가는 참가자들의 지식 향상 등 학습 효과가 어느 정도 이루어졌는가에 대해 측정하는 것이다. 세 번째 수준인 **행동**(behavior)평가는 학습 효과가 과연 현업에 적용되고 있는가에 대해 측정하는 것이고, 네 번째 수준인 **결과**(result)평가는 이러한 현업 적용의 결과 조직의 경영성과가 향상되었는가에 대해 측정하는 것이다.

인사평가(personnel appraisal)는 인사고과라고도 하며 직원의 승진 및 보상을 결정하기 위한 과정이다. 인사평가는 직원의 특성, 행동 또는 결과를 중심으로 평가할 수 있다. 먼저 직원의 특성(trait)에 해당하는 요인은 성격이나 능력, 충성도, 태도 등 외부에서는 보이지 않는 특성을 기반으로 평가하는 것이다. 이것은 행동과 결과의 원인에 해당하는 것인데 주관적 평가가 될 가능성이 높다.

직원의 행동(behavior)에 해당하는 요인은 외부에서 관찰 가능한 근무행동을 기반으로 하기 때문에 객관적이다. 행동을 중심으로 평가하는 방법으로서 자주 사용되는 방법은 다음과 같다. 첫째, 체크리스트법(Checklist Method)은 가장 기초적인 방법으로 직원에게 기대되는 표준적인 행동을 리스트로 작성하여 해당하는 행동에 체크

체크리스트법

	YES	NO
필요한 자료를 미리 준비하는가?		
고객과 충분히 소통하는가?		

중요사건법(CIM)

3/20 중요한 자료가 누락되어 업무에 지장 초래

4/15 고객사로부터 긍정적인 평가를 받음

행위기준고과법(BARS)

※ 자료 준비

```
1 ─────────── 3 ─────────── 5
```

자료 미비가 잦고 중요한 자료를 누락함   적시에 자료를 준비하고 중요한 자료를 포함함

행위관찰척도법(BOS)

		관찰되지 않음				자주 관찰됨
※ 자료 준비	자료를 적시에 준비한다	1	2	3	4	5
	중요한 자료를 준비한다	1	2	3	4	5

그림 6.1 직원 행동 평가 방법의 예

하여 평가하는 것이다. 둘째, **중요사건법**(Critical Incident Method, CIM)은 바람직하거나 또는 바람직하지 않았던 직원의 행동을 기록했다가 이를 기반으로 평가하는 것이다. 셋째, **행위기준고과법**(Behaviorally Anchored Rating Scale, BARS)은 표준적인 행동을 체크리스트로 준비하되 각 행동에서 가장 바람직한 경우의 행동과 가장 바람직하지 않은 행동을 구체적으로 기술하여 점수를 부여해 두는 것이다. 넷째, **행위관찰척도법**(Behavioral Observation Scale, BOS)은 BARS의 변형으로서 표준적인 행동을 바람직한 행동과 바람직하지 않은 행동으로 기술하는 체크리스트로 준비하되 각 행동의 빈도를 체크하여 평가하는 것이다. 당신의 회사에서 근무하는 시장조사 담당 직원의 행동을 평가하는 방법의 예는 그림 6.1과 같다.

직원의 근무 **결과**(result)에 해당하는 요인은 직무마다 다양하며 대체로 상급자와 직원이 미리 정하게 된다. 즉 합의에 의해 목표를 설정하고 이를 기준으로 성과를 관리하는 개념인 **목표에 의한 관리**(Management By Objectives, MBO)가 이루어지게 된다. 이것은 앞에서 설명한 직원의 특성이나 행동에 기반하는 것이 아니라 합의된 목표의 달성 여부 결과에 의한 성과 평가 방법이다. 이 방법의 단점으로는 단기적 성과 평가에 치중되기 쉽고 조직 문화 등의 이유로 인해 목표 설정 과정에서 충분한 소통이 이루어지지 않아서 합리적인 목표가 설정되지 않을 가능성이 있다는 것이다.

마지막으로, 직원의 특성과 행동, 그리고 결과를 기반으로 인사평가를 할 때 절대평가와 상대평가 중에서 선택할 수 있다. 절대평가는 앞에서 설명한 체크리스트법, CIM, BARS, BOS 등이 포함되며 다른 직원과의 비교가 필요하지 않다. 상위 관리직 직원에 대한 평가로서 평가센터법이 사용되기도 하는데, 이것은 직무상 상관이 평가하는 것이 아니라 전문적인 평가센터를 마련해서 다수의 평가자가 피평가집단을 평가하는 방법이다. 상대평가를 위해 직원들의 순위를 매기는 서열법(ranking), 두 명씩 짝을 지어 우열을 가르는 쌍대비교법(paired-comparison ranking), 사전에 구분해 놓은 등급으로 강제 할당하는 강제할당법(assessed-distribution method)을 사용할 수 있다.

⚙ **기출문제**

I. 관리자 계층의 선발이나 승진에 사용되는 평가센터법(assessment center method)에 대한 설명으로 옳지 않은 것은?

① 피평가자의 언어능력이 뛰어나면 다른 능력을 평가하는 데 현혹효과(halo effect)가 나타날 가능성이 있다.

② 다른 평가기법에 비해 평가 시간과 비용이 많이 소요된다.

③ 기존 관리자들의 공정한 평가와 인력개발을 위해서도 활용될 수 있다.

④ 전문성을 갖춘 한 명의 평가자가 다수의 피평가자를 동시에 평가한다.

(7급 2019 문 18)

II. 인사평가제도 중 다면평가에 대한 설명으로 옳지 않은 것은?

① 업무 성격이 고도의 지식과 기술을 요구하는 경우가 많아 다면평가가 더욱 필요하게 되었다.

② 연공 서열 위주에서 팀 성과 위주로 인적자원관리의 형태가 변화하면서 다면평가의 필요성이 증대되었다.

③ 원칙적으로 다면평가의 결과는 본인에게 공개하지 않기 때문에 인사평가 자료로는 제한적으로 사용된다.

④ 직속 상사를 포함한 관련 주변인들이 업무 측면 이외에도 여러 가지 능력을 평가하는 것이다.

(7급 2015 문 9)

답   I. ④ 평가센터에서는 다수의 평가자가 다수의 피평가자를 동시에 평가한다.
　　　II. ③ 다면평가의 결과는 관계자들에게 공개된다.

　　교육훈련과 인사평가에서 훌륭한 역량이 증명된 직원은 승진의 대상으로 고려된다. 당신이 시장조사 담당 직원을 승진시키는 방법에는 네 가지가 포함된다. 첫째, **자격승진**은 연공이나 승진시험 등 자격이 충족되면 승진하는 것을 말한다. 여기에서 신분 자격승진은 근속연수나 학력 등의 인적자격요건으로, 직능 자격승진은 직무평가요건으로 충족된다. 자격승진은 상위 직급의 공석 여부와 무관하게 이루어진다. 예를 들어 어떤 경우에는 한 부서에 대리가 두 명이 될 수도, 세 명이 될 수

도 있다. 둘째, **직책승진**은 기업이 정한 직책의 사다리를 타고 승진하는 것이다. 이
것은 상위 직급에 공석이 발생하거나 새로운 직책이 신설되어야 가능하다. 예를 들
어 한 부서에 부장 1명, 과장 2명, 대리 5명의 직책이 존재하면 이 구조 내에서 승
진이 이루어지는 것이다. 셋째, **대용**(surrogate)**승진** 또는 준(quasi)승진은 직무 내용상
실질적 변화 없이 명칭만 부여하는 승진인데, 대내적으로 사기저하를 방지하거나
대외적으로 접촉자와의 직급의 균형을 맞추기 위해 이루어진다. 넷째, **직계승진** 또
는 직위승진은 직무분석의 결과 최적의 승진자를 선발하는 이상적인 제도인데 현
실적으로 승진자의 수요와 공급을 맞추기 힘든 면이 있다.

기출문제

I. 인력 채용 시에 외부 모집의 유리한 점으로 옳은 것은?

① 승진 기회 확대로 종업원 동기부여 향상

② 조직 분위기 쇄신 가능

③ 모집에 소요되는 시간, 비용 단축

④ 채용된 기업의 문화에 대한 적응이 쉬움

(7급 2014 문 5)

답 I. ② 내부승진의 동기부여, 비용 단축, 조직문화 적응의 용이는 내부승진의 장점이다.

마지막으로 보상은 교육훈련, 인사평가, 승진과 관련되어 지급되는 금전적 또는
비금전적 혜택을 말한다. 금전적 보상은 기본급, 고과급, 인센티브, 이연급을 포함
한다. **기본급**(base pay)은 임금(wage)과 봉급(salary)을 의미하는데 구체적으로는 임금은
주로 포괄적인 보수를 의미하고 봉급은 직책별로 지급되는 보수를 뜻한다. **고과급**
(merit pay)은 인사평가의 결과 개인별로 조정된 임금을 의미하고, **인센티브**(incentive)는
성과에 따라 지급되는 변동적 임금을, **이연급**(deferred pay)은 임금의 일부가 유보되었
다가 퇴직, 사망, 해고 등의 경우에 지급되는 급여를 말한다. 비금전적 보상은 휴
가, 보험, 상담, 그리고 휴양시설이나 식비공제 등 각종 지원을 포함한다. 특히 우
리나라의 법정 복리후생으로는 4대 보험으로 불리는 국민연금, 건강보험, 고용보

험, 산업재해 보상보험과 함께 퇴직금과 유급휴가를 들 수 있다. 4대 보험 중 국민연금과 건강보험은 기업과 종업원이 절반씩 부담하고, 산업재해 보상보험은 기업이 전액 부담하며, 고용보험의 경우 실업급여는 기업과 종업원이 절반씩, 그리고 고용안정과 직업능력 개발사업의 경우 기업이 전액 부담한다.

임금이 연봉으로 지급되는 경우 연봉은 기본연봉, 상여, 성과급, 시간 외 근로수당, 그리고 기타수당을 모두 포함한 금액이다. 여기에서 기본연봉은 계약서에 적힌 연봉으로서 기본급과 직무급을 더한 금액이다.

기출문제

I. 임금체계에 대한 설명으로 옳지 않은 것은?

① 연공급체계는 고용의 안정성과 직원의 귀속의식을 향상시킨다.

② 직무급체계는 각 직무의 상대적 가치를 기준으로 임금을 결정한다.

③ 직능급체계는 '동일노동 동일임금(Equal Pay for Equal Work)'이 적용된다.

④ 직능급체계는 직원의 자기개발 의욕을 자극한다.

(7급 2018 문 6)

II. 최근 확산되고 있는 연봉제의 설명으로 옳지 않은 것은?

① 개별 종업원의 능력, 실적, 공헌도를 평가하여 연간 임금을 결정한다.

② 종업원에게 지급하는 임금을 1년분으로 묶어서 결정한다.

③ 기본급이나 수당과 같이 세분화된 임금 항목이 있고 별도로 지급되는 상여금이 있다.

④ 전년도 근무 성과를 기초로 당해 연도의 1년분 임금을 지급하는 방식이 보편적으로 사용된다.

(7급 2014 문 4)

III. 종업원의 복리 및 안전욕구를 충족하기 위해 기업이 제공하는 복리후생제도는 크게 법정 복리후생과 법정 외 복리후생(자발적 복리후생)으로 구분할 수 있다. 법정 외 복리후생에 해당하지 않는 것은?

① 건강검진 및 건강상담과 같은 보건위생에 대한 지원

② 주택 구입 및 임차 비용 지원, 자사주 매입 등과 같은 경제적 지원

③ 오락, 체육, 문화생활에 대한 지원

④ 건강보험, 고용보험, 산업재해보상보험 등의 지원

(7급 2012 문 12)

> **답** Ⅰ. ③ 동일노동 동일임금은 직무급 체계의 특징이다.
>
> Ⅱ. ③ 연봉은 기본연봉과 성과연봉을 합산한 금액으로서 상여금을 포함한다.
>
> Ⅲ. ④ 4대 보험은 법정 복리후생이다.

보상과 혜택은 공정하게 관리되어야 하는데, 공정성은 내부공정성, 외부공정성, 그리고 개인공정성으로 구분될 수 있다. 내부공정성(internal equity)은 동일한 기업 내의 다양한 직무에 대한 보상이 공정하게 유지되는 것을 의미하고, 주로 직무평가를 통해 이루어질 수 있다. 외부공정성(external equity)은 동일한 직무에 대한 보상이 여러 기업 사이에서 공정하게 유지되는 것을 의미하는데 주로 시장에서의 임금조사를 통해 이루어질 수 있다. 개인공정성(individual equity)은 동일한 기업 내에서 동일 직무를 수행하는 직원들 사이에서 보상이 공정하게 유지되는 것을 의미한다. 당신이 고용한 시장조사 담당 직원이 회사 내 회계업무를 담당하는 직원과 비교할 때 직무강도에 비해 적은 임금을 받는다면 내부공정성에 문제가 있는 것이고, 시장조사 업무를 담당하는 다른 회사의 직원과 비교했을 때 적은 임금을 받는다면 외부공정성에 문제가 있는 것이며, 동일한 부서 내에서 근무하는 다른 직원과의 임금격차가 불합리하게 크다면 개인공정성에 문제가 있는 것이다.

> **연습문제 4**
>
> ▶ 보상을 할 때 고려해야 할 내부공정성, 외부공정성, 개인공정성에 대해 설명하라.

전략적 인사관리의 마지막 이슈로서, 당신이 고용한 직원들이 노동조합을 결성하게 된다면 당신은 노사관계 관리를 수행하게 된다. 노동조합은 기업이나 지역 이외에도 직업별 또는 산업별로 결성될 수 있고 또는 주로 비숙련 직종을 중심으로 직종과 기업을 불문하는 일반노동조합이 결성되기도 한다. 이에 따라 단체교섭의 형태가 결정되는데, **기업별 교섭**(company bargaining)은 하나의 사업장을 기준으로 하나의 사용자가 하나의 노조와 교섭하는 형태이고, **통일교섭**(multi-employer bargaining)은 전국적 또는 지역적 노동조합이 이에 대응하는 전국적 또는 지역적 사용자 단체와 교섭하는 형태이며, **대각선 교섭**(diagonal bargaining)은 산업별 노동조합이 개별 기업과 교섭하는 형태이다. 이 밖에도 기업별 교섭에 전국 노조가 참가하는 형태인 **공동교섭**(joint bargaining)과 복수의 노조지부가 복수의 기업과 집단적으로 교섭하는 형태인 **집단교섭**(united bargaining)도 볼 수 있다. 기업이 직원을 고용할 때 노동조합 회원 자격 여부가 미치는 영향은 다양한데, **클로즈드 숍**(closed shop)은 기업이 조합원 내에서만 고용할 수 있는 제도이고, **오픈 숍**(open shop)은 노조 가입 여부에 관계없이 고용할 수 있는 제도이다. 유니온 숍(union ship)은 중간적 형태로서 비조합원을 고용할 수 있지만 일정 기간 내 조합원이 되어야 하는 제도이다. 물론 이 중에서 클로즈드 숍의 교섭력이 가장 높다.

기출문제

I. 노동조합과 노사관계에 대한 설명으로 옳지 않은 것은?

① 일반적으로 노동조합은 오픈숍(open shop) 제도를 확립하려고 노력하고, 사용자는 클로즈드숍(closed shop)이나 유니언숍(union shop) 제도를 원한다.

② 노사관계는 생산의 측면에서 보면 협조적이지만, 생산의 성과배분 측면에서 보면 대립적이다.

③ 노동조합의 경제적 기능은 사용자에 대해 직접 발휘하는 노동력의 판매자로서의 교섭기능이다.

④ 노사 간에 대립하는 문제들이 단체교섭을 통해 해결되지 않으면 노사 간에는 분쟁상태가 일어나고, 양 당사자는 자기의 주장을 관철하기 위하여 실력행사에 들어가는데 이것을 '노동쟁의(labor disputes)'라고 한다.

(7급 2020 문 12)

II. 노사협의회에 대한 설명으로 옳은 것은?

① 노사협의회는 근로자 대표와 사용자 대표로 구성되는데, 근로자 대표는 조합원이든 비조합원이든 구분 없이 전 종업원이 선출한다.

② 노사협의회는 경영참가제도의 일종으로 근로자의 지위향상 및 근로조건의 개선유지를 주요 목적으로 한다.

③ 노사협의가 결렬될 경우, 쟁의권에 의하여 쟁의행위가 수반된다.

④ 노사협의회의 주요 협의 대상이 되는 임금, 근로시간, 기타 근로조건 관련

사항에 대해서는 노사 간의 이해가 대립된다.

(7급 2019 문 14)

III. 노동조합의 가입 및 운영 요건을 정하는 숍제도(shop system) 중 채용된 후 일정한 수습 기간이 지나 정식사원이 되면 조합 가입 의무가 있는 방식은?

① 오픈숍(open shop)

② 유니언숍(union shop)

③ 클로즈드숍(closed shop)

④ 에이전시숍(agency shop)

(7급 2015 문 8)

답 I. ②

II. ①

III. ② 가입의무가 부여되는 조합은 유니온숍이다.

6.2 조직에서의 소통

조직이 특정 환경에서 어떠한 형태를 가져야 하는가에 대한 이슈는 제7장에서 다루는 조직설계에서 설명하기로 한다. 여기에서는 주어진 조직에서 장기적으로 업무 방식을 더 나은 방향으로 개선하기 위한 조직변화에 대해 설명하기로 한다. 조직변화의 출발점은 개인 사이의 의사소통 방식을 이해하는 것이다. 기본적으로 의사소통은 메시지 전달과 관련된 세 가지 요인을 포함하는데 그 요인들은 송신자, 채널, 그리고 수신자이다. 송신자는 특정 메시지를 부호화하여 전달할 수 있는 형태로 만들고, 채널은 메시지가 손상되지 않도록 전달하며, 수신자는 메시지를 해석하여 그 의미를 파악하게 된다. 즉 부호화 과정에서의 문제, 채널에서의 소음, 그리고 해독 과정에서의 문제는 원활한 의사소통을 불가능하게 한다.

의사소통이 원활하지 못해서 발생하는 문제 중 하나는 갈등이며 이 문제는 개인 수준만이 아니라 집단 수준에서도 발생한다. 전통적으로 기업 내에서의 집단 간의 갈등은 집단 사이의 편견을 조장하고 소통을 더욱 저해한다는 부정적인 측면으로 평가되었으나 집단 내부적으로는 응집력과 충성심이 증가하는 효과도 존재한다.

또한 집단 갈등을 통해 기업 내에 잠재되어 있던 문제를 인식하고 그 해결방안을 모색할 수 있는 기회를 얻을 수도 있다. 즉 적절한 갈등수준은 조직의 성과를 높이는 역할을 할 수 있다.

케네스 토마스(Kenneth Thomas)와 랄프 킬먼(Ralph Kilmann)은 1974년에 다섯 가지의 갈등관리 유형을 포함하는 **갈등형태모형**(Thomas-Kilmann Instrument, TKI)을 제시했다(그림 6.2). 이 모형은 2개의 축으로 이루어졌는데, 하나의 축은 상대 집단의 이해를 존중하는 협조성의 정도를, 또 하나의 축은 자기 집단의 이해를 추구하는 독단성의 정도를 표시한다. 먼저 **회피**(avoidance) 기법은 두 정도가 모두 낮은 특징을 갖는데 갈등이 미미하거나 해결 비용이 클 때, 또는 시간이 지남에 따라 해결될 수 있는 경우에 활용된다. 이 기법의 부작용은 갈등의 원인이 무시되기 쉽다는 것이다. **순응**(accommodation) 기법은 협조성이 높고 독단성이 낮은 특징을 갖는데 자기 집단보다 상대 집단을 우선하여 희생을 통해 조화와 안정을 추구하기 위해 추구된다. 이 기법의 부작용은 갈등요인의 단순한 무마(appeasement)를 초래할 수 있다는 것이다. **경쟁**(competition) 기법은 순응 기법의 반대의 특성, 즉 협조성이 낮고 독단성이 높은 특징을 갖는다. 이 기법은 자기 집단의 주장을 관철하기 위해 상대 집단을 제압하는 것인데 인기 없는 조치이지만 중요하고 신속한 결정이 필요할 때 추구된다. 이 기법의 부작용은 갈등이 증폭될 수 있다는 것이다. **타협**(compromise) 기법은 협조성과

그림 6.2 토마스와 킬먼의 갈등형태모형

독단성이 중간 수준인 기법인데 복잡한 문제를 일시적으로 해결하거나 갈등 집단 사이에 이득의 균형이 필요할 때 추구된다. 마지막으로 **협력**(collaboration)은 협조성과 독단성이 모두 높은 특성을 갖는데 자기 집단과 상대 집단의 이익이 모두 중요하여 통합적 해결, 즉 대립과 협조가 동시에 요구될 때 추구된다.

기출문제

I. 루블(Ruble)과 토마스(Thomas)의 갈등관리(갈등해결) 전략유형에 대한 설명으로 옳지 않은 것은?

① 강요(competing) 전략은 위기 상황이나 권력 차이가 큰 경우에 이용한다.

② 회피(avoiding) 전략은 갈등 당사자 간 협동을 강요하지 않으며 당사자 한쪽의 이익을 우선시 하지도 않는다.

③ 조화(accommodating) 전략은 사회적 신뢰가 중요하지 않은 사소한 문제에서 주로 이용된다.

④ 타협(compromising) 전략은 갈등 당사자의 협동과 서로 이익을 절충하는 것으로 서로의 부분적 이익 만족을 추구한다.

(7급 2015 문 6)

II. 조직관리에 있어 집단이나 부서 간 갈등 해소는 중요한 관리 요소이다. 이러한 갈등을 해소하는 데 적합한 것으로만 고른 것은?

ㄱ. 직접 대면 ㄴ. 상위목표의 설정 ㄷ. 자원의 확충 ㄹ. 상호의존성 제고

① ㄱ, ㄴ, ㄷ

② ㄱ, ㄴ, ㄹ

③ ㄱ, ㄷ, ㄹ

④ ㄴ, ㄷ, ㄹ

(7급 2012 문 17)

답   I. ③ 조화/타협 전략은 이득의 균형이 필요한 중요한 사안에 대해 추구된다.

      II. ① 상호의존성을 낮추는 것, 직접 대면, 상위목표의 설정, 자원의 확충은 갈등 해소에 도움이 된다.

6.3 조직에서의 의사결정과 변화

다수의 개인이 참여하는 조직에서의 의사결정은 개인이 수집할 수 있는 정보의 양보다 더 많은 양의 정보에 의해 의사결정이 이루어지기 때문에 더 우월한 결론을 내릴 수 있지만, 그 반대로 다수의 사람이 상호 영향을 미치는 과정에서 열등한 결론을 내릴 수도 있다. 예를 들어 조직 구성원들이 동일한 의견을 가져야 한다는 압박이 높은 경우, 즉 조직 응집력이 높은 경우에는 더 합리적인 대안을 모색하기보다는 다수가 지지하는 비합리적인 대안에 모두가 동조하는 현상이 발생하기도 한다. 이것을 **집단 사고**(group-thinking)라고 한다. 또한 토의 전후를 비교할 때 토의 이전에는 다양한 의견이 제시되었던 반면에 토의를 거치면서 양극단의 의견으로 쏠리는 현상이 발생하기도 하는데, 이것을 **집단 양극화 현상**(group bipolarization)이라고 한다.

이러한 폐단을 방지하기 위해 여러 방법이 사용될 수 있다. 먼저 **악마의 변호인** (devil's advocate) 방법은 한 명의 반론자를 지정하여 논의에서 제시되는 모든 안건에 대해 반대 의견을 제시하도록 하는 것이다. 이 경우 반론 제시에 대한 부담을 줄여주어 단일 안건의 단점을 파악할 수 있다.

명목집단법(nominal group)은 참여자들의 상호 의사소통을 의도적으로 차단하여 집단이 단지 명목적으로만 존재하게 하여 서면으로 의견을 받는 것이다. 상호 영향력을 제거함으로써 의견이 쏠리는 현상을 방지할 수 있다.

브레인스토밍법(brainstorming)은 참여자가 제시하는 의견에 대해 어떠한 반론도 제기하지 않을 것을 미리 약속하고 최대한 다양한 의견을 유도하는 방법이다. 이 경우 반론에 대한 우려가 감소하여 다양하고 창의적인 대안이 제시될 수 있다.

델파이법(Delphi)은 복수의 전문가의 의견을 개별적으로 받아서 정리한 다음 다른 전문가의 의견을 제시하고 수정된 의견을 받는 과정을 반복하면서 의견의 수렴을 유도하는 것이다. 이 경우 익명으로 진행되기 때문에 타인에 의한 영향력이 감소되고 전문적인 식견에 의한 의사결정이 이루어지게 된다.

기출문제

I. 조직에서의 집단의사결정에 대한 설명으로 옳지 않은 것은?

① 집단의사결정은 개인의사결정보다 다양한 관점을 고려할 수 있다.

② 집단의사결정은 구성원의 참여의식을 높여 구성원에게 만족감을 줄 수 있다.

③ 집단의사결정은 집단사고를 통해 합리적이고 합법적인 최선의 의사결정을 도출해 낼 수 있다.

④ 집단의사결정 기법에는 명목집단법, 델파이법, 변증법적 토의법 등이 있다.

(7급 2018 문 3)

II. 집단의사결정 과정에서 나타나는 집단사고에 대한 설명으로 옳은 것은?

① 집단토의 전에는 개인의 의견이 극단적이지 않았는데, 토의 후 양 극단으로 의견이 쏠리는 현상이다.

② 응집력이 높은 집단에서 구성원들 간 합의에 대한 요구가 지나치게 커서 다른 대안의 모색을 저해하는 경향이 있다.

③ 집단구성원으로서 자신의 책임을 다하지 않고 회피하면서 보상의 분배에는 적극적으로 참여하는 현상이다.

④ 최초 집단의사결정이 잘못된 것이라는 사실을 알면서도 본능적으로 최초 의사결정을 방어하고 합리화하려는 행동이다.

(7급 2010 문 2)

답   I. ③ 집단사고는 불합리한 결정을 내리는 쏠림 현상을 가져온다.

II. ② 토의 후 양극단으로 쏠리는 현상은 집단 양극화 현상이고, 최초 의사결정이 잘못된 것을 알면서도 합리화하는 행동은 몰입의 상승효과이다. 집단사고의 주된 원인은 응집력이다.

조직은 소통이나 갈등 등 내부적 요인이나 환경 변화 등 외부적 요인에 의해 변화할 필요가 있다. 그러나 조직의 변화에는 저항이 따르고 변화의 방향이 바람직하지 않게 전개될 위험도 있다. 이에 대해 쿠루트 레윈(Kurt Lewin)은 1951년에 조직변화의 3단계를 설명하는 **장이론**(Field Theory)을 제시했다. 이 이론에 의하면 조직변화

창의성을 키우는 회의 방식

에드워드 드 보노(Edward de Bono)는 창의
적 사고 훈련 분야의 세계적인 권위자
이다. 1933년에 태어나 2021년에 작고
한 그는 1985년에 《생각이 솔솔 여섯
색깔 모자》를 발간하여 창의성을 증진
하는 회의 방식을 제안했다.

그의 방법은 매우 단순하다. 회의에
참석하는 사람들은 여섯 가지 색깔의
모자를 쓴다. 모자를 쓰는 행동은 어떤
주제에 대해 능동적으로 논의할 준비
가 되어 있다는 신호를 뇌에 보내는 것
이고, 또한 발언의 분위기를 전환하여
다양한 상황에서 주제를 전망할 수 있게 한다. 가장 중
요한 것은 다양한 사고유형을 체험한다는 것이다. 다
소 유치하게 보일 수 있지만 시각적인 변화를 가져오
면서 뇌를 자극하게 한다.

▲ 여섯 색깔 모자 기법은 회의에서의 창의성을 위해 활용된다

그렇다면 모자의 색은 사고의 방향과 어떠한 관
계가 있을까? 여기에서 특정 색은 뇌의 특정 부위
를 자극한다고 전제한다. 흰색은 순수를 의미하므
로 중립적이고 사실에 초점을 둔 객관적 분석, 검
은색은 긴장을 불러일으키므로 비판적이고 부정적
인 측면을 발견하는 분석, 빨간색은 흥분을 불러일
으키는 정열적인 색이므로 감정적인 측면을 발견하
는 분석, 노란색은 밝고 적극적인 느낌을 불러일으
키므로 낙관적이고 긍정적인 측면을 발견하려는 분

석, 초록색은 자연과 성장을 상징하므로 새롭고 창의
적인 측면을 발견하려는 분석 시점에 활용하게 된다.
파란색은 회의의 진행자가 착용하게 되는데 조절과 통
제를 의미하는 색이다.

발언에 정해진 순서는 없지만 대체로 흰색-초록색-
노란색-검은색-빨간색-파란색의 순서 또는 흰색-빨
간색-검은색-초록색-노란색-파란색의 순서로 진행하
는 것이 일반적이다. 현상 파악을 시작으로 하여 여러
측면을 평가하고 분석하여 결론을 도출하는 순서를 따
른다. 중복되지 않는 다양한 측면을 분석하되 발언의
순서를 지켜야 한다.

출처 : 에드워드 드 보노의 6가지 생각 모자 기법.
https://wonderfulmind.co.kr/edward-de-bono-six-thinking-hats/

는 해빙, 변화, 그리고 재결빙의 단계를 거친다. 먼저 **해빙**(unfreezing) 단계는 조직 구
성원이 변화의 필요성을 인지하고 준비하는 단계이다. 기존 업무를 변경해야 하는
변화가 처벌이나 굴욕처럼 느껴지지 않도록 하는 것이 중요하다. 예를 들어 당신
이 고용한 시장조사 담당직원이 속한 조직을 수직적 구조에서 수평적 구조로 전환
하여 직원의 업무 방식이 지시를 따르는 방식에서 새로운 업무를 제안하는 방식으
로 바꾸어야 한다면, 기존 업무에 익숙한 직원은 이러한 변화에 저항하기 쉬울 것
이다. 이를 극복하기 위해 해빙 단계에서 수평적 구조의 업무방식이 왜 중요한가에
대한 충분한 설득이 필요하다.

변화(change) 단계에서는 동일시, 내면화, 순응화를 통해 조직행동의 변화가 진행
된다. **동일시**(identification)는 제시된 행동모델과 자신을 동일시하여 모방하는 것이고,
내면화(internalization)는 변화의 보상을 내부적으로 받아들여서 새로운 행동을 학습하
는 것이다. 또한 **순응화**(compliance)는 강제적 상벌에 의해 변화가 진행되는 것이다.
예를 들어 당신의 시장조사 담당직원을 수평적 구조의 업무를 수행하는 경영자와
함께 배치하여 일상에서의 모방을 통해 업무방식을 배우게 할 수도 있고, 특별 훈
련 프로그램 참여를 유도하여 내면화에 도움을 줄 수도 있으며, 단순히 업무기술서
를 통해 강제할 수도 있다.

재결빙(refreezing) 단계에서는 변화된 행동이나 태도가 지속될 수 있도록 정착해야
하는데, 여기에서 최고경영자의 의지가 가장 중요하다. 조직변화를 추구했던 많은
기업들이 재결빙에서 실패하여 조직변화를 이루지 못하는데, 그 이유는 변화를 정
착시키기 위해 최고경영자가 지속적인 관심을 기울이는 것이 매우 힘들기 때문이
다. 즉 시장조사 담당직원이 속한 조직의 업무방식이 새로운 업무를 제안하는 수평
적 구조로 정착되기 위해서는 이를 지속적으로 관찰하는 당신의 의지가 가장 중요
하다는 것이다.

사회적 트렌드와 경영　　창의적 문제해결수단, 트리즈

트리즈(Triz)는 1946년에 러시아에서 고안된 창의적 문제해결 방식이다. 러시아 과학자인 겐리히 알트슐러(G.S. Altshuller)가 우수한 특허 4만 건의 특성들을 분석하여 보다 광범위한 문제 해결에 응용할 수 있도록 40개의 발명 원리로 분류한 것이다. 이 원리들을 살펴보면 문제 해결을 위한 일반적인 시사점을 찾을 수 있다.

사실 트리즈에서 소개하는 발명의 원리들은 물리적인 특성을 변형하는 작업을 다수 포함한다. 예를 들어 누워 있는 환자를 앰뷸런스에 신속하게 태우기 위해서는 앰뷸런스 높이에 맞는 침상이 필요하다. 사람이 높이에 맞춰 들어 옮기는 것보다 훨씬 간편하기 때문이다. 이러한 원리가 트리즈에서는 '높이 맞추기'라는 이름으로 존재한다. 사실 이러한 원리는 작업을 편리하게 하기 위해 작업 방식의 물리적 속성을 조금 바꾸는 방식으로 볼 수 있는데, 이러한 새로운 발상은 물리적인 변형만을 의미하는 것을 넘어서 사고 방식을 바꾸는 것으로 응용할 수 있다는 것이다. 예를 들어 '높이 맞추기'의 원리는 조직 구조를 수직적 구조에서 수평적 구조로 전환하여 소통을 강화하는 수단으로 응용될 수 있다.

그러나 이러한 트리즈의 창의적 원리를 적용하기 위해서는 문제가 무엇인가에 대해 파악하는 것이 선행되어야 한다. 문제를 파악하지 못하면 해결책도 찾지 못할 것이 당연하다. 예를 들어 앰뷸런스에 환자를 이송하기 위해 일일이 들어 옮겨야 하는 불편에 대해 문제 의식이 없는 사람은 '높이 맞추기'라는 방법이 존재함에도 불구하고 앞으로도 계속 수작업으로 환자를 옮기는 작업을 할 것이다. 결국 창의적인 문제해결의 출발점은 문제의 발견에 있다고 할 수 있다.

생각해 볼 문제
1. 트리즈의 40개의 발명의 원리를 검색해 보자.
2. 이 중 당신이 현재 당면한 문제를 해결하기 위해 적용할 수 있는 원리는 어떤 것인가?

요약

- 인적자원관리는 직무분석과 직무평가, 직무설계, 모집, 선발, 교육훈련, 경력관리, 인사평가, 보상관리, 노사관계 등 직원과 관련된 기업의 활동을 의미한다.
- 직무기술서는 직무개요, 직무내용, 작업조건 등이 포함되고 직무명세서는 직무수행에 요구되는 직원의 전문지식, 요구되는 기술, 신체조건 등이 포함된다.
- 내부모집의 장점은 비용이 작고 직원의 자질에 대한 불확실성이 낮으며 승진기회 제공을 통해 기존 직원의 사기를 높일 수 있다는 것이고, 단점은 과당경쟁이나 탈락에 대한 불만이 있다는 것이다. 외부모집의 장점은 신규 인사의 영입을 통해 조직 분위기에 변화를 주거나 풍부한 경력직 직원 영입으로 새로운 역량을 흡수할 수 있다는 것이고, 단점은 내부 인사와의 갈등 또는 새로운 환경에의 부적응 문제가 있다는 것이다.

- 평가에서의 신뢰성은 평가하려는 속성을 일관적으로 평가하는 정도이고, 타당성은 평가하려는 속성을 적절히 평가하는 정도를 말한다.
- 보상에서의 내부공정성은 동일한 기업 내의 다양한 직무에 대한 보상이 공정하게 유지되는 것을 의미하고, 외부공정성은 동일한 직무에 대한 보상이 여러 기업 사이에서 공정하게 유지되는 것을 의미하며, 개인공정성은 동일한 기업 내에서 동일 직무를 수행하는 직원들 사이에서 보상이 공정하게 유지되는 것을 의미한다.

제 7 장

조직설계

소통이 생명인 애자일 조직

스쿼드(squad), 트라이브(tribe), 챕터(chapter), 길드(guild) … 온라인 전략게임에서 볼 듯한 단어들이 경영 실무에서 사용되고 있다. 바로 애자일 조직에서 등장하는 개념들이다. 애자일(agile)은 민첩하다는 의미의 용어인데 주로 환경 변화가 매우 빠르게 진행되는 IT 업계에서 신속한 시제품 출시와 후속 개선 작업을 추진하기 위한 기법이었다. 그런데 빠른 환경 변화는 IT업계에만 해당하지 않았고, 음원 스트리밍 기업인 스포티파이와 금융회사인 ING에서 선구적으로 애자일 조직을 실행에 옮

▲ 애자일 조직은 민첩하게 움직인다

겼다. 국내에서도 KB국민카드와 신한금융그룹, 현대카드 등이 2018년을 전후하여 적극적으로 받아들이기 시작했다.

애자일 조직은 기획과 연구개발의 분리에서 발생하는 지체현상을 제거하는 것을 최우선 목표로 삼는다. 즉 아이디어의 창출과 실현을 동일한 장소에서 이루어지게 하기 위해 조직을 소규모로 쪼개어 그 안에서 모두 해결하게 하는 것이다. 이러한 소규모의 기본 단위 조직은 **스쿼드**(squad, 군대에서의 분대)라고 불리는 6~12명의 조직이다. 여기에는 마케팅, 상품, 정보기술 등 다양한 분야의 직원이 포함된다. 3~4개의 스쿼드가 모인 조직이 **트라이브**(tribe, 부족)인데 여러 트라이브에 걸쳐서 동일한 기능을 담당하는 직원을 묶는 조직 단위를 **챕터**(chapter, 기능별 소집단)라고 부른다. 때에 따라서는 여러 트라이브에 걸치면서도 여러 기능을 담당하는 직원들이 하나의 조직으로 묶일 수 있다. 이것을 **길드**(guild)라고 한다.

사실 조직구조의 형태를 보면 전통적인 매트릭스 조직과 크게 다르지 않고 또는 교차기능적 조직(cross-functional team)의 변형으로 볼 수 있다. 그럼에도 불구하고 애자일 조직이 각광을 받게 된 이유 중 하나는 스쿼드나 길드 등 다소 생소한 용어를 사용함으로써 사람들에게 뭔가 새로운 경영기법이라는 환상을 불러 일으켰기 때문이라고 비판하는 사람들도 있다. 또한 애자일 조직의 선구자인 스포티파이에서도

이 모델을 더 이상 성공적인 것으로 평가하지 않는다는 내부인의 주장도 제기되었다. 즉 애자일 조직의 성공은 효과적인 소통에 달려있는데, 만약 조직원들이 이처럼 민첩한 업무 진행에 적응하지 못하고 기존의 수직적인 업무 관행에 머무른다면 애자일 조직은 오히려 기업의 성과를 저해할 수도 있다.

사실 이러한 논쟁은 새로운 경영기법이 제기될 때마다 반복되었던 경향이 있다. 경영기법도 유행(fad)과 같아서 특정 기법은 특정 상황에서 기업의 성과를 획기적으로 높일 것 같은 분위기가 조성되는 경우가 많다. 물론 다른 기업들이 모두 새로운 기법을 받아들일 때 따라하지 않으면 환경 변화에 적절히 대응하지 못한다는 자괴감 때문에 실제로 성과가 저하될 수 있다. 그러나 모든 기업이 쉽게 모방할 수 있는 조직 변화로는 절대로 지속적 경쟁우위를 획득할 수 없다는 것은 여러 전략 이론들, 특히 자원기반이론에서 강조하는 내용이다. 애자일 조직이 유행한다는 것이 반드시 그 조직을 받아들여야 한다는 것을 의미하지는 않는다.

출처 : 매일경제(2019. 9. 16). [인재경영 5대전략] (5) 스피드 확 올려라−애자일 전략으로 민첩한 '별동대' 키워야. https://www.mk.co.kr/news/economy/view/2019/09/713664/ 비즈리포트(2020. 6. 30). 애자일 같은 소리 하고 있네… "애자일 전도사도 애자일 버렸다". https://m.post.naver.com/viewer/postView.nhn?volumeNo=29333826&memberNo=44054241

우리가 기업에 대해 평가할 때는 흔히 연봉의 높낮이나 근무의 유연성을 언급하지만, 실제 업무를 수행할 때는 제5장에서 설명한 조직행동과 리더십의 요인과 더불어 이 장에서 설명할 조직특성요인이 직원의 근무의 질에 더욱 직접적인 영향을 미칠 수 있다. 결국 업무 현장에서의 동료와 조직이 유도하는 업무 수행 방식이 매일매일의 근무의 질을 좌우하게 된다. 당신이 최고경영자인 경우에도 마찬가지이다. 큰 규모의 계약을 성사시키거나 획기적인 특허를 취득하는 것도 중요하지만 직원들이 행복하게 일할 수 있는 조직을 만들고 효과적으로 인적자원을 관리하는 것은 장기적인 지속가능경영을 이루는 데 매우 중요하다. 이를 위해 먼저 조직을 특징짓는 요인에 대해 이해하는 것이 중요하다.

7.1 조직설계의 요인

조직을 특징짓는 요인에는 다양한 차원이 존재한다. 먼저 권력 집중도의 차원에서 집중화(centralization)와 분권화(decentralization)를 들 수 있다. 의사결정의 권한이 소수에 집중되어 있으면 추진력이 신속하고 강력할 수 있지만 의사결정이 다수에 분산되어 있는 경우에 비해 다양한 의견을 수집할 수 없다.

> **연습문제 1**
> ▶ 조직설계에서 고려해야 하는 여섯 가지 요인에 대해 설명하라.

둘째, **전문화**(specialization)의 정도가 상이할 수 있다. 전문화 수준이 높으면 분업에 의한 능률이 높지만 한 직원은 전체 작업의 일부만 수행하기 때문에 본인이 하는 작업의 의미를 파악하기 어려울 수 있다.

셋째, **공식화**(formalization)는 직무의 표준화 정도를 의미하는데, 공식화 수준이 높은 조직은 각자 업무 방식이 결정되어 있으므로 효율성이 높을 수 있지만 개인의 재량권이 제한되므로 조직이 경직될 수 있다.

넷째, 직무 수행의 조정과 통합을 위해 **부문화**(departmentalization)가 이루어진다. 부문화는 여러 방식으로 이루어질 수 있는데 생산, 재무, 회계 등 기능별로 묶는 기능별 부문화, 제품의 유형별로 묶는 제품별 부문화, 고객의 유형별로 묶는 고객별 부문화, 수요 지역으로 묶는 지역별 부문화, 또는 업무의 흐름이나 고객의 동선의 흐름으로 묶는 공정별 부문화 등을 들 수 있다. 환경에 따라 적합한 방식이 선택될 수 있다.

다섯째, **통제의 범위**(span of control)는 한 명의 경영자가 관리하는 직원의 수를 의미한다. 통제의 범위가 좁으면 경영자의 부담이 줄어들지만 더 많은 경영자가 필요하므로 조직 유지의 비용이 증가한다. 통제의 범위는 직원이 역량이 높을수록, 직원이 물리적으로 근접한 지역에 근무할수록, 과업이 유사할수록, 과업이 단순할수록, 절차가 표준화될수록, 정보기술이 발달할수록, 조직문화가 강할수록 넓다.

여섯째, **명령계통**(chain of command)은 직접적인 명령과 보고계통을 의미하는 라인 권한(line authority)과 라인 관리자의 참모역할로서 지원하는 스태프 권한(staff authority)으로 구분된다. 라인과 스태프는 상위경영자로부터 권한(authority)이 위임되어 그에 상응하는 책임을 진다. 권한과 비교되는 개념은 권력(power)인데, 권한이 직무와 관련되는 개념인 반면에 권력은 그보다 높은 차원에서 개인의 행동에 영향을 미치는 힘을 의미하는 개념이다. 권력의 원천에 대해서는 제5장에서 설명한 바 있다.

🔧 기출문제

I. 조직에서 권한 배분 시 고려해야 할 원칙이 아닌 것은?

① 명령통일의 원칙

② 방향일원화의 원칙

③ 책임과 권한의 균형 원칙

④ 명령계층화의 원칙

(7급 2015 문 7)

답 I. ② 명령통일, 명령 계층화, 책임과 권한의 균형은 조직설계 요소와 관련된다.

7.2 조직구조의 유형

이러한 조직설계의 요인들은 조직구조의 유형(그림 7.1)에 영향을 미치는데, 특히 집중화, 전문화, 공식화의 수준이 높고 통제의 범위가 좁아서 라인의 길이가 긴 경우 기계적 조직(mechanistic organization)의 특성을 갖게 된다. 이와 대조적으로 집중화, 전문화, 공식화의 수준이 낮고 통제의 범위가 넓어서 라

연습문제 2

▶ **기계적 조직과 유기적 조직을 비교하여 설명하라.**

인의 길이가 짧은 경우 유기적 조직(organic organization)의 특성을 갖게 된다. 기계적 조직은 효율성을 강조하는 표준화된 조직이고 통제를 통해 안정과 신뢰성을 추구한다. 반면에 유기적 조직은 변화에 대응하는 느슨한 조직으로서 학습과 혁신을 강조한다.

기출문제

I. 경영조직론 관점에서 기계적 조직과 유기적 조직에 대한 설명으로 옳지 않은 것은?

① 기계적 조직은 효율성과 생산성 향상을 목표로 한다.

② 기계적 조직에서는 공식적 커뮤니케이션이 주로 이루어지고, 상급자가 조정자 역할을 한다.

③ 유기적 조직에서는 주로 분권화된 의사결정이 이루어진다.

④ 유기적 조직은 고객의 욕구 및 환경이 안정적이고 예측가능성이 높은 경우에 효과적이다.

(7급 2013 문 14)

답 I. ④ 안정적 환경에서는 기계적 조직이 효과적이다.

기계적 조직과 유기적 조직의 양극단 사이에서 보다 다양한 조직구조의 유형을 구분할 수 있다. 가장 기계적인 특성을 가진 구조는 **기능적 구조**(functional structure)인데, 부문화에서 살펴본 기능별 부문화의 구조를 그대로 조직구조에 적용하는 것이다. 이 구조는 각 기능적 집단이 전문화된 업무를 수행하여 효율성을 추구하는 특징을 갖는데, 이와 관련된 개념으로 규모의 경제를 들 수 있다. 규모의 경제는 한 부서가 수행하는 작업의 수가 많아서 각 작업을 더 수월하게 수행할 수 있는 이득을 말한다.

> **연습문제 3**
> ▶ 조직구조의 다섯 가지 유형을 설명하라.

이보다 유연한 구조는 **사업부제 구조**(divisional structure)인데 사업부는 제품군의 집단을 의미한다. 즉 하나의 사업부에는 복수의 기능적 집단이 포함되어 집중화와 전문화는 저하되지만 사업부와 관련된 환경 변화에 대처하면서 학습과 혁신을 추구하기에 적합하다.

매트릭스 조직(matrix structure)은 기능적 구조와 또 하나의 부문화 집단을 결합하는
형태로 나타난다. 예를 들어 기능적 구조와 지역 구조가 결합되면 한 명의 직원은
두 명의 상사에게 보고하게 된다. 이 조직구조는 여전히 높은 공식화 수준을 유지
하지만 환경 변화에 대응하기 위해 다소 복잡한 명령계통을 적용하는 구조이다.

　　이보다 더 유기적인 조직으로서 **수평적 구조**(horizontal structure)를 들 수 있는데 집중

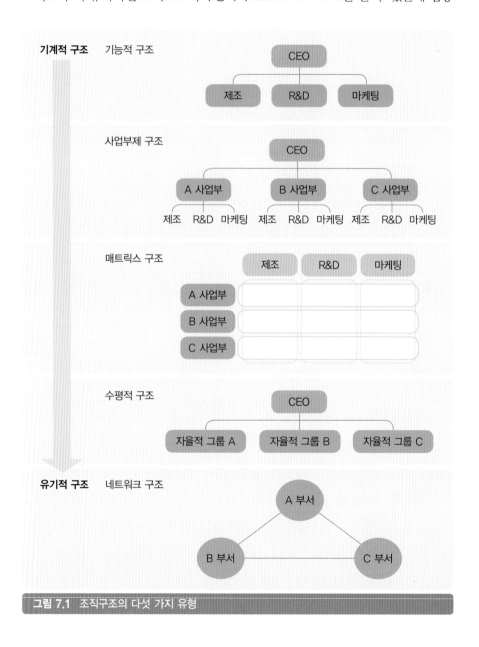

그림 7.1 조직구조의 다섯 가지 유형

화와 공식화의 수준이 낮아서 직원들이 높은 수준의 자율성을 갖는다. 즉 상사의 지시를 받기보다는 본인이 스스로 의사결정을 해야 하는 경우가 많고 작업 집단을 자율적으로 결정하는 경우도 많다.

마지막으로 조직의 상하관계가 정해져 있지 않고 업무에 따라 주관이 되는 부서가 달라지는 조직을 네트워크 조직이라고 한다. 예를 들어 A, B, C 부서 중 디자인 업무에서는 A 부서가, 제조 업무에서는 B 부서가 그리고 마케팅 업무에서는 C 부서가 최상급 부서의 역할을 한다면 이 구조는 네트워크 부서이다. 만약 이 네트워크가 지역적으로 분산되어 있다면 지역의 강점을 반영하는 네트워크 조직은 매우 효과적으로 지역적 강점을 활용할 수 있다. 그러나 매우 밀접한 부서 간 조정과 통제가 필요하고 직원의 능력이 뛰어나야 한다는 조건이 요구된다.

과업의 성격에 따라 형성되는 **팀제 조직**은 변화하는 환경에 대응하기 위해 만들어진다. 예를 들어 컨설팅, 광고, 법적 소송 등의 업무는 상황에 따라 유연한 결과를 도출하기 위해 여러 사람의 창의적인 아이디어가 요구되는 업무로서 이질성과 다양성을 가진 조직 구성원 사이의 활발한 커뮤니케이션이 필요하다. 이러한 팀제 조직은 지속적으로 유지되기도 하고 프로젝트의 수명에 따라 한시적으로 유지되기도 한다.

기출문제

I. 부문화에 대한 설명으로 옳지 않은 것은?

① 기능별 부문화는 지식과 기술의 유사성을 근거로 부서화함으로써 높은 범위의 경제를 달성할 수 있다는 장점이 있다.

② 제품별 부문화는 특정 제품 생산에 관한 모든 활동이 1명의 경영자에 의해 감독되기 때문에 제품성과에 대한 책임이 확실하다는 장점이 있다.

③ 고객별 부문화는 다양한 고객요구와 구매력에 맞추어 서비스를 함으로써 고객에게 최상의 서비스를 제공할 수 있다는 이점이 있다.

④ 과정별 부문화는 업무와 고객의 흐름을 기반으로 집단활동이 이루어지며 부서는 각자 하나의 특정 과정만을 담당한다.

(7급 2017 문 9)

II. 매트릭스 조직에 대한 설명으로 옳은 것은?

① 이중적인 명령 체계를 갖고 있다.

② 시장의 새로운 변화에 유연하게 대처하기 어렵다.

③ 기능적 조직과 사업부제 조직을 결합한 형태이다.

④ 단일 제품을 생산하는 조직에 적합한 형태이다.

(7급 2013 문 13)

III. 오늘날 많은 기업들이 팀제 조직을 선호하는 이유로 가장 적절하지 않은 것은?

① 팀제 조직은 커뮤니케이션과 의사결정의 신속성 및 정확성이 향상되므로 효율적이다.

② 팀제 조직은 이질성과 다양성을 결합하여 시너지 효과를 창출할 수 있다.

③ 팀제 조직은 전통적 경영조직에 비해 환경 대응능력이 탁월하다.

④ 팀제 조직은 팀원의 책임을 덜어주고 권한을 강화하므로 운영이 원활하다.

(7급 2012 문 11)

IV. 네트워크형 조직의 특성으로 옳지 않은 것은?

① 네트워크에 참여한 기업들은 자사가 보유한 핵심역량 강화에 주력한다.

② 네트워크 내 서로 다른 핵심역량을 보유한 기업들과 적극적이고 효율적인 제휴가 중요하다.

③ 네트워크형 조직은 가상조직 또는 모듈조직 등으로 불리기도 한다.

④ 수직적으로 연계된 구조와 사람 및 정보를 중시하고, 자기관리에 의한 통제방식을 주요한 관리수단으로 활용한다.

(7급 2011 문 17)

답   I. ① 기능별 부문화는 유사한 기능의 집단화를 통해 규모의 경제를 달성하기에 적합하다. 범위의 경제는 상이한 기능의 결합에 의한 이득을 의미한다.

II. ① 매트릭스 조직은 두 명의 상급자에게 보고하는 이중적 명령 체계를 갖는다.

III. ④ 팀제 조직에서는 분권화가 이루어진다.

IV. ④ 네트워크 조직은 수직적 특성이 적다.

7.3 조직구조의 상황요인

한 가지 유형의 조직구조가 모든 상황에 적합한 것은 아니다. 즉 특정 상황에 적합한 조직구조가 존재하기 마련이다. 이러한 상황요인으로서 외부환경의 안정성, 외부환경의 불확실성, 기업이 사용하는 기술의 특성, 그리고 기업의 전략을 들 수 있다.

먼저 1961년에 톰 번스(Tom Burns)와 조지 스토커(George M. Stalker)는 안정적 환경에서는 기계적 구조가, 그리고 격동적 구조에서는 유기적 구조가 효과적이라고 주장했다. 사실 이들은 앞에서 설명한 기계적 조직과 유기적 조직의 개념을 제시한 학자들로서 영국의 안정적인 섬유산업에서 기계적 구조, 혁신산업에서 유기적 구조가 발견되는 이유를 산업환경의 안정성의 차이에 있다고 설명했다.

번스와 스토커는 이러한 산업환경의 영향이 기업조직 전체에 동일하게 미친다고 설명했는데, 사실 기업 내의 여러 부서는 각각 상이한 경영환경에 직면하게 마련이다. 1967년에 폴 로렌스(Paul Lawrence)와 제이 로쉬(Jay Lorsch)는 산업환경의 영향이 기업조직 전체에 동일하게 미치는 것이 아니라 기업 내 다양한 부서에 상이하게 영향을 미칠 수 있다고 주장하면서, 각 부서가 속한 환경의 불확실성이 높을수록 조직 내에서는 높은 수준의 분화(differentiation)가 이루어지지만, 이에 따라 조직 차원에서의 높은 수준의 통합(integration)이 이루어져야 조직 전체의 목표 달성이 가능하다는 것이다. 여기에서 고려하는 환경의 불확실성은 경쟁의 정도가 높고 제품수명이 짧으며 신제품 개발이 요구되는 정도를 뜻한다. 이러한 불확실한 환경에서는 태스크포스나 통합부서의 설치 등 높은 수준의 유기적인 통합방법을 사용하게 된다. 반면에 불확실성의 수준이 낮은 환경에서는 기계적 조직구조가 적합하고 부서별 분화와 통합의 수준이 낮다. 로렌스와 로쉬의 연구는 조직구조가 환경의 영향을 받는 개방형 시스템이고 상황 적합성(contingency)이 중요하다는 것을 확립하는 계기가 되었다.

기업이 사용하는 기술의 특성이 조직구조에 영향을 미친다는 연구로서 1967년에 발표된 제임스 톰슨(James Thompson)의 상호의존성 모형(그림 7.2)을 들 수 있다. 톰슨은 기업이 사용하는 기술에 따라 기업이 채택하는 조직구조의 상호의존성을 집합적(pooled), 순차적(sequential), 그리고 교호적(reciprocal)으로 구분했다. 먼저 은행과 같이 고객을 내부의 부서와 연결하는 중개형 기술을 사용하는 기업은 기업 내 조직부

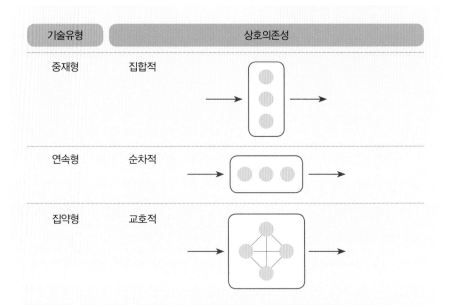

기술유형	상호의존성	
중재형	집합적	
연속형	순차적	
집약형	교호적	

그림 7.2 톰슨의 상호의존성 모형

서가 규정과 절차에 따라 독립적으로 일하는 집합적 상호의존성을 갖게 되는데, 이에 적합한 조직구조는 사업부 조직이다. 선박의 제작과 같이 업무가 순차적으로 이루어지는 연속형(long-linked) 기술을 사용하는 기업의 부서들은 계획과 일정과 피드백이 중요한 순차적 상호의존성을 갖게 되는데, 이에 적합한 조직구조로 태스크포스를 들 수 있다. 마지막으로 병원에서 환자에게 진단, 물리치료, 수술 등 다양한 진료 서비스를 제공하듯 집약적(intensive) 기술을 사용하는 기업의 부서들은 상호조정과 팀워크가 중요한 교호적 상호의존성을 갖게 되는데, 이에 적합한 조직구조는 수평적 구조이다. 이 중 수평적 의사소통의 필요성이 가장 높은 조직구조는 집약형 기술을 사용하는 교호적 상호의존성 조직구조이다.

조앤 우드워드(Joan Woodward)는 1970년에 생산기술을 단위소량생산 기술, 대량생산 기술, 연속공정생산 기술로 구분하고 그에 따라 기업의 조직구조가 영향을 받는다고 설명했다(그림 7.3). 먼저 **단위소량생산**(unit production) 기술은 맞춤 양복 제작이나 우주선 건조 등 수작업 제작의 기술의 예를 들 수 있는데 특정 고객의 니즈를 충족하는 일회성 기술이다. **대량생산**(mass production)은 표준화된 기술을 사용하여 다수 대

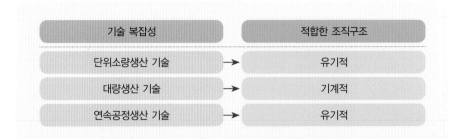

기술 복잡성	적합한 조직구조
단위소량생산 기술 →	유기적
대량생산 기술 →	기계적
연속공정생산 기술 →	유기적

그림 7.3 우드워드의 기술 복잡성과 조직구조 모형

중의 니즈를 충족하는 것으로서 컴퓨터나 자동차 조립생산의 예를 들 수 있다. 연속공정생산(process production)은 생산의 전 공정이 연속적으로 진행되는 것으로서 석유제품 생산공정이나 합성섬유 생산공정 등을 들 수 있다. 우드워드는 이러한 구분을 위해 **기술 복잡성**(technical complexity)의 개념을 사용했는데 단위생산보다 연속생산이 기술 복잡성이 높고 그에 따라 관리자와 간접인력의 비율은 높다. 다만 집중화, 통제의 범위, 공식화의 수준은 대량생산의 경우 가장 높고 이와 반대로 직원의 기술수준은 대량생산의 경우 가장 낮다. 결론적으로 대량생산 기술을 사용하는 기업은 절차와 규정에 의해 운영되므로 기계적 구조가, 단위소량생산 기술과 연속공정생산 기술을 사용하는 기업은 표준화 수준이 낮고 예외적인 경우에 대응해야 하므로 유기적인 구조가 적합하다.

찰스 페로(Charles Perrow)는 1967년에 발표한 논문에서 기업이 사용할 수 있는 기술을 과업의 다양성(task variability)과 문제 분석가능성(problem analyzability)이라는 두 가지 차원을 기반으로 구분하고 여기에서 파생되는 네 가지 유형으로 기술을 분류했다(그림 7.4). 먼저 과업의 다양성은 예외가 많은가 혹은 적은가에 대한 기준이고 문제의 분석가능성은 과업의 수행을 위해 탐색하는 과정이 쉬운가 또는 어려운가에 대한 기준이다. 이렇게 분류된 네 가지 기술 유형은 다음과 같다. 첫째, 두 차원이 모두 낮은 경우는 장인(craft) 기술로서 세공품 제작을 예로 들 수 있다. 둘째, 과업의 다양성은 높지만 문제의 분석가능성이 낮은 경우는 비일상적(non-routine) 기술로서 우주선 제작의 예를 들 수 있다. 셋째, 과업의 다양성은 낮고 문제의 분석가능성이 높은 경우는 일상적(routine) 기술로서 나사못 대량생산의 예를 들 수 있다. 넷째, 두 차원

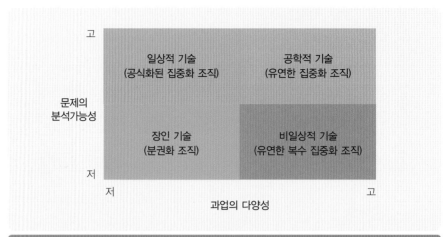

그림 7.4 페로의 기술 분류와 조직구조

이 모두 높은 경우는 공학적(engineering) 기술로서 대형 생산 설비 제작의 예를 들 수 있다. 이러한 기술 유형에 각각 적합한 조직구조가 존재하는데, 첫 번째의 장인 기술의 경우 분권화(decentralized) 조직, 두 번째의 비일상적 기술의 경우 유연한 복수 집중화(flexible-poly-centralized) 조직, 세 번째의 일상적 기술의 경우 공식화된 집중화(formal-centralized) 조직, 네 번째의 공학적 기술의 경우 유연한 집중화(flexible-centralized) 조직이 적합하다고 설명했다.

마지막으로, 기업의 전략이 조직구조에 미치는 영향을 연구한 학자로서 알프레드 챈들러(Alfred Chandler)를 들 수 있다. 1962년에 발표한 그의 저서 《*Strategy and Structure*》에서 챈들러는 "조직구조는 전략을 따른다"고 주장했는데 여기서의 전략으로 고려했던 것은 다각화 수준이었다. 즉 다각화 수준이 낮은 기업은 단순 조직이나 기능적 조직, 다각화 수준이 높은 기업은 사업부 조직을 선택했다는 것을 1900년에 초반의 기업 자료를 기반으로 설명했다.

연습문제 4

▶ 마일즈와 스노가 제시한 네 가지 전략 유형을 설명하라.

레이먼드 마일즈(Raymond E. Miles)와 찰스 스노(Charles Snow)는 1978년에 고객의 욕구에 대응하는 기업 방식에 따라 네 가지 전략 유형과 그에 적합한 조직구조를 제시했다. 첫째, 공격형(prospectors) 전략은 역동적 환경에서 새로운 제품과 시장을 적극적으로 개척하려는 성향의 전략으로서 유기적 구조가 적합하다. 둘째, 방어형(defender) 전략은 한정된 제품과 서비스에 집중하려는 보수적인 전략으로서 기계적 조직이 적합하다. 셋째, **분석형**(analyzer) 전략은 변화하는 환경에서 다른 기업을 모방함으로써 위험을 최소화하고 효율성을 추구하는 전략으로서 기존 사업에 대해서는 높은 수준의 통제가 필요한 기계적 조직이 적합하다. 넷째, **반응형**(reactor) 전략은 명확한 전략이 부재한 즉흥적 행동으로서 환경 변화의 압박이 높은 경우에 수동적으로 대응하는 전략이고 특별한 조직구조가 선호되지 않는다.

7.4   조직설계와 관련된 연구

앞에서 설명한 조직구조의 상황요인에 대한 연구들은 외부환경의 구체적인 요인들이 조직구조의 특성에 미치는 영향을 설명했는데, 보다 일반적이고 거시적으로 조직구조에 대해 설명하는 이론들은 조직의 생존과 발전을 돕는 조직설계에 대해 설명한다.

먼저 헨리 민츠버그(Henry Mintzberg)는 1992년에 기업의 각 부서는 주로 사용하는 핵심적인 업무 조정방식에 따라 적합한 조직구조를 선택할 수 있다고 주장하면서 조직구조의 다섯 가지 형태를 제시했다(그림 7.5). 첫째, 기업의 전략을 수립하는 최고 경영층은 직접 감독을 통해 과업을 수행하는 것이 효과적인데 이러한 구조를 **단순구조**(simple structure)라 한다. 이 구조에서는 권한의 집중화가 이루어진다. 둘째, 기술전문가들이 일하는 기술부서에서는 직무 절차 또는 공정의 표준화를 추구하여 효율성을 추구한다. 이 구조는 **기계적 관료제**(machine bureaucracy)인데 수평적 분권화가 부분적으로 이루어진다. 셋째, 운영 및 제조부서에서는 기술의 표준화를 통해 효율성을 추구한다. 이 구조는 **전문적 관료제**(professional bureaucracy)인데 분권화가 이루어진다. 넷째, 중간관리층에서는 작업의 결과 산출되는 성과의 표준화를 추구하여 효율성을 추구한다. 이 구조는 **사업부제**(divisional structure)인데 제한된 수직적 분권화가 이루어진다. 마지막으로 지원부서에서는 효과적인 부서 간 조정이 중요하며 임시적 구조(adhocracy)에서의 선별적 분권화가 이루어진다. 즉 기업은 기계적 조직이나 유기적 조직 등 하나의 구조적 특징만 갖도록 설계하는 것이 아니라 수행하는 역할에 따라 상이한 부문별로 상이한 조직구조를 갖도록 설계해야 한다는 것이다.

조직구조	핵심적 조정방식	적용부서	분권화 형태
단순구조	직접 감독	전략기획	집중화
기계적 관료제	공정표준화	기술부서	제한된 수평적 분권화
전문적 관료제	기술표준화	제조부서	분권화
사업부제	산출표준화	중간관리층	제한된 수직적 분권화
임시적 구조	부서 간 조정	지원부서	선별적 분권화

그림 7.5 민츠버그의 다섯 가지 조직부문

기출문제

I. 조직구조와 조직설계에 관한 연구를 설명한 것으로 옳지 않은 것은?

① 민츠버그(Mintzberg)의 연구에 의하면 조직 구성원의 기능을 5가지의 기본적 부문으로 구분하고, 조직의 상황별로 다르게 나타나는 기본적 부문의 우세함에 따라 조직구조를 5가지 유형으로 분류한다.

② 톰슨(Thompson)의 연구에 의하면 과업 수행을 위하여 다른 부서와의 의존적 관계에 따라 상호의존성을 3가지로 분류하였는데, 이 중에서 가장 낮은 상호의존성을 중개형이라고 한다.

③ 번스와 스토커(Burns and Stalker)의 연구에 의하면 조직의 환경이 안정적일수록 기계적 구조가 형성되고 가변적일수록 유기적 구조가 형성되는데, 기계적 구조가 유기적 구조보다 낮은 분화와 높은 분권화의 특성을 보인다.

④ 페로우(Perrow)의 연구에 의하면 비일상적 기술은 과업의 다양성이 높고 분석가능성이 낮은 업무에 적합하고, 분권화와 자율화가 요구된다.

(7급 2019 문 15)

답 ㅣ. ③ 번스와 스토커는 불확실성이 높은 환경에서 높은 분화가 이루어진다고 설명한다.

조직의 생존에 영향을 미치는 요인들을 설명하는 이론을 일반적으로 조직이론이라고 하는데, 대표적인 조직이론을 들자면 조직생태학(organizational ecology), 제도화이론(institutional theory), 그리고 자원의존이론(resource dependence theory)을 들 수 있다. 먼저 마이클 해넌(Michael Hannan)과 존 프리먼(John Freeman)은 다윈의 진화론을 조직의 생존에 적용한 조직생태학을 1977년에 제안했다. 이 이론은 조직은 환경에 잘 적응할 수 있다고 가정하는 기존 조직이론들을 비판하면서 조직의 생존은 적응이 아니라 환경의 선택을 받아야 한다고 주장한다. 그 이유로서 조직에는 타성(inertia)이 존재하여 기존의 방식을 바꾸는 것이 힘들다는 것이다. 그런데 이 이론은 개별 조직보다는 조직의 집단인 조직군(population)을 분석하여 장기적으로 사회적 또는 정치적 변화가 선택 과정을 통해 조직군의 변화에 영향을 미치는 현상을 설명했다.

제도화이론은 오랜 역사를 가지고 있는데, 그중 동형화(isomorphism)의 개념을 설명한 폴 디마지오(Paul Dimaggio)와 월터 포웰(Walter Powell)의 1983년 논문이 대표적이다. 이 논문은 기업이 사회에서 생존의 정당성(legitimacy)을 획득하기 위해서는 다른 기업들과 유사한 특성을 갖는 동형화 과정을 거쳐야 한다고 주장하고, 동형화의 세 가지 유형을 설명했다. 먼저 **모방적**(mimetic) 동형화는 성공적인 기업의 특성을 모방하는 것을 의미하고, **강압적**(coercive) 동형화는 정부 등 강력한 집단의 지시에 순응하여 변화하는 것, 그리고 **규범적**(normative) 동형화는 전문적 기준이나 지식을 받아들여 변화하는 것을 의미한다. 간단히 요약하자면 동형화를 통해 특정 사회에서 정당성을 획득한 기업은 그 사회에서 생존할 수 있다는 것이다.

자원의존이론은 제프리 페퍼(Jeffrey Pfeffer)와 제럴드 살란시크(Gerald Salancik)가 1978년에 제시했다. 기업은 생존을 위해 중요하고 희소한 자원에 의존하게 되는데, 이러한 자원은 외부환경에 존재한다. 그런데 한 기업의 입장에서는 다른 기업도 외부

> **연습문제 5**
>
> ▶ 조직생태학, 제도화이론, 그리고 자원의존이론을 비교하라.

환경의 일부이다. 즉 중요하고 희소한 자원에 접근할 수 있거나 소유한 기업은 다른 기업에 대해서 권력을 갖는다.

제도화이론과 경영 전략

경영학 분야에서의 제도화이론은 공식적 또는 비공식적 제도가 기업의 경영에 미치는 영향을 설명한다. 여기에서 공식적 제도는 법이나 규칙 등을 의미하고 비공식적 제도는 문화, 규범, 윤리 등을 의미한다. 예를 들어 어떤 기업이 외국으로 진출하는 경우 국내와는 다른 외국의 법규와 관행을 준수해야 한다. 또한 외국에 진출하지 않는다고 해도 시간이 흐름에 따라 사회적 관행과 인식이 변화하는 경우 그에 따르는 경영 관행을 창출해야 한다.

이러한 내용을 살펴볼 때 제도화이론이 단지 조직이론에 국한되지 않는다는 것을 알 수 있는데, 이 분야의 권위자는 마이크 펭(Mike Peng)이다. 그는 중국의 발전에 따라 제도적 환경이 어떻게 변화했는가에 대해 여러 논문에서 설명했는데, 더 나아가 외부환경 분석과 기업자원분석으로 양분된 전략경영의 학문적 전통(제3장 참조)에 제도적 환경분석을 더해서 삼각대(tripod) 분석이 필요하다고 주장했다. 즉 산업환경과 기업 단위의 요소와 더불어 정부와 지역적 관행의 요소까지 분석해야만 적절한 전략을 도출할 수 있다는 것이다.

제도적 요소는 이전에는 외부환경의 사회문화적 또는 법적 요소(STEP 분석의 S 또는 P, 제3장 참조)로 간주되었는데 제도화이론의 부상으로 인해 그 중요성이 강화된 것을 볼 수 있다. 앞으로 기술적 환경 또는 윤리적 경영환경 등 다양한 요소가 중시되면 삼각대를 넘어서 더 많은 '다리'를 가진 전략이론이 제안될지도 모른다.

출처 : Peng, M., Sun, S., Pinkham, B. and Chen, H. (2009). The Institution-Based View as a Third Leg for a Strategy Tripod, *Academy of Management Perspectives*, 23(3), 63-81.

외주 드라마 제작의 발전

한국에서 드라마 제작 시장은 급류를 타고 있다. 1991년에 드라마 외주제작의 의무편성 비율을 3% 이상으로 정한 정책이 시행된 이후 이제는 대부분의 드라마가 외부 전문 회사에 의해 제작되고 있다. 특히 넷플릭스나 디즈니 플러스, 왓챠, 티빙 등 다양한 OTT(Over The Top) 기업이 오리지널 드라마 제작을 지원하면서 공중파 방송국과 드라마 제작사의 관계는 예전과 매우 다른 양상을 띠게 되었다.

글로벌 플랫폼의 존재는 한류의 경쟁력에도 영향을 미치고 있다. 넷플릭스에서 전 세계 시청률 1위를 기록했던 〈오징어게임〉과 〈지옥〉 등 한국 드라마 시리즈가 연이어 등장하게 되었던 배경에는 제작비를 걱정하지 않고 드라마의 질적 요인에 집중할 수 있었던 환경이 크게 작용했다고 분석되고 있다. 즉 드라마 외주제작사는 공중파 방송국 이외의 출구를 확보함으로써 드라마 제작의 역량을 강화할 수 있었고 그것이 한류의 성장과 전파에 긍정적으로 기여하는 것이다. 예전에 한국 영화나 드라마가 외국의 영화관이나 공중파 시간을 확보하는 것이 얼마나 어려웠는가를 떠올리면 넷플릭스를 통한 외국 관객으로의 접근은 꿈과 같은 일이라 할 수 있다. 넷플릭스는 인기 시리즈인 〈종이의 집〉의 한국판을 촬영하기 위해 경기도 파주에 전용 세트장을 마련하여 2021년 10월에 촬영을 끝냈는데, 2022년에 전 세계 관객에게 공개될 예정이다.

그런데 플랫폼 기업의 제작비 지원은 긍정적으로만 보기 힘든 효과도 수반하는 듯하다. 예를 들어 국내 드라마 제작사들이 글로벌 플랫폼의 콘텐츠 제작 지원에 지나치게 의존하게 되면 그 취향에 맞는 장르와 내용으로만 제작이 편중될 위험이 있고, 대형 스튜디오 이외의 제작사들이 성장할 기회를 잃을 위험도 있다. 즉 외주 드라마 제작사들은 국내 방송사로부터 자유로워지는 과정에서 외국 플랫폼 기업에의 의존도를 높이고 있다고 볼 수 있다. 이러한 트렌드가 국내 방송사에게, 글로벌 플랫폼 기업에게, 그리고 한국의 드라마 시청자에게 어떤 결과를 가져올지 주목할 만하다.

생각해 볼 문제

1. 현재 성공적인 드라마를 제작하고 있는 드라마 제작사들을 검색해 보자.

2. 이러한 제작사들에 대해 국내 방송사와 OTT 기업들은 (1) 다수지분 투자를 통한 통제, (2) 소수지분 투자를 통한 협력관계, (3) 드라마별 외주 계약 중에서 어떤 형태의 경제적 관계를 가져야 할 것으로 생각하는가? 그 이유는 무엇인가?

출처 : 한류 NOW(2020. 7. 31). 스튜디오 시스템 시대, 드라마는 어떻게 변하고 있나. http://kofice.or.kr/b20industry/b20_industry_03_view.asp?seq=8022&page=1
인터비즈(2021. 1. 25). '슈퍼 을'이었던 드라마 제작사, OTT와 함께 날아오르나. https://blog.naver.com/businessinsight/ 222219323346

요약

- 조직설계에서는 분권화, 전문화, 공식화, 부문화, 통제의 범위, 명령계통이 중요한 요인으로 고려된다.
- 집중화, 전문화, 공식화의 수준이 높고 통제의 범위가 좁아서 라인의 길이가 긴 경우 기계적 조직의 특성을, 집중화, 전문화, 공식화의 수준이 낮고 통제의 범위가 넓어서 라인의 길이가 짧은 경우 유기적 조직의 특성을 갖는다.
- 조직구조의 대표적인 유형으로서 기능적 구조, 사업부제 구조, 매트릭스 구조, 수평적 구조, 네트워크 구조를 들 수 있다.
- 마일즈와 스노는 공격형, 방어형, 분석형, 반응형 전략을 제시했다.

마케팅

얼리어답터의 나라, 한국

3차원 가상 세계를 의미하는 메타버스가 점차 현실로 다가오고 있다. 코로나로 인해 온라인으로 업무를 하는 많은 기업들이 메타버스 기술을 활용한 가상공간 업무도 조금씩 추진 중이다. 구찌 등 명품 제조업체들은 가상공간에서 아바타들이 착용할 수 있는 제품을 출시했고, 나이키는 가상공간에서의 온라인 상표를 특허 출원하기도 했다.

이와 동시에 현실 세계에도 대체불가 토큰을 의미하는 NFT 관련 사업이 빠르게 성장하고 있는데, 이것은 디지털 소유권을 창출하여 거래하는 사업으로 이어진다. NFT는 현실 세계와 가상 세계를 구분하지 않고 가치를 갖기 때문에 현실과 가상의 융합을 가속화하는 기능을 하게 된다.

그럼 어느 나라에서 현실과 가상 세계의 통합이 가장 빨리 이루어지게 될까? 이에 대해 SM 엔터테인먼트의 이수만 회장은 한국이 메타버스의 세계와 NFT 콘텐츠의 선두주자

가 될 것이라고 예측했다. 그 이유로 디지털 기술력이 뛰어나고 문화 강국이며 얼리어답터의 나라이기 때문이라고 설명했다.

얼리어답터는 제품이 출시되자마자 그 결함 여부에 관계없이 먼저 사용하기 원하는 집단을 의미하는데 호기심이 주요 구매 동기다. 사실 호기심은 모든 변화의 출발점이라고 볼 수 있다. 우리나라의 인터넷과 이동 전화 산업의 성장에 있어서 이러한 호기심이 주된 동력으로 작용했던 것 같다. 이제 메타버스와 NFT의 성장에 있어서도 한국이 또 다시 선두에 나설지 두고 볼 일이다.

출처 : 뉴데일리(2021. 11. 11). SM 수장 이수만 "한국이 메타버스, NFT 콘텐츠 선두주자 될 것" https://www.newdaily.co.kr/site/data/html/2021/11/11/2021111100258.html 중앙일보(2021. 11. 16). 나이키가 가상상표 등록했다... 명품, 패션 본격 '메타버스 전쟁'. https://www.joongang.co.kr/article/25024037

▲ NFT의 이용은 빠르게 확산되고 있다

기업의 생존에 있어서 필수적 요소인 자금의 유입은 주로 매출을 통해 이루어진다. 고객의 니즈를 충족하는 제품 또는 서비스(이 두 가지를 종합적으로 상품이라고 부르기도 하고, 또는 단순하게 제품으로 부르기도 한다. 이 책에서는

맥락에 맞게 혼용하기로 한다)를 생산하는 기업은 높은 매출과 이익을 달성하여 생존과 성장을 추구할 수 있고, 그렇지 않은 기업은 소멸한다. 물론 마케팅은 상품의 판매에만 적용되는 것은 아니다. 판매와 직접적인 관련이 없어도 효과적인 홍보, 여론 조사, 유통 과정 등 다양한 분야의 활동에서 마케팅의 개념들이 활용되고 있다.

8.1 마케팅의 정의와 마케팅 믹스

제1장에서 잠시 설명했듯이 마케팅은 시장(market) + 조성(ing)의 의미를 담고 있다. 시장은 거래가 이루어지는 곳이므로 마케팅은 거래가 이루어지게 하는 모든 활동을 포함한다고 할 수 있다. 이것은 단순히 상품의 판매를 위한 광고를 의미하는 것이 아니라 판매될 수 있는 상품을 기획하는 것, 사람들이 어떤 상품을 원하는가에 대해 조사하는 것, 상품의 가치가 손상되지 않게 전달하는 과정을 관리하는 것 등 다양한 활동이 포함된다. 이러한 활동을 정리한 모형이 E. 제롬 매카시(E. Jerome McCarthy)가 1960년에 제안한 마케팅 믹스 또는 4P 모형이다. P로 시작하는 네 가지 활동에는 제품(Product), 가격(Price), 유통(Place), 그리고 촉진(Promotion) 활동이 포함된다. 각각의 요소를 살펴보기로 하자.

> **연습문제 1**
>
> ▶ **마케팅 믹스의 네 가지 요소를 설명하라.**

기출문제

I. 마케팅 믹스인 4P와 각각의 구성요소를 옳게 짝지은 것은?

① 제품–보증

② 가격–브랜드

③ 유통–포장

④ 촉진–품질

(7급 2014 문 1)

답 I. ① 브랜드, 포장, 품질은 제품 믹스에 포함된다.

8.2 제품

제품과 서비스를 구분할 때는 물리적인 속성을 지닌 상품을 **제품**(product)이라고 부르지만, 서비스와 제품을 구분하지 않고 부를 때는 상품과 동의어로 사용하기도 한다. 이 책에서의 제품을 서비스와 구분되지 않은 개념, 즉 상품과 동의어로 사용하기로 한다. 제품은 고객이 대가를 지불하여 구입하는 편익(benefit)에 따라 세 가지 차원으로 구분할 수 있는데, 먼저 **핵심제품**(core product)은 고객이 구입하는 핵심적 가치를 갖는 일반화된 제품이고, **유형제품**(tangible product)은 핵심제품이 구체화되어 차별화된 실제 제품이며, **확장제품**(augmented product)은 유형제품의 가치를 증가시키는 추가적인 서비스와 혜택을 의미한다. 예를 들어 핵심제품이 자동차라고 할 때 이동의 가치를 지닌 유형제품은 스포츠카, SUV, 세단 등이고 가치를 증가시키는 확장제품은 무이자할부 서비스나 배송 서비스 등이다.

기출문제

I. 일반적으로 제품의 구성 차원은 핵심제품, 유형제품, 확장제품의 세 가지 수준으로 구성되는데, 애프터서비스(A/S)와 동일한 제품 차원에 속하는 구성요소에 해당하는 것으로만 묶은 것은?

| ㄱ. 특성 | ㄴ. 배달 | ㄷ. 편익 | ㄹ. 설치 |
| ㅁ. 포장 | ㅂ. 스타일(모양) | ㅅ. 신용 | ㅇ. 브랜드 |

① ㄱ, ㅂ, ㅇ

② ㄴ, ㄹ, ㅅ

③ ㄷ, ㅁ, ㅇ

④ ㄹ, ㅁ, ㅅ

(7급 2020 문 13)

답 I. ② 애프터서비스는 확장제품의 차원으로서 배달, 설치, 신용 등 추가적인 서비스와 동일한 차원이다.

개별 제품의 집합체는 **제품라인**으로 부르며 제품라인을 구성하는 형태를 **제품믹스**라고 한다. 예를 들어 현대차에 있는 소나타 모델과 아이오닉 모델은 제품믹스의 넓이를 보여주고, 아이오닉 내에 있는 아이오닉, 아이오닉 5, 아이오닉 7 등은 제품믹스의 길이를 보여준다. 소비자가 제품을 인지할 수 있도록 하는 것은 브랜드이고 브랜드를 알리는 활동을 브랜딩이라고 한다. 브랜드는 제품 속성에 의해 평가되는데 기존의 브랜드의 확립 정도에 따라 신제품의 브랜딩 결정이 이루어지게 된다.

먼저 기존 제품 범주의 신제품에 기존 브랜드를 사용하는 것을 **라인(계열)확장**(line extension) 전략이라고 한다. 예를 들어 새로운 아이오닉 모델에 아이오닉이라는 이름을 붙이는 경우이다. 라인확장 전략은 소비자에게 친숙한 브랜드를 사용하기 때문에 마케팅 비용을 절감하는 장점이 있는 반면에 기존보다 저렴한 신제품을 출시하는 하향적 확장의 경우 기존 브랜드의 명성에 부정적 영향을 미치고 기존 시장점유율을 잠식하는 **자기시장잠식**(cannibalization) 효과가 나타나기도 한다. 기존 제품 범주의 신제품에 새로운 브랜드를 사용하는 것을 **복수브랜드**(multi-brand) 전략이라고 한다. 예를 들어 동일한 자동차 모델이 한국에서는 그랜저로, 미국에서 아제라로 상이한 브랜드로 판매되는 것을 들 수 있다. 새로운 제품 범주의 신제품에 기존 브랜드를 사용하는 것을 **카테고리 확장**(category extension) 전략이라고 하는데, 예를 들어 소나타의 경우 제품 혁신이 수차례 이루어졌음에도 불구하고 기존 브랜드를 유지했던 것을 들 수 있다. 마지막으로 새로운 제품 범주의 신제품에 새로운 브랜드를 사용하는 것을 **신규브랜드**(new brand) 전략이라고 한다.

기출문제

I. 계열확장(line extension)에 대한 설명으로 옳지 않은 것은?
① 계열확장은 새로운 브랜드명을 도입, 구축하는 데 드는 마케팅 비용을 절감시켜준다.
② 하향적 계열확장의 경우 모브랜드(parent brand)의 자기잠식(cannibalization) 위험성이 낮다.
③ 계열확장이 시장에서 실패할 경우 모브랜드의 이미지에 부정적인 영향을

줄 수 있다.

④ 계열확장은 신제품에 대한 소비자의 지각된 위험을 줄여준다.

(7급 2017 문 15)

Ⅱ. 홍길동은 다속성태도모형에 기반해 자동차에 대한 태도를 형성한다. 중요
도가 높을수록 해당 속성을 중요하게 여기는 것이고 속성별 브랜드의 평가
점수가 높을수록 해당 브랜드의 속성에 대해 우수하게 평가하는 것이다.
다음은 홍길동의 자동차 선택과 관련된 속성의 중요도 및 각 속성별 브랜
드 평가에 대한 내용이다. 홍길동이 가장 선호하는 자동차 브랜드는?

		제품 속성		
		가격	성능	스타일
중요도		0.5	0.3	0.2
속성별 평가	A 브랜드	4	6	8
	B 브랜드	5	5	6
	C 브랜드	3	7	6
	D 브랜드	4	7	5

① A 브랜드

② B 브랜드

③ C 브랜드

④ D 브랜드

(7급 2016 20)

답 Ⅰ. ② 하향식 계열확장의 경우 시장의 자기잠식 위험성이 존재한다.

Ⅱ. ① 각 브랜드의 평가치의 가중평균을 계산하면 A 브랜드는 5.4, B 브랜드는 5.2, C 브랜
드는 4.8, D 브랜드는 5.1이다.

제품은 시간의 흐름에 따라 도입, 성장, 성숙, 쇠퇴의 단계를 거치는데 이것을
제품수명주기(Product Life Cycle, PLC)라고 한다. 물론 제품이 출시되는 도입 단계 이전에
는 제품개발의 시기를 거친다. 신제품의 개발을 위해서는 아이디어를 창출하고,
이를 구체화하여 구매자들이 신제품을 인식하게 되는 구체적인 요소들의 집합인
제품 컨셉트를 개발하며, 신제품의 마케팅 믹스(4P)를 설계하고, 사업성 분석을 수

행하며, 시제품을 생산하여 시장 테스트를 한다. 이 과정을 신제품 개발과정이라고 한다.

이 과정을 거친 신제품은 제품수명주기(그림 8.1)를 시작하게 된다. 먼저 도입기에는 원가수준에 비해 매출이 적으므로 적자를 겪게 마련인데 주된 고객은 **혁신자**(innovators)라 불리는 고객이다. 이들은 호기심과 취미에 의해 구매하고 가격에 대한 저항이 낮다. 성장기에 접어든 제품은 생산이 증가하면서 단위 원가가 하락하고 매출이 증가하여 이익이 증가하게 된다. 주된 고객은 **조기수용자**(early adopters)인데 새로운 제품을 사용함으로써 자신이 멋진 스타일의 소유자라는 것을 타인에게 보여주려는 성향이 강하다. 성숙기에 접어든 제품은 규모의 경제 또는 경험곡선의 경제에 의해 단위생산원가가 낮아지고 매출이 증가하여 높은 이익을 실현하게 된다. 그러나 성숙기의 후반에 가면 많은 경쟁제품으로 인해 이익이 감소하는 경향이 발생한다. 주된 고객은 조기다수자(early majority)와 후기다수자(late majority)로서 가성비를 중시하며 보수적이고 실용적이다. 쇠퇴기는 제

연습문제 2

▶ 혁신적 제품을 수용하는 구매자 집단의 유형을 설명하라.

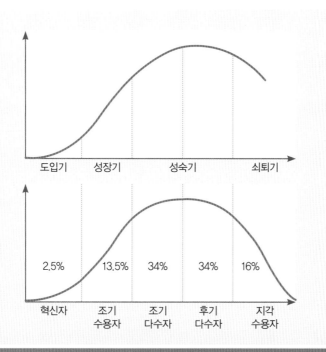

그림 8.1 제품수명주기와 혁신 수용 집단

품의 판매가 축소되는 기간으로서 낮은 원가구조에도 불구하고 이익이 감소하게 된다. 주된 고객은 지각수용자(laggards)이다. 제프리 무어(Geoffrey Moore)는 1991년에 조기수용층과 조기다수층 사이에는 거대한 골짜기 또는 캐즘(chasm)이 존재한다고 설명했는데 신제품이 성공하기 위해서는 이 골짜기를 건너는 것이 가장 중요한 관건이 된다는 의미이다.

기출문제

I. 제품수명주기이론의 단계별 특성에 대한 설명으로 옳지 않은 것은?

① 도입기에 기업은 제품 시용(trial)을 유인한다.

② 성숙기에는 매출액 증가율이 둔화된다.

③ 쇠퇴기에 기업은 매출액 감소를 보완하기 위해 유통경로를 확대한다.

④ 성장기에는 판매량이 증가함에 따라 경험곡선 효과가 나타난다.

(7급 2018 문 12)

II. 제품수명주기 중 성숙기에 대한 설명으로 옳은 것은?

① 판매율이 증가해서 수익은 상당한 수준에 이르며, 다수의 경쟁자들이 시장에 진입하고, 제품이 시장에 수용되어 정착된다.

② 가장 많은 장애물에 직면하며, 경쟁강도가 약하더라도 빈번한 제품 변경이 발생하고, 유통이 제한적이며 활발한 촉진활동을 수행한다.

③ 고객기호 변화, 기술변화, 경쟁격화 등으로 판매가 감소하고 이익이 잠식된다.

④ 판매성장률은 둔화되고 과잉생산이 초래되며, 기본제품을 다양하게 변형시키는 라인확장이 발생한다.

(7급 2011 문 11)

III. 제품수명주기에서 다음 시기에 사용할 수 있는 유통 및 광고 전략은?

- 대다수의 잠재구매자들이 제품을 구매하여 판매성장이 둔화된다.
- 회사들 사이에 경쟁이 증가하기 때문에 이익은 정체되거나 하락한다.

① 선택적 유통을 구축하고 수익성이 적은 경로를 폐쇄하며, 상표 충성도가 강한 고객을 유지하는 데 초점을 둔다.

② 집중적인 유통을 구축하고 대중시장에서의 인식과 관심을 형성하는 데
초점을 둔다.

③ 집중적인 유통을 보다 강화하고 상표 차이와 제품의 이점을 강조하는 데
초점을 둔다.

④ 선택적인 유통을 구축하고 조기수용층과 판매상의 제품인지를 형성하는
데 초점을 둔다.

(7급 2010 문 3)

IV. 신제품의 구입에 있어서 혁신자(innovator) 집단의 특성에 해당되지 않는 것
은?

① 교육수준이 높다.

② 자신의 가치관이나 판단에 따라 신제품을 구입한다.

③ 다른 집단보다 상표 충성도가 높다.

④ 할인, 쿠폰, 샘플 등 새로운 판촉을 선호하는 경향이 있다.

(7급 2010 문 11)

V. 혁신적인 신제품의 수용에 대한 설명으로 옳지 않은 것은?

① 소비자의 기존 사용습관에 부합할수록 신제품의 수용 속도는 느려진다.

② 기존 제품 대비 상대적 이점이 크고, 시험 사용이 가능한 경우 신제품의
수용 속도는 빨라진다.

③ 제프리 무어(Geoffrey Moore)는 혁신수용이론의 조기수용층(early adopters)과 조
기다수층(early majority) 사이에 캐즘(chasm)이라는 간극이 존재한다고 주장하
였다.

④ 로저스(E. Rogers)가 주장한 혁신수용이론(innovation-diffusion theory)은 혁신수용
속도에 따라 소비자를 혁신층(innovators), 조기수용층(early adopters), 조기다수
층(early majority), 후기다수층(late majority), 지연층(laggards)으로 구분한다.

(7급 2016 문 3)

VI. 신제품 개발 과정의 시험마케팅(test marketing) 단계에서 검토할 사항이 아닌
것은?

① 표적시장 고객들이 신제품을 구매하는지 여부

② 신제품의 광고메시지와 표적 고객의 지각이 일치하는지 여부

③ 신제품에 대한 재구매 의도가 충분한지 여부

④ 신제품에 대한 아이디어가 소비자의 언어로 잘 표현되고 있는지 여부

(7급 2015 문 17)

답
I. ③ 쇠퇴기에는 비용을 절감하기 위해 유통경로의 축소가 나타난다.

II. ④ 성숙기에는 경쟁 강도가 강하고 경쟁자의 진입이 제한되며 판매가 유지된다.

III. ③ 성숙기에 해당하며 집중적 유통과 제품의 차별성이 강조된다.

IV. ③ 혁신자는 본인의 주관에 따라 구입하며 상표 충성도가 확립되지 않는다.

V. ① 소비자의 기존 습관에 부합하는 신제품은 신속히 수용된다.

VI. ③ 시험마케팅 단계는 구매 이전이므로 재구매 의도를 파악할 수 없다.

제품은 편의품, 선매품, 전문품로 구분할 수 있다. 먼저 **편의품**(convenience product)은 빈번하게 구매되는 일용품으로서 대체로 가격이 낮고 대량 유통이 이루어지며 제조사 촉진 활동이 이루어진다. **선매품**(shopping product)은 내구성을 띤 제품으로서 가격이 높고 선택적 유통과 광고가 이루어진다. **전문품**(specialty product)은 강한 브랜드 충성도를 가진 고가의 제품으로서 가격이 매우 높고 전속적 유통과 특수 수요층을 대상으로 하는 광고가 이루어진다. 구매를 위한 정보수집의 노력을 의미하는 관여도는 편의품, 선매품, 전문품의 순서로 높아진다.

앞에서 넓은 의미에서의 제품은 서비스를 포함한다고 설명하였으므로 서비스에 대한 논의도 제품 분야에서 다루기로 한다. 서비스는 물리적 제품과 달리 무형적이고, 생산과 소비가 분리되지 않고 동시에 발생하며, 품질을 일관적으로 유지하기 어려운 변동적 특성과 함께 서비스 제공 시점이 지나면 소멸되는 특성을 갖고 있다. 이러한 무형성, 비분리성, 변동성, 소멸성은 물리적 제품과 서비스가 구별되는 차이점들이다.

기업이 고객에 대해 서비스를 제공하는 과정에서 직접적으로 고객과 만나는 접점에는 직원이 있다. 이 과정에서 원활한 매출을 위한 마케팅 활동을 명명할 수 있는데, 기업과 직원의 관계를 내부 마케팅, 기업과 고객의 관계를 외부 마케팅, 직원과 고객의 관계를 상호작용 마케팅이라고 한다. 서비스의 품질은 매출과 직결되므로 충분한 관리가 필요하다. 이러한 서비스의 품질관리를 위한 여러 모형이 개발되었는데, 그중 SERVQUAL 모형은 고객의 기대에 대한 만족도를 측정하기 위한 모

형으로서 세 명의 학자인 PZB(Parasuraman, Zeithaml and Berry)에 의해 1985년에 제시되었다. 이 모형은 서비스의 품질에 대한 22개 항목의 질문을 신뢰성, 확신성, 유형성, 공감성, 대응성의 다섯 차원으로 구분하여 설문을 통해 측정한다. 먼저 **신뢰성**(reliability)은 기업이 제공해 주기로 약속한 서비스를 실제로 제공했는가에 대한 질문이고, **확신성**(assurance)은 직원이 서비스를 제공할 능력과 예의가 있는가에 대해 확신하는 정도에 대한 질문이며, **유형성**(tangibles)은 유형적이고 물리적인 환경이 구비되어 있는가에 대한 질문이고, **공감성**(empathy)은 고객에 대한 배려나 친밀감이 충분한가에 대한 질문이고, 마지막으로 **대응성**(responsiveness)은 고객을 돕겠다는 의지의 노력이 존재하는가에 대한 질문이다.

이 설문모형은 기대 수준과 인지의 차이를 묻는 방식으로 개발되었는데 추후 이에 대한 반론이 제기되었다. 즉 기대 수준에 대한 측정에 문제가 있을 수 있고 그것이 성과 측정을 불완전하게 할 수 있다는 것이었다. 이에 기대 수준을 제외한 서비스 품질이 곧 서비스 성과라는 SERVPERF 모형이 조셉 크로닌(J. Joseph Cronin)과 스티븐 테일러(Steven Taylor)에 의해 1992년에 제시되었다.

기출문제

I. 서비스 품질에 대한 설명으로 옳지 않은 것은?

① 서비스에 대한 고객의 기대는 구전, 개인적 요구, 과거 경험 등의 영향을 받는다.

② PZB는 서비스 품질을 기대-성과(인지) 간 격차함수라는 개념으로 인식하였다.

③ 서비스 실패는 인적 과실에서 비롯되는 경우가 많으며, 이 과실은 종업원뿐만 아니라 고객에 의해 발생하기도 한다.

④ 서비스 분야의 포카요케(poka-yoke)는 부득이한 서비스 실수에 대한 검증을 목적으로 활용된다.

(7급 2019 문 17)

II. 다음의 대응전략 모두와 밀접한 관련이 있는 서비스 특성은?

- 서비스 가격을 차별화한다.
- 비성수기 수요를 개발한다.
- 보완적 서비스를 제공한다.
- 예약시스템을 도입한다.

① 소멸가능성(perishability)

② 동시성(simultaneity) / 비분리성(inseparability)

③ 이질성(heterogeneity) / 변화성(variability)

④ 무형성(intangibility)

(7급 2012 문 5)

III. 서비스 마케팅에 대한 설명으로 옳지 않은 것은?

① 서비스는 누가, 언제, 어디서, 누구에게 제공하느냐에 따라 품질이 달라질 수 있다.

② 제품과 다른 서비스의 특성으로 무형성, 분리성, 변동성, 소멸성 등을 들 수 있다.

③ 서비스 마케팅 믹스에는 전통적인 마케팅 믹스 4P 이외에 물리적 증거, 사람 및 프로세스가 포함된다.

④ 고객은 지각된 서비스가 기대된 서비스에 미치지 못할 경우 불만족하게 된다.

(7급 2013 문 7)

IV. 서비스품질을 측정하기 위해 개발된 SERVQUAL 차원과 측정 항목의 연결이 옳지 않은 것은?

① 신뢰성(reliability) ─약속 이행 정도

② 대응성(responsiveness) ─고객에 대한 배려와 개인적 관심

③ 확신성(assurance) ─예절을 포함한 고객에게 믿음을 주는 정도

④ 유형성(tangibility) ─시설의 청결 정도

(7급 2012 문 16)

답 I. ④ 포카요케는 제조라인에서의 문제 발생 시에는 라인 정지 등 경보조치가 이루어지는 생산관리 분야의 기법이다.

II. ① 비성수기 수요 대응과 예약시스템은 서비스의 소멸가능성과 관련이 깊다.

III. ② 서비스의 속성 중에는 생산과 소비가 분리되지 않는 비분리성이 존재한다.

IV. ② 고객에 대한 배려는 공감성(empathy)의 측정 항목이다.

　서비스 마케팅의 중요한 특징은 고객에게 특별한 체험을 제공하는 것이다. 이것을 체험 마케팅이라는 개념으로 설명하기도 한다. 서비스를 통해 고객이 체험할 수 있는 요소는 다섯 가지로 구분할 수 있다. 첫째, 감각적 체험은 말 그대로 오감을 통한 체험이다. 직접 만져보거나(촉각) 소리를 듣게 하는(청각) 과정을 통해 특별한 경험을 제공한다. 둘째, 감성적 체험은 브랜드와 관련된 애정과 소속감 등의 감정을 경험하게 하는 것이다. 셋째, 인지적 체험은 브랜드와 관련하여 호기심과 문제해결의 놀라움을 제공하는 것이다. 넷째, 행동적 체험은 특정 행동이나 라이프스타일을 모방하도록 유도하여 스스로 행동하게 하는 것이다. 다섯째, 관계적 체험은 위의 체험을 다른 사람과 공유하면서 연대를 맺게 하는 것이다.

기출문제

I. '극장' 혹은 '야구장'처럼 많은 고객이 운집하는 엔터테인먼트 서비스에서 고객들에게 훌륭한 경험을 제공하는 것이 고객만족을 통한 기업의 수익창출에 중요하다. 이러한 서비스에서 고객에게 훌륭한 경험을 제공하는 핵심 요인의 사례로 적절하지 않은 것은?

① 고객 참여를 위한 파도타기 같은 집단 응원
② 고객의 오감을 만족시킬 수 있는 의자 및 음향설비와 같은 시설
③ 고객의 기억을 지속하기 위한 티셔츠와 같은 기념품
④ 고객을 지속적으로 유인하기 위한 마일리지 프로그램

(7급 2015 문 14)

답　I. ④ 마일리지 프로그램은 체험적 요인이 아니라 경제적 요인이다.

8.3 가격

가격(price)은 원가와 함께 기업의 이익에 직접적인 영향을 미치는 요소이다. 높은 가격을 책정하면 상품당 이익이 크지만 매출이 낮을 확률이 높고, 낮은 가격을 책정하면 상품당 이익이 작지만 매출이 높을 확률이 높다. 그러므로 고객이 상품에 대

해 인지하는 상태에 따라 적절한 가격을 책정해야 한다. 또한 이 과정에서 가격민감성을 고려해야 한다. 소비자가 가격에 민감한 경우에는 낮은 가격을, 가격에 민감하지 않은 경우에는 높은 가격을 책정하게 된다.

그런데 가격 자체가 상품의 이미지에 영향을 미치는 경우도 있다. 또한 하나의 상품에 가격을 책정하는 정책 이외에도 2개 이상의 묶음 상품에 가격을 책정할 때의 효과도 존재한다. 시간에 따라 가격이 변화하는 것을 전제로 초기 가격과 이후 가격을 설정하는 정책도 고려할 수 있다. 이러한 다양한 상황에 따라 적절한 가격 정책(pricing)을 결정한다.

먼저 가격을 결정하는 방법에 따라 원가기준, 시장기준, 비교기준으로 가격 정책을 분류할 수 있다. **원가기준**은 원가에 일정 이윤 또는 마크업(markup)을 추가하여 가격을 설정하는 방법이다. 이 방법은 정부에 납품하는 경우 등에 사용된다. **시장기준**은 구매자의 선호를 고려한 한계수익과 기업의 한계비용이 일치하는 지점에서 가격을 결정하는 방법으로서 경제학에서 이익을 극대화하는 고전적인 방법이다. **비교기준**은 경쟁기업의 가격이나 자사의 기존 제품라인의 가격 등 준거가격을 기준으로 가격을 설정하는 방법이다.

가격 정책은 상품의 품질에 대한 이미지에 영향을 미치기도 한다. 이러한 **가격-품질 연상 효과**(price-quality association effect)는 높은 가격의 상품이 높은 품질을 가졌다는 인식을 부른다. 즉 지나치게 낮은 가격은 해당 상품의 품질을 의심하게 하는데 여기에서 품질을 의심하지 않는 최소한의 가격을 **최저수용가격**(lowest acceptable price)이라고 한다. 그럼에도 불구하고 구매자가 특정 제품에 대해 지불할 의사가 있는 최대 가격이 존재하는데, 이것을 **유보가격**(reservation price)이라고 한다. 즉 유보가격보다 높은 가격으로는 판매되지 않는다.

우리는 흔히 1,000원 대신 990원, 2만 원 대신 1만 9,000원 등 작은 금액의 차이를 이용하여 마치 가격이 많이 저렴한 것처럼 표기하는 가격 정책을 볼 수 있다. 이것을 **단수가격정책**(odd-pricing)이라고 한다. 이것은 이러한 단수가격은 경쟁기업의 가격과 **최소식별차이**(Just Noticeable Difference, JND)를 창출할 수 있다. 이것은 심리학에서의 베버의 법칙(Weber's Law)과 관련이 있는데, 긍정적인 변화는 최소식별차이보다 크게 유지하고 부정적인 변화는 최소식별차이보다 작게 유지하는 것이 기업에게 유리하다. 이 가격정책은 가격에 민감한 소비자에게 효과적인데, 점포 내에서 다루는 여러 상품 중 일부 소수의 상품에 매우 낮은 가격을 설정하는 유인가격정책(leader pricing) 역시 가격에 민감한 소비자에게 효과적일 수 있다.

묶음가격(bundling price)은 여러 제품을 결합한 가격을 말하는데, 대체로 할인을 적용하게 된다. 동일 제품인 단순 묶음과 상이한 제품인 혼합 묶음을 비교하면 혼합 묶음이 더 높은 이익을 가져올 수 있다. 서로 보완관계인 두 상품, 예를 들어 프린터와 토너, 캡슐커피기계와 캡슐 또는 면도기와 면도날의 경우 프린터, 커피기계나 면도기와 같은 주제품의 가격을 낮게 책정하고 토너, 캡슐이나 면도날과 같은 종속제품의 가격을 높게 책정하게 되는데, 이 가격정책을 캡티브 프로덕트 가격정책 (captive product pricing) 또는 면도날과 면도기 모델(razor and blades model)이라고 한다.

시간이 흐름에 따라 가격이 변화할 것을 전제로 초기 가격을 높게 설정하는 것을 스키밍 가격정책(price skimming)이라고 한다. 초기에 높은 가격을 설정할 수 있는 상황으로서 소비자의 구매욕구가 높고, 가격 민감도가 낮은 충분한 구매자가 존재하며, 가격-품질 연상 효과가 존재하고, 높은 진입 장벽으로 인해 경쟁사가 진입하기 힘든 경우를 들 수 있다. 그 이후에는 가격 민감도가 높은 더 많은 소비자를 유인하기 위해 단계적으로 가격을 인하한다. 반대로 초기 가격을 낮게 설정하는 것을 시장침투 가격전략(penetrating pricing)이라고 하는데, 그에 적합한 상황으로서 구매자들이 가격에 민감하여 낮은 가격을 통해 신속한 시장점유율 증대가 가능하고, 규모의 경제 및 경험곡선의 경제가 존재하여 신속하게 생산량을 증가하는 것이 중요하며, 경쟁사의 시장진입을 방지하는 수단이 필요한 경우 등이다. 일반적으로 시장침투전략은 기존의 동일한 제품을 더 많이 사용하게 하는 전략으로서 낮은 가격 이외에도 광고나 유통 전략이 동반될 수 있다.

기출문제

I. 어떤 상품을 싸게 판매한 후, 그 상품에 필요한 소모품이나 부품 등을 비싼 가격에 판매하여 큰 이익을 거둘 수 있는 가격 정책에 대한 설명으로 옳지 않은 것은?

① 이러한 가격 정책을 캡티브 프로덕트 가격 정책(captive product pricing)이라고 한다.

② 싸게 판매하는 상품의 가격은 원가 이하로 내려가기도 하며, 심지어 그 상품을 무료로 줄 수도 있다.

③ 해당 상품 시장에서 고객들이 지각하는 상품의 가치가 이질적이어서 상품별로 가격을 결정하기 어려운 경우에 사용된다.

④ 고객이 아니라 상품을 축으로 하는 가격구조에 해당되고, 상품들이 서로 보완재인 경우의 대표적인 가격구조이다.

(7급 2019 문 1)

II. 가격책정 전략 또는 전술에 대한 설명으로 옳지 않은 것은?

① 마크업 가격책정(markup pricing)은 가격책정의 궁극적 목표인 이윤극대화에 효과적이다.

② 가격의 끝자리에 0이 아닌 단수를 붙여 가격에 대한 고객의 심리적 수용도를 높이고자 하는 가격 전략을 단수 가격책정(odd pricing)이라고 한다.

③ 혼합 묶음가격(mixed price bundling)은 개별상품 가격의 합보다 낮거나 높을 수도 있고, 순수 묶음가격(pure price bundling)보다 더 높은 이익을 가져오는 경향이 있다.

④ 원가가산 가격책정(cost-plus pricing)은 고객의 관점을 무시하고 경쟁자의 가격을 고려하지 않는다는 결함을 가지고 있다.

(7급 2019 문 19)

III. "양치질은 식사 후 하루 세 번이 아니라 간식 후와 취침 전 그리고 구취가 날 때마다 여러 번 할수록 치아건강에 더욱 좋습니다"라는 광고문구와 같이 현재 제품을 사용하는 고객들로 하여금 더 많이 또는 더 자주 구입하게 함으로써 성장을 달성하는 전략은?

① 시장침투전략

② 제품개발전략

③ 시장개발전략

④ 다각화전략

(7급 2017 문 1)

IV. 신제품 가격 전략에 대한 설명으로 옳지 않은 것은?

① 신제품 출시 초기 높은 가격에도 잠재 수요가 충분히 형성되어 있는 경우 스키밍 가격전략(market-skimming pricing)이 효과적이다.

② 목표 소비자들의 가격 민감도가 높은 경우 시장침투 가격전략(market-penetration pricing)이 효과적이다.

③ 시장 진입 장벽이 높아 경쟁자의 진입이 어려운 경우 시장침투 가격전략(market-penetration pricing)이 많이 활용된다.

④ 특허기술 등의 이유로 제품이 보호되는 경우 스키밍 가격전략(market-skimming pricing)이 많이 활용된다.

(7급 2016 문 17)

V. 유인가격(leader pricing) 및 단수가격(odd pricing)에 대한 설명으로 옳지 않은 것은?

① 유인가격 전략은 일부 상품을 싸게 판매하면서 고객을 유인하는 전략이다.

② 유인가격 전략은 우유, 과일, 화장지 등의 제품 판매에 많이 적용되는 경향이 있다.

③ 단수가격 전략은 판매 가격의 끝자리를 미세한 단위로 조정하여 소비자가 받아들이는 심리적 가격 차이를 증가시키는 것이다.

④ 국내 의류회사가 고가 의류 100벌을 한정하여 판매한 경우, 유인가격 전략을 적용한 것이다.

(7급 2015 문 1)

VI. 기업이 가격전략을 수립할 때, 소비자의 가격민감도를 낮출 수 있는 상황으로 적절하지 않은 것은?

① 제품이 이전에 구매한 자산과 결합하여 사용되는 경우

② 구매자가 제품을 비축할 수 있는 경우

③ 구매 비용 일부를 다른 사람이 부담하는 경우

④ 제품이 독특하여 대체품을 찾을 수 없는 경우

(7급 2015 문 16)

VII. 신제품을 통해 시장에 진입할 때 초기 고가전략(skimming pricing strategy)을 적용하기에 적절한 경우는?

① 신제품이 소비자가 원하는 탁월한 특성을 갖고 있는 경우

② 신제품에 대한 규모의 경제가 가능한 경우

③ 신제품에 대한 극심한 경쟁이 예상되는 경우

④ 신제품에 대한 대규모의 시장이 존재하는 경우

(7급 2012 문 3)

VIII. 제품 가격을 990원 혹은 9,990원 등으로 책정하는 가격결정 방법은?

① 관습가격결정(customary pricing)

② 단수가격결정(odd pricing)

③ 준거가격결정(reference pricing)

④ 위신가격결정(prestige pricing)

(7급 2011 문 2)

답 I. ③ 캡티브 프로덕트 가격 정책은 고객들이 지각하는 종속제품의 가치가 유사하기 때문에 주제품의 가격을 낮게 책정하여 고객을 확보하려는 가격 정책이다.

II. ① 마크업은 원가에 일정 이윤을 가산하는 방식으로서 이윤극대화를 추구하는 한계수익 및 한계비용의 원리와 상이하다.

III. ① 기존 제품의 구매를 늘리는 전략은 제품개발, 시장개발, 다각화와 관련이 없는 시장침투전략이다.

IV. ③ 진입 장벽이 높아서 경쟁자의 진입이 어려운 경우에는 높은 가격을 책정하는 스키밍 전략이 효과적이다.

V. ④ 유인가격 전략은 저가 전략이다.

VI. ② 제품을 비축할 수 있으면 저렴한 제품에 대한 선호가 더욱 증가한다.

VII. ① 탁월한 특성이 있는 제품에는 고가 책정이 가능하며, 시간이 지남에 따라 규모의 경제, 극심한 경쟁, 대규모 시장이 예상되는 경우에는 조기의 시장점유율을 확보하기 위해 저가의 침투가격 전략이 필요하다.

VIII. ② 단수 가격 결정은 가격대가 낮게 보이는 효과가 있다.

온라인 게임의 과금 정책

당신이 B2P, P2P, F2P, P2W, 그리고 P2E가 무엇을 의미하는지 안다면 당신은 온라인 게임에 매우 익숙한 사람이다. 과거에는 게임이 탑재된 CD, 즉 게임 패키지를 구매하여 게임을 즐겼는데 이것을 B2P, 즉 buy to play 방식이라고 한다. 이러한 과금 방식은 스타크래프트의 예에서 볼 수 있다. 최근에는 CD를 구입하는 대신 이용권을 구매하여 게임을 할 수 있는 B2P 방식이 사용되는데, 2020년 12월에 출시된 엘리온은 이 방식을 사용했다.

그다음으로 사용된 과금 방식으로 P2P를 들 수 있다. 이는 pay to play를 의미하는데 매월 일정 금액을 지불해야만 게임을 할 수 있는 과금 방식이다. 1996년에 출시된 바람의 나라 또는 1998년에 출시된 리니지가 이 방식을 사용했다. 한때 대중적인 수익 모형이었으나 현재는 거의 사용되지 않고 있다.

F2P는 free to play를 의미하는데, 기본적으로는 무료로 게임을 즐길 수 있으나 게임 내에서 다양한 아이템 판매가 유료로 이루어지기 때문에 부분 유료화라고 불린다. 예를 들어 본인이 육성하는 캐릭터에게 예쁜 옷을 입히기 위해 아이템을 구입하는 것을 들 수 있다. 2001년에 출시된 크레이지 아케이드나 2004년에 출시된 카트라이더가 그 예이고 현재 대부분의 게임이 이 과금 방식을 사용하고 있다.

P2W은 pay to win을 의미하고, 부분유료화 중 게임의 승리에 필요한 아이템을 판매하는 경우이다. 이 중에는 확률형 아이템이 포함되는데 마치 로또 복권을

▲ P2E 게임 로블록스 이미지

구입하듯 랜덤 박스를 구입하는 사행성이 문제가 되어 2021년에는 국회에서 논란이 되기도 했다.

마지막으로, 수익 모델과는 반대로 보일 수 있지만, 게임을 하는 유저가 비용을 지불하는 대신 돈을 벌 수 있는 모델도 등장했다. P2E로 불리는 이 모델은 play to earn, 즉 게임을 하면서 게임 내 NFT(non fungible token)을 거래하거나 경제활동에 참여하고 캐릭터를 교배하는 활동 등을 통해 가상자산을 소유하고 이것을 거래소에서 현금으로 교환해서 수익을 창출하는 모델이다. 단순히 게임을 오래 할수록 NFT를 받기도 한다. 블록체인 기술로 인해 이 모델이 가능하게 되었는데, 대표적으로는 로블록스를 들 수 있다. 물론 이러한 게임을 운용하는 기업은 유저가 버는 돈보다 더 큰 돈을 번다.

출처 : Nicky Mouse 블로그(2021. 12. 8). 국내 게임업계 NFT, 메타버스 사업 전망 + 좋아하는 게임으로 돈 벌 수 있는 시대(Play & Earn). https://blog.naver.com/nickykim156423/222589510102

8.4 유통

유통(place) 또는 **유통경로**(distribution channel)는 제조업체와 구매자를 연결하는 중간상 (middleman)의 집합이다. 복잡한 유통경로는 불필요한 비용을 증가시킬 수도 있지 만 그렇다고 해서 중간상이 부정적 기능만 하는 것은 아니다. 먼저 중간상은 운송 을 통해 생산자와 구매자 사이의 장소상의 불일치를 해결하고, 보관을 통해 시간상 의 불일치를 해결하며, 포장 단위의 조정을 통해 형태상의 불일치를 해결한다. 때 로는 금융 기능을 담당하기도 하고 상품 탐색 정보를 제공하기도 한다. 또한 중간 상은 거래의 수를 감소시켜서 전체적인 거래비용을 감소시킨다. 예를 들어 제조업 자의 수가 3개, 구매자의 수가 7명이고 중간상이 없다면 총거래수는 $3 \times 7 = 21$개 이지만, 중간상이 2개 존재한다면 총거래 수는 $3 \times 2 + 2 \times 7 = 20$개로서 1개 감소 효과가 있다.

기출문제

I. 판매활동의 경제성과 효율성을 높이기 위하여 제조업자가 중간상을 이용 할 때 줄어드는 총거래 수는?

(제조업자 100개, 고객 10만 명, 중간상 2개)

① 9,599,600개

② 9,699,700개

③ 9,799,800개

④ 9,899,900개

(7급 2020 문 2)

답 I. ③ $100 \times 100{,}000 - (100 \times 2 + 2 \times 100{,}000) = 10{,}000{,}000 - 200{,}200 = 9{,}799{,}800$이다.

유통은 중간상을 선택하는 방식에 따라 집약적 유통, 선택적 유통, 그리고 전 속적 유통으로 구분할 수 있다. **집약적 유통**(intensive distribution)은 중간상을 선별하 지 않고 원하는 중간상을 모두 유통에 참여시키는 방식이고 그 반대인 **전속적 유**

통(exclusive distribution)은 중간상을 선별하여 유통을 맡기는 것이다. **선택적 유통**(selective distribution)은 그 중간 형태이다. 전속적 유통은 제조업체의 통제권을 높이려는 방식이므로 중간상은 다른 경쟁 브랜드는 취급할 수 없고 그 대신 중간상에게 높은 마진을 보장하게 된다. 고가 또는 높은 브랜드 파워가 있는 제품이 이에 해당된다.

집약적 유통경로는 높은 수준의 통제를 위해 설계되지만 여전히 독립적(independent) 유통경로이다. 철저한 브랜드 관리 또는 기술적 보완 등을 이유로 제조업체가 직접 유통을 해야 하는 상황에서는 통합적(integrative) 유통경로를 설계한다. 많은 경우에는 간접적 통제인 독립적 유통경로와 직접적 통제인 통합적 유통경로를 혼용하게 되는데 이를 복수경로(multichannel) 마케팅 시스템이라고 한다. 쉽게 설명하자면 직접 소유하는 유통경로와 프랜차이즈로 운영하는 유통경로를 모두 갖는 것이다.

또한 제조업체와 유통업체가 밀접한 관계를 갖는 절충형 유통경로도 존재한다. 이것을 **수직적 마케팅 시스템**(Vertical Marketing System, VMS)이라고 하며 관계의 방식에 따라 기업형 VMS, 계약형 VMS, 관리형 VMS로 구분된다. 먼저 기업형 VMS에는 제조업체가 도/소매상의 지분을 소유하는 경우인 전방통합 기업형 VMS와 그 반대의 경우인 후방통합 기업형 VMS가 있다. 이것은 소유권에 의한 관계로서 통제의 수준이 가장 높다. 계약형 VMS는 가장 일반적인 형태로서 각각 독립적인 제조업체, 도매상, 소매상이 자발적인 계약에 의해 수직적으로 통합된 상태이다. 여기에는 체인, 협동조합, 프랜차이즈의 유형이 존재한다. 마지막으로 관리형 VMS는 소유나 계약으로 강제되는 대신 명성이나 자원이 우월한 리더 기업에 의해 전체적인 경로 전략이 정해지면 다른 기업들이 따르는 형태를 말한다. 그러므로 관리형 VMS의 통제의 수준이 가장 낮다.

제조업체-도매상-소매상-구매자로 이어지는 유통경로에서 동일한 수준에 있는 기업들은 **수평적 마케팅 시스템**(horizontal marketing system)을 구성할 수 있다. 예를 들어 유사한 규모의 소매상들이 자본이나 노하우, 광고수단 등을 공유하는 것을 들 수 있는데 이것을 공생적(symbiotic) 마케팅이라고도 한다.

이 같은 수직적 관계 또는 수평적 관계에서 발생하는 갈등을 수직적 경로갈등 또는 수평적 경로갈등이라고 하는데, 업체들 간 목표가 상이하거나, 역할 또는 영역에 대해 합의가 이루어지지 않거나, 소통이 이루어지지 않아서 현상에 대해 상이한 인식을 갖거나, 힘의 불균형이 존재할 때 발생하기 쉽다. 이 같은 갈등은 경로 내 문제를 발견하고 해결하는 순기능적 역할을 하기도 하지만 유통경로의 성과에 부정적인 영향을 미치는 역기능적 역할을 하기도 한다.

기출문제

I. 유통경로 내의 서로 다른 단계에 속하는 유통기관들 사이의 경로갈등으로 옳은 것은?
① 수직적 갈등
② 수평적 갈등
③ 능력 소요 갈등
④ 능력 쿠션 갈등

(7급 2018 문 2)

답 I. ① 경로 내 다른 단계의 유통기관들은 수직적 관계에 있다.

8.5 촉진

촉진(promotion)은 마케팅 커뮤니케이션 또는 소통이라고도 하는데, 상품을 알리고 인센티브를 제공하여 구매를 촉진하는 제반 활동을 말한다. 여기에는 광고, 홍보, 구전, 판매촉진, 인적 판매 등의 수단이 포함되는데 이를 **촉진믹스**라고 한다. 소비재 시장에서는 광고, 산업재 시장에서는 대면판매가 가장 효과적이라고 알려져 있는데 최근 SNS의 이용이 급증하면서 소비재 시장에서 구전이 효과적인 수단으로 부상하고 있다.

기출문제

I. 기업이 소비자에게 무료샘플, 경품, 리베이트, 쿠폰 등을 제공하는 마케팅 활동은?

① 광고

② 홍보

③ 판매촉진

④ 인적 판매

(7급 2014 문 13)

답 I. ③ 무료샘플이나 경품 제공 등은 판매촉진 수단에 해당한다.

촉진 및 유통 전략으로는 푸시와 풀을 들 수 있는데, 단어의 의미 그대로 푸시(push) 전략은 제조업체의 계획에 의해 상품을 유통경로에 밀어내는 전략이고, 풀(pull) 전략은 소비자의 실제 구매에 대응한 상품 출고로 유통이 이루어지는 전략이다. 즉 푸시 전략에서의 촉진 활동은 제조업체에서 도매상에 대해, 그리고 도매상에서 소매상에 대해 이루어지지만 풀 전략에서의 촉진 활동은 광고를 통해 제조업체에서 최종소비자에 대해 이루어진다.

> **연습문제 3**
> ▶ 유통에서의 푸시 전략과 풀 전략의 차이를 설명하라.

다른 모든 활동과 마찬가지로 광고에도 비용이 따른다. 그러므로 광고 예산을 효과적으로 설정하기 위한 방법을 찾는 것은 중요하다. 먼저 내부적인 여건에 의해 광고 예산을 설정하는 방법으로서 가용예산을 할당하는 방법과 매출액 중 일정 비율을 할당하는 방법을 들 수 있다. 이러한 방법들은 과거의 성과를 기반으로 광고 예산을 설정한다는 비논리성을 띠고 있다. 그다음으로 구체적인 매출 목표를 설정하고 이를 기반으로 광고 예산을 추정하는 방법이 있다. 이 방법은 가장 합리적이나 추정 과정이 어려울 수 있다는 단점이 있다. 그다음으로 경쟁 기업의 광고수준을 고려하는 방법은 시장에서의 상황을 포함하는 장점이 있지만 내부 사정과 부합하지 않을 수 있다는 단점이 있다. 마지막으로 두 가지 이상의 수준의 광고 지출을 실험해 보고 가장 높은 효과를 보인 광고 예산을 선택하는 방법이 있다. 이 방법은 특정 대안을 선택하는 과정에서의 논리적 근거가 취약하지만 최근 빅데이터 기술이 발전하면서 적은 비용으로 실질적인 성과를 도출하는 방법으로 부상하고 있다.

광고비에 대한 용어로서 1,000개 노출당비용과 클릭당비용은 여러 차원에서 구분된다. **노출당비용**(Cost Per Mille, CPM)은 인지도 제고에 초점을 둔 개념으로서 상품의 속성과 관련된 매체에 노출되는 것을 목표로 한다. 이 방법을 선택하면 실제 매출과 무관하게 비용을 지불한다. 반면에 **클릭당비용**(Cost Per Click, CPC)은 특정 행동에 기반한 개념으로서 일정한 성과를 얻은 경우에만 비용을 지불하게 된다. 또한 구매자의 정보탐색 활동을 추적할 수 있다. 또한 **총접촉률**(Gross Rating Points, GRP)은 특정 광고에 노출된 시청자의 수를 의미하는데 도달 범위와 빈도의 곱으로 계산된다. 여기에서 도달 범위는 전체 시청자의 수가 5,000만 명인데 이 중 한 번 이상 특정 광고에 노출된 수가 3,000만 명이라면 60%가 된다. 빈도는 표적 청중이 특정 광고에 노출된 평균 횟수이다. **노출고객당비용**(Cost Rating Points, CPP)은 총접촉률 1점당 지출된 금액이다.

구매전환율은 특정 행동을 통해 구매가 발생한 비율을 의미한다. 예를 들어 인터넷상에서 특정 광고를 클릭한 행동이 구매로 전환된 비율을 구하기 위해서는 구매횟수/클릭 수의 비율로 계산할 수 있다.

기출문제

I. 다음 자료를 이용하여 구매전환율(conversion rate)을 계산하면? 100,000명의 소비자가 e-쇼핑몰 광고를 보았고 1,000명의 소비자가 광고를 클릭하여 e-쇼핑몰을 방문하였다. e-쇼핑몰을 방문한 소비자 중 실제 제품을 구매한 소비자는 50명이며 이들 구매고객 중 12명이 재구매를 하여 충성고객이 되었다.

① 24% ② 5%

③ 1% ④ 0.05%

(7급 2017 문 7)

II. A사는 자사 제품을 B신문에 광고하고자 한다. B신문을 읽는 사람이 5,000명이고, B신문사는 CPM(Cost Per Milli(A Thousand) Persons Reached) 기준으로 10만

원을 요구하고 있다. B신문사의 요구대로 광고계약을 한다면 예상되는 광

고비는?

① 5만 원 ② 50만 원

③ 500만 원 ④ 5,000만 원

(7급 2015 문 15)

답 I. ② 구매전환율은 구매횟수/클릭 수이므로 50/1,000 = 0.05이다.

II. ② CPM은 1,000명당 광고비이므로 구독자가 5,000명이면 5 × 10만 원 = 50만 원이다.

광고 전략 모델로서 광고대행사인 Foote, Cone & Belding가 1980년대
에 개발한 FCB 그리드 모델(그림 8.2)은 전통적인 모델로 인정된다. 이 모
델은 관여도의 수준과 상품의 합리성 수준을 기준으로 네 가지 영역을 구
분하여 각 영역에 적합한 광고 전략을 제시한다. 상품의 합리성 수준은 상
품의 정보를 이성적으로 처리하는가 또는 감성적으로 처리하는가에 대한 것이다.

> **연습문제 4**
>
> ▶ FCB 그리드에 대해
> 설명하라.

낮은 관여도와 이성적 정보처리 특성을 갖는 상품을 광고할 때는 습관을 형성하
는(habit-formation) 반복적인 광고가 효과적이다. 통조림 등 저가 식품과 일용품 등에
해당한다. 낮은 관여도와 감성적 정보처리 특성을 갖는 상품을 광고할 때는 자기만
족(self-satisfaction) 광고가 효과적인데, 주류나 과자 등 기호품이 여기에 해당한다. 높
은 관여도와 이성적 정보처리 특성을 갖는 상품을 광고할 때는 정보제공(informative)
광고가 효과적이다. 고가이지만 일상 생활에 필수적이라 할 수 있는 승용차, 가전

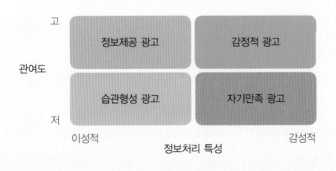

그림 8.2 FCB 그리드 모델

제품, 가구 등이 여기에 해당한다. 마지막으로 높은 관여도와 감성적 정보처리 특성을 갖는 상품을 광고할 때는 감정적(affective) 광고가 효과적인데, 향수나 보석, 패션의류 등 개성을 표현하는 상품이 여기에 해당한다.

연습문제 5

▶ **구매의사결정 5단계를 설명하라.**

조금 더 구체적으로, 관여도는 소비자가 구매를 위해 소모하는 시간과 노력을 의미한다. 즉 고가나 전문적 제품은 대체로 높은 관여도가 요구되는 상품이다. 관여도가 높은 상품의 경우 구매의사결정은 다음과 같은 순서로 이루어진다. 첫째, 어떤 상품을 구매할 필요가 있다는 것을 인식하는 단계인 문제인식 단계를 거치고, 둘째, 필요성을 충족할 상품의 특성을 떠올리는 단계로서 스스로의 지식이나 다른 사람들의 사용 경험을 수집하는 정보탐색 단계를 거치며, 셋째, 필요한 특성을 충족하는 복수의 상품을 비교하는 대안 평가 단계를 거치고, 넷째, 실제 구매가 이루어지고, 다섯째, 구매 후에는 선택한 상품이 기대에 부응했는가에 대해 생각하는 구매 후 행동 단계를 거치게 된다. 이 과정을 구매의사결정 5단계라고 한다. 그러나 관여도가 높지 않은 경우에는 문제인식이나 정보탐색이 이루어지지 않고 바로 습관적인 구매행동이 이루어지기도 한다.

기출문제

I. 고관여(high involvement) 상황하에서 소비자 구매의사결정 과정 5단계가 순서대로 바르게 나열된 것은?

① 문제 인식 → 정보 탐색 → 구매 → 대안 평가 → 구매 후 행동

② 문제 인식 → 정보 탐색 → 대안 평가 → 구매 → 구매 후 행동

③ 정보 탐색 → 문제 인식 → 구매 → 대안 평가 → 구매 후 행동

④ 정보 탐색 → 문제 인식 → 구매 → 구매 후 행동 → 대안 평가

(7급 2013 문 1)

답   I. ② 고관여 상품의 구매의사결정은 문제 인식 → 정보 탐색 → 대안 평가 → 구매 → 구매 후 행동의 단계를 거친다.

또한 관여도와 구매행동특성에 대한 모형도 제시되었는데, 관여도와 브랜드 간 차이에 의해 소비자의 구매행동은 네 가지 영역으로 구분할 수 있다(그림 8.3). 먼저 관여도가 낮고 브랜드 간 차이도 작은 경우에는 **습관적 구매행동**(habitual buying behavior)이 나타난다. 브랜드 차이가 중요하지 않으므로 습관적 구매가 이루어지는 것이다. 관여도가 낮고 브랜드 간 차이가 큰 경우에는 **다양성 추구 구매행동**(variety-seeking behavior)이 나타난다. 브랜드를 교체하는 것에 큰 노력이 들지 않으므로 새로운 취향을 위해 다양한 상품의 구매를 추구하게 되는 것이다. 관여도가 높고 브랜드 간 차이가 작은 경우에는 **부조화 감소 구매행동**(dissonance-reducing behavior)이 나타난다. 여기서의 부조화란 구매 후 인지 부조화를 의미하는데, 가격이 높고 반품이 힘들며 구매가 자주 일어나지 않는 경우 구매한 상품에서 어떤 결점이 발견되거나 구매하지 않은 상품에서 인지하지 못했던 장점이 발견되는 것, 즉 구매 후 후회가 발생하는 경우를 의미한다. 이러한 구매 후 인지 부조화를 감소하기 위해 가급적 많은 정보를 수집하여 구매결정을 하는 경향을 보이게 된다. 마지막으로 관여도가 높고 브랜드 간 차이가 큰 경우에는 **복잡한 구매행동**(complex buying behavior)이 나타난다. 가격이 높고 브랜드 간 차이가 뚜렷한 경우 구매하는 상품은 본인의 개성을 표현하는 방식이 될 수 있으므로 여러 요소가 고려되는 복잡한 과정을 거쳐서 구매가 이루어진다.

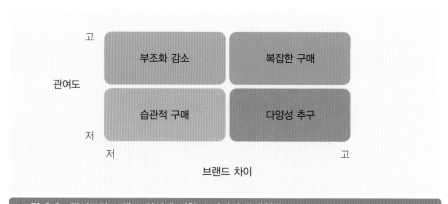

그림 8.3 관여도와 브랜드 차이에 의한 소비자의 구매행동

기출문제

I. 소비자 구매 의사결정과정 중 인지 부조화(cognitive dissonance)**와 관련이 깊은 단계는?**

① 욕구의 발생

② 정보의 탐색

③ 대안의 평가

④ 구매 후 행동

(7급 2012 문 4)

답 I. ④ 인지 부조화는 인식과 행동의 차이를 의미하는데 구매에 있어서는 구매 행동 후 후회가 발생하는 것을 뜻한다.

구매의사결정은 문제해결행동이라는 용어로도 표현될 수 있다. 문제인식 단계에서 관여도가 낮은 상품의 경우에는 일상적 문제해결행동, 즉 최소한의 정보탐색으로 노력을 최소화하는 습관적 구매로 이어진다. 관여도가 중간 정도인 상품의 경우에는 제한적 문제해결행동, 즉 정보탐색을 통해 구매 후 부조화를 감소하려는 구매활동으로 이어진다. 관여도가 높고 다양한 대체 상품이 존재하는 경우에는 대체 상품들의 모든 정보를 파악하기 힘드므로 포괄적 문제해결행동, 즉 다양한 기준에서 복잡한 요소를 고려하는 구매활동으로 이어진다.

기출문제

I. 소비자행동 모델에 대한 설명으로 옳지 않은 것은?

① 포괄적 문제해결행동은 소비자가 제품부류에 대한 사전지식이 충분하고 대체품들의 평가기준을 잘 알고 있을 때 주로 발생한다.

② 한정적 문제해결행동은 소비자가 내적탐색과 더불어 외적탐색도 할 수 있으며, 조직의 수정재구매와 유사하다.

③ 자동적(일상적) 문제해결행동은 소비자가 동일제품을 반복 구매하여 그 제품에 대한 상당한 경험이 있고 만족하는 경우에 발생한다.

④ 조직의 단순재구매는 구매조건의 변경이나 경쟁입찰 없이 반복적으로 발
생하는 구매상황을 의미한다.

(7급 2020 문 9)

> **답** Ⅰ. ① 포괄적 문제해결행동은 대안 상품의 정보가 매우 많아서 의사결정이 어렵고 복잡할 때
> 발생한다.

8.6 시장조사와 소비자행동

시장조사(market research)는 마케팅 믹스를 위한 정보를 수집하고 분석하는 활동으로
사회학, 심리학, 정치학 등 개인과 집단에 대한 인접 학문과 더불어 수학과 통계학
등 자료분석을 위한 인접 학문에 기반을 두고 있다. 먼저 시장을 통계적으로 이해
하기 위한 기본 개념들을 살펴보기로 하자.

시장에 대한 자료는 직접 조사를 통한 1차 자료와 간접 조사를 통한 2차 자료를
이용할 수 있다. **1차 자료**는 관찰이나 설문, 또는 실험에 의해 직접 수집하는 자료
이고, **2차 자료**는 정부나 연구기관 등이 이미 수집했던 자료이다. 여기에서는 이
중 설문조사를 위한 표본추출에 대해 설명하기로 한다.

설문조사를 하기 위해서는 적절한 설문 대상 선정을 위해 표본추출방법을 선택
하게 되는데, 여기에는 확률 방식과 비확률 방식이 있다. 확률 방식에 대한 이해를
돕기 위해 100명 중 10명의 표본을 선정한다고 가정해 보자. 확률 방식 중 첫 번째
로 단순 **무작위 표본추출**(simple random sampling)은 아무 조건 없이 무작위로 선정하는 방
식이다. 예를 들어 주머니에 100개의 공을 넣고 손을 넣어 10개의 공을 뽑는 것과
같다. 두 번째로 **체계적 표본추출**(systematic sampling)은 일정한 반복적 법칙에 따라 표
본을 선정하는 방식이다. 예를 들어 100명에게 1번부터 100번까지 숫자를 부여한
다음 10의 배수가 부여된 10명을 뽑는 것과 같다. 세 번째로 **층화 표본추출**(stratified
sampling)은 일정 기준에 의해 소집단을 만들고 각 소집단에서 무작위로 표본을 선정
하는 방식이다. 예를 들어 남자가 60명과 여자가 40명이라면 남자 중에서 6명, 여
자 중에서 4명을 무작위로 뽑는 것과 같다. 네 번째로 **군집 표본추출**(cluster sampling)은
단계적으로 일정 기준에 의해 소집단을 만들고 그중에서 무작위로 표본추출을 반

복하는 방식이다. 예를 들어 100명 중 거주지역을 중심으로 4개의 집단을 만들고 그중 무작위로 2개 집단을 뽑고, 그 2개 집단을 소득 수준을 기준으로 각 5개 집단으로 나눈 다음 그중 2개 집단을 무작위로 뽑고(현재 2 × 2 = 4개 집단 선정), 또다시 각 집단을 연령을 중심으로 4개의 집단으로 나누어 그중 2개 집단을 무작위로 뽑는(2 × 2 × 2 = 8개 선정) 식이다.

비확률 방식은 무작위 추출을 전제로 하지 않는데, 첫 번째로 **편의 추출**(convenience sampling)은 말 그대로 조사자의 편의에 따라 표본을 선정하는 방식이다. 두 번째로 **판단 표본추출**(judgmental sampling)은 조사자가 중요하다고 판단하는 대상을 선정하는 방식으로서, 예를 들어 특정 분야의 전문가 5명의 의견을 수집하는 것을 들 수 있다. 세 번째로 **할당 표본추출**(quota sampling)은 일정 기준에 의해 소집단을 만들어 표본을 선정하는 것으로서 앞에서 설명한 층화 표본추출과 유사하지만 무작위로 뽑지 않는다는 차이점이 있다. 네 번째로 **눈덩이 표본추출**(snowball sampling)은 먼저 선정했던 표본으로부터 다음 표본을 소개받는 방식이다. 이 방식은 적절한 표본을 사전에 파악하기 힘들 때 사용될 수 있다.

🔊 기출문제

I. 표본추출방법에 대한 설명으로 옳지 않은 것은?

① 단순무작위표본추출법, 군집표본추출법, 층화표본추출법은 확률표본추출방법에 해당한다.

② 모집단의 특성을 반영하도록 미리 할당된 비율에 따라 표본을 추출하는 할당표본추출은 비확률표본추출에 해당한다.

③ 조사자가 표본선정의 편리성에 중점을 두고 조사자 임의대로 표본을 선정하는 방법은 편의표본추출법이다.

④ 모집단을 서로 배타적이고 포괄적인 소그룹으로 구분한 다음 각 소그룹별로 단순 무작위 표본추출하는 방법은 판단표본 추출방법이다.

(7급 2016 문 9)

II. 마케팅 조사(marketing research)를 위한 표본추출 방법 중에서 할당 표본추출 (quota sampling) 방법에 대한 설명으로 옳은 것은?

① 확률 표본추출 방법 중의 하나이다.

② 모집단 내의 각 대상이 표본에 추출될 확률이 모두 동일한 방법이다.

③ 모집단의 특성을 반영하도록 통제 특성별로 미리 정해진 비율만큼 표본을 추출하는 방법이다.

④ 모집단을 어떤 기준에 따라 상이한 소집단으로 나누고 각 소집단으로부터 표본을 무작위로 추출하는 방법이다.

(7급 2012 문 6)

답 I. ④ 소그룹 구분 단순 무작위 표본추출 방식은 층화 표본추출 방식이다.

II. ③ 정해진 비율에 따라 할당을 하므로 무작위 또는 확률과는 무관하다.

시장에 대한 통계적 분석의 결과로서 시장 세분화를 수행할 수 있다. **시장 세분화** (market segmentation)는 기업이 특정 고객 집단에 대해 집중적으로 마케팅 활동을 하기 위해 일정한 기준에 대해 동질적인 특성을 가진 집단을 구별하는 활동이다. 예를 들어 성별이나 연령, 소득수준, 종교, 거주지역, 가족의 크기와 가족생애주기 등은 쉽게 생각할 수 있는 구분 기준이라 할 수 있다. 통계청에서 5년마다 실시하는 인구조사에서 조사하는 이러한 기준들을 인구통계적 변수라고 부른다. 사람들의 구매행동의 바탕이 되는 사회심리적 특성을 설명하기 위한 기준으로서 일상생활의 패턴을 기술하는 라이프스타일이나 개성을 들 수 있고, 그보다 특정 행동을 중시하는 범주에서 특정 상품의 사용량과 사용 상황, 특정 상품에 대한 애호도/충성도, 상품 사용으로 추구하는 편익 등을 들 수 있다. 시장 세분화가 실무적으로 의미를 갖기 위해서는 세분시장의 특성이 객관적으로 측정 가능해야 하고, 규모가 충분해야 하며, 세분시장에 광고 등으로 접근할 수 있어야 한다.

세분시장의 규모를 기준으로 시장 세분화의 전략을 구분하면 다음과 같다. 첫째, 세분시장을 정하지 않고 모든 시장을 목표시장으로 선정하는 것을 **비차별적/대량 마케팅**이라고 하고, 둘째, 몇 가지 변수에 의한 일정 수준의 시장 세분화를 통해 목표시장을 선정하는 것을 **차별적/세분화 마케팅**이라고 하며, 셋째, 매우 좁은 틈새 시장에 집중하여 목표시장을 선정하는 것을 **집중적/틈새 마케팅**이라고 하고, 넷째, 개별 고객 수준에서 맞춤형 프로그램을 진행하는 것을 **개인/미시적 마케팅**이라고 한다.

기출문제

I. 세분화된 시장의 차이점을 무시하고 한 제품으로 전체시장을 공략하는 전략은?

① 차별적 마케팅

② 비차별적 마케팅

③ 세분화 마케팅

④ 집중적 마케팅

(7급 2018 문 11)

II. 시장세분화(market segmentation)에 대한 설명으로 옳지 않은 것은?

① 사용상황, 사용량, 추구편익, 가족생활주기 등은 시장세분화를 위한 행동적 변수에 속한다.

② 같은 세분시장에 속하는 고객들끼리는 최대한 비슷하여야 하고 서로 다른 세분시장에 속한 고객들끼리는 최대한 달라야 한다.

③ 신제품이 혁신적일수록 너무 일찍 앞서서 시장세분화를 하는 것은 바람직하지 않다.

④ 역세분화(counter-segmentation)는 고점유율 회사보다 저점유율 회사에 적합한 방법이다.

(7급 2017 문 5)

III. 시장을 세분화하기 위한 행동적 변수들로만 묶인 것은?

ㄱ. 가족생애주기   ㄴ. 개성   ㄷ. 연령   ㄹ. 사회계층

ㅁ. 추구편익   ㅂ. 라이프스타일   ㅅ. 상표 애호도   ㅇ. 사용량

① ㄱ, ㄴ, ㄷ   ② ㄹ, ㅁ, ㅂ

③ ㅁ, ㅅ, ㅇ   ④ ㅂ, ㅅ, ㅇ

(7급 2013 문 6)

IV. 시장세분화에 대한 설명으로 적절하지 않은 것은?

① 효익 세분화 : 소비자들이 제품에서 추구하는 주요 편익에 따라 시장을 나눈다.

② 심리적 세분화 : 연령, 교육수준, 성별, 가족규모 등의 특성에 따라 시장을 나눈다.

③ 지리적 세분화 : 피자헛의 경우 미국 동부지방 주민에게는 치즈, 서부지방 주민에게는 토핑 재료, 중서부 주민에게는 두 가지 모두를 더 많이 제공하는 경우처럼 시장을 나눈다.

④ 볼륨 세분화 : 소비자를 대량 이용자, 중간 이용자, 소량 이용자, 비사용자로 나눈다.

(7급 2010 문 4)

답 I. ② 세분시장의 차이점을 무시하는 방법은 비차별적 마케팅이다.

II. ① 사용상황, 사용량, 추구편익은 행동적 변수이나 가족생활주기는 인구통계학적 변수이다.

III. ③ 추구편익, 상표 애호, 사용량은 행동적 변수이다. 가족생애주기, 연령, 사회계층은 인구통계학적 변수, 그리고 개성과 라이프스타일은 사회심리적 변수이다.

IV. ② 연령, 교육수준, 성별, 가족규모 등은 인구통계적 특성이다. 심리적 변수는 개성이나 라이프스타일을 포함한다.

포지셔닝(positioning)은 소비자의 마음 속에 기업 또는 상품의 이미지가 적절하게 자리잡게 하는 활동을 의미한다. 예를 들어 다른 경쟁상품보다 저렴하다, 또는 품질이 좋다 등으로 인식되도록 하는 활동은 기본적인 포지셔닝으로 볼 수 있다. 그런데 포지셔닝은 가격이나 품질 이외에도 다양한 기준 또는 차원에 의해 이루어질 수 있다. 예를 들어 크기나 디자인 등을 강조하는 상품의 물리적 속성에 의한 포지셔닝, 다양한 용도 등을 강조하는 이득과 혜택에 의한 포지셔닝, 목표 사용자의 라이프스타일 특성을 강조하는 사용 상황에 의한 포지셔닝, 경쟁상품의 특성보다 우월하다는 것을 강조하는 경쟁자에 의한 포지셔닝, 제품 범주 중에서 최고라는 것을 강조하는 제품 카테고리에 의한 포지셔닝 등이 포함된다.

포지셔닝 맵은 이러한 경쟁자와의 비교 차원을 결정하는 것으로 시작하여 차원의 이름을 결정하고 경쟁자와 자사의 위치를 확인한 다음 그 위치가 적절하지 않다고 판단될 때는 이상적인 위치로 이동하는 활동을 포함하게 된다.

기출문제

I. 다음은 기업이 제품을 포지셔닝(positioning)하는 방법에 대한 설명이다. 그 목적을 바르게 기술한 것을 모두 고른 것은?

ㄱ. 속성에 의한 포지셔닝 : 가장 흔히 사용되는 포지셔닝의 방법으로 제품 자체가 지니고 있는 고유의 특성을 소비자에게 인식시킨다.

ㄴ. 사용 상황에 의한 포지셔닝 : 제품이 사용될 수 있는 적절한 상황이나 용도를 소비자에게 인식시킨다.

ㄷ. 경쟁자에 의한 포지셔닝 : 경쟁사의 제품과 비교하여 자사 제품만이 줄 수 있는 혜택이나 편익을 소비자에게 인식시킨다.

ㄹ. 사용자에 의한 포지셔닝 : 표적시장 내의 전형적인 소비자를 겨냥하여 자사 제품이 그들에게 적합한 제품이라고 인식시킨다.

① ㄱ, ㄴ, ㄷ   ② ㄱ, ㄷ, ㄹ

③ ㄴ, ㄷ, ㄹ   ④ ㄱ, ㄴ, ㄷ, ㄹ

(7급 2010 문 7)

II. 포지셔닝을 위한 유용한 방법 중 하나인 포지셔닝 맵(positioning map)의 작성 단계를 순서대로 바르게 나열한 것은?

ㄱ. 경쟁제품 및 자사제품의 위치 확인

ㄴ. 차원 결정

ㄷ. 차원의 이름 결정

ㄹ. 이상적 포지션의 결정

① ㄱ—ㄴ—ㄷ—ㄹ   ② ㄴ—ㄷ—ㄱ—ㄹ

③ ㄷ—ㄱ—ㄴ—ㄹ   ④ ㄷ—ㄴ—ㄹ—ㄱ

(7급 2011 문 15)

답   I. ④ 모두 맞는 설명이다.

    II. ② 포지셔닝은 차원 결정 → 차원의 이름 결정 → 경쟁제품과 자사제품의 위치 확인 → 이상적 포지션의 결정의 순서로 이루어진다.

사회적 트렌드와 경영 　신체 긍정주의

신체 긍정주의(body positivity)는 지나치게 마른 몸을 아름다운 신체로 규정하는 획일주의에 반대하고 몸무게나 체형에 관계없이 자신의 몸을 있는 그대로 존중하는 인식을 의미한다. 예전에도 1910년대에 디자이너 샤넬은 여성의 잘록한 허리를 강조하는 패션을 과감히 탈피하여 코르셋으로부터 해방시키는 디자인을 선보였고, 2010년에 프랑스 모델 이사벨 카로가 거식증으로 사망한 이후 마른 모델 퇴출 운동이 일어났다. 2015년 이후에도 일반 브래지어보다 와이어리스 브라가 각광받는 탈 코르셋 운동이 진행되었다. 그런데 신체 긍정주의는 개인의 차원을 넘어서 기업의 성과에 영향을 미치는 보다 광범위한 전개 양상을 띠고 있다.

　예를 들어 여성 속옷 제조사인 빅토리아 시크릿은 '완벽한 몸매'라는 광고 문구를 '모든 몸매를 위한 몸매'라고 바꾸었고 화려한 패션쇼도 폐지했다. 기업의 마케팅 방식에 여성의 신체에 대한 인식이 직접적인 영향을 미치게 된 것이다. 2021년 8월에 미국 패션 브랜드인 올드 네이비는 '몸의 평등'를 선언하고 기존의 한정된 디자인을 위한 플러스 사이즈 구역을 폐지하고 모든 디자인의 옷을 플러스 사이즈로 출시하기 시작했다.

　이러한 트렌드는 단순히 더 많은 고객을 상대하여 매출을 늘리는 정책이거나 또는 소외되었던 고객층에 대한 배려 차원으로 해석되지 않는다. 성평등 또는 여성인권에 대한 기업의 윤리적 행동으로 평가될 수 있다. 사실 변화된 윤리적 인식에 발맞추지 못하고 기존의 관행을 바꾸지 않는 것을 '비윤리적'이라고 비판하는 것은 가혹한 측면이 있지만 역사를 살펴보면 유색인종이나 여성 등의 인권 신장은 이러한 방식으로 진행되어 왔던 것을 볼 수 있다. 예전에는 당연하게 여겨왔던 흑인 차별과 여성 인권 무시 등이 시간이 지남에 따라 문제시되어, 보다 평등하고 정의로운 사회로 변화하는 것이 바람직하기 때문이다. 이 과정에서 기업은 중요한 역할을 하게 된다.

생각해 볼 문제

1. 사회를 바람직하게 바꾸는 행동을 하는 기업의 사례를 검색해 보자.

2. 이러한 활동을 하는 기업이 당면하는 비판 또는 부작용(예를 들어 신체 긍정주의로 인해 비만에 대한 경각심이 감소하거나 신체에 대한 상업적 시각은 여전히 존재한다는 등)은 어떤 것이 있는가?

요약

- 마케팅 믹스의 네 가지 요소는 제품, 가격, 유통, 그리고 촉진 활동이다.

- 혁신적 제품을 수용하는 구매자 집단은 혁신자, 조기수용자, 조기다수자, 후기다수자, 지각수용자로 구분할 수 있다.

- 푸시 전략은 제조업체의 계획에 의해 상품을 유통경로에 밀어내는 전략이고 풀 전략은 소비자의 실제 구매에 대응하여 상품이 출고되어 유통이 이루어지는 전략이다. 즉 푸시 전략에서의 촉진 활동은 제조업체에서 도매상에 대해, 그리고 도매상에서 소매상에 대해 이루어지지만 풀 전략에서의 촉진 활동은 광고를 통

해 제조업체에서 최종소비자에 대해 이루어진다.

- FCB 그리드 모델은 관여도의 수준과 상품의 합리성 수준을 기준으로 네 가지 영역을 구분하여 각 영역에 적합한 광고 전략을 제시한다.

- 구매의사결정 5단계는 문제인식 단계, 정보탐색 단계, 대안 평가 단계, 실제 구매, 구매 후 행동 단계를 포함한다.

재무자원의 조달과 운영

경영 리스크 3C

경영 리스크는 매출 부진뿐 아니라 비용이 상승할 때도 발생할 수 있다. 특히 기업의 경영 능력과 무관하게 외부 환경에서 발생하는 리스크가 때로는 치명적인 영향을 미칠 수 있다.

2021년 가을에 벌어진 요소수 사태는 하나의 약한 고리가 경제 전반에 위협이 될 수 있음을 잘 보여주었다. 호주산 석탄 수입을 금지한 중국이 오히려 극심한 전력난을 겪으며 요소를 비롯한 비료 생산이 위축되자 요소 수출 제한 조치를 취하게 되었고, 중국의 요소 수출에 크게 의존하던 한국이 그 유탄을 맞게 된 것이다. 디젤 화물차의 공해물질 저감 장치에 사용되는 요소수가 보충되지 않으면 육상 물류가 전면 중단될 수도 있는 위험에 처하게 되었다.

이러한 핵심 자재의 공급망chain 리스크는 기업에게도 큰 리스크로 작용할 수 있다. 중국은 전기차 제조에 필수적인 마그네슘의 전 세계 공급의 85%를 담당하고 있다. 또한 코로나를 벗어나는 시점에서 각종 비용cost이 상승하는 것도 문제이다. 해상 및 항공 운임도 사상 최고 수준이고 철광석과 구리 등 원자재 가격도 급등하고 있다. 미국의 자산매입 축소로 인해 예측하기 어려운 환율(currency)도 대외의존도가 높은 기업에게 높은 리스크로 작용한다.

▲ 원자재 비용, 공급망 비용, 환율 인상은 경영 리스크를 높인다

이러한 chain, cost, currency의 리스크는 2021년 말 한국 기업에게 부담으로 작용하고 있다. 한국 기업들은 이 위기를 현명하게 극복할 수 있을 것인가?

출처 : 한경경제(2021. 11. 22). 기업 덮친 '3C 공포'… "물가, 금리, 환율 모두 종잡을 수 없다". https://www.hankyung.com/economy/article/2021112262221

기업이 높은 성과를 이루기 위해서 매출만이 중요한 것은 아니다. 재무자원을 조달하고 운용하는 방식도 기업의 성과에 매우 중요한 영향을 미친다. 여기에서 재무자원의 조달에 적용되는 비용과 재무자원의 운용에서 기대할 수 있는 가치를 계산하는 것이 필요하다.

9.1 자본비용의 개념

재무자원의 조달에는 비용이 따른다. 기업은 필요로 하는 재무자원을 조달하기 위해 지분을 판매하여 투자를 받거나 은행에서 대출을 받음으로써 조달할 수 있는데 전자를 자기자본, 후자를 타인자본이라고 한다. 쉽게 말해서 **자기자본**은 주식시장 에서의 자본의 가치를 의미하고 **타인자본**은 부채의 크기를 의미한다.

그리고 이 두 가지 재무자원은 각각 자본비용을 수반한다. 예를 들어 어떤 투자 자가 주식시장에서 어떤 기업의 주식을 구매할 때는 그 금액을 다른 곳에 투자할 때 얻을 수 있는 이익과 비교하게 된다. 기업은 이 자본비용보다 높은 이익률을 투 자자에게 제공할 필요가 있다. 이것이 자기자본비용의 개념이다. 또한 은행이 기 업에게 재무자원을 대출할 때에도 이자율을 적용하는데 기업은 이 이자율을 보장 할 필요가 있다. 이것은 타인자본비용의 개념이다.

이제 기업이 조달하는 총재무자원의 자본비용은 어떻게 정할 수 있을 까? 총재무자원 중에서 자기자본과 타인자본의 비율을 계산하여 자기자 본비용에는 자기자본의 비율을, 타인자본비용에는 타인자본의 비율을 곱 하여 가중평균치를 구하면 된다. 이것이 **가중평균자본비용**(Weighted Average Cost of Capital, WACC)이다. 비용은 낮을수록 좋은 것이므로 가중평균자본비용이 낮을수록 최적자본구조를 갖게 된다.

> **연습문제 1**
>
> ▶ **가중평균자본비용의 두 가지 구성요소를 설명하라.**

$$가중평균자본비용(\text{WACC}) = 자기자본비율 \times 자기자본비용 +$$
$$타인자본비율 \times 타인자본비용$$

대체로 타인자본인 부채의 자본비용은 저렴하므로 부채를 많이 조달할수록 가 중평균자본비용이 낮아지는데, 부채를 너무 많이 사용하게 되면 **재무위험**(financial risk)이 증가하여 주주가 요구하는 수익률인 자기자본비용이 상승하게 된다. 여기 에서 위험에 대해 잠시 설명하면, 부채가 기업의 재무위험을 증가시키는 것 이외 에도 부채와 무관하게 기업이 선택하는 사업영업의 형태에 따른 위험도 존재한다. 기업의 영업이익(Earnings Before Interest and Taxes, EBIT)의 변동성으로 인한 위험을 **영업위험** (operating risk)이라 한다. 즉 앞에서 설명한 재무위험과 영업위험을 더하면 **기업위험** 이다.

더 나아가서 레버리지의 개념에 대해 설명하기로 한다. 레버리지라는 용어는 지

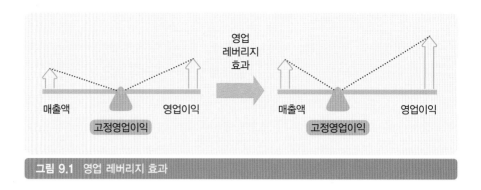

렛대라는 의미인데, 고정지출이 큰 경우에 비해 고정지출이 작은 경우 매출액이 조금만 변화해도 영업이익의 변화율이 커지게 되는 현상을 설명한다. 즉 매출액의 변화율에 대한 영업이익의 변화율이 높으면 이 기업은 매출액에 대해 영업이익이 민감하게 변화하는 기업이라 할 수 있다. 이 비율을 **영업 레버리지**(Degree of Operating Leverage, DOL)라고 한다(그림 9.1).

참고로 이익계산서에서 매출액, 영업이익, 주당순이익이 자리잡은 위치는 다음과 같다.

> 매출액
>> 차감(변동영업이익)
>> 차감(고정영업이익) : 지렛대 역할
> 영업이익
>> 차감(이자비용) : 지렛대 역할
> 세전순이익
>> 차감(법인세)
> 세후순이익
> 세후순이익/총발행주식수 = 주당순이익(EPS)

또한 이러한 현상은 고정 이자비용이 큰 경우에 비해 고정 이자비용이 작은 경우에도 영업이익이 조금만 변화해도 주당순이익 변화율이 커지게 되는 것으로도 나타난다. 즉 영업이익의 변화율과 세후순이익을 총발행주식수로 나눈 **주당순이익**(Earnings Per Shared, EPS)의 관계도 살펴볼 수 있는데, 그 비율이 높으면 이 기업은 영업이익에 대해 주당순이익이 민감하게 변하는 기업이라 할 수 있다. 이 비율을 **재무레버리지**(Degree of Financial Leverage, DFL)라고 한다.

사실 주당순이익은 주식의 가치를 평가하는 중요한 요소로 사용되는데 현재의 주가를 주당순이익으로 나눈 값을 **주가수익비율**(Price-Earning Ratio, PER)이라고 하고 여러 주식들을 비교할 때 사용한다.

연습문제 2

▶ 레버리지의 개념과 그 두 가지 형태를 설명하라.

$$PER = \frac{P}{EPS} = \frac{\text{시가총액}/\text{주식 수}}{\text{세후순이익}/\text{주식 수}}$$

다시 돌아와서, 이제 두 레버리지를 곱하면 매출액의 변화율에 대한 주당순이익의 변화율을 구할 수 있다. 이것을 **결합 레버리지**(Degree of Combined Leverage, DCL)라고 한다. 이것은 매출액의 변화에 대해 주당순이익이 얼마나 민감하게 변화하는가를 보여준다.

$$DCL = DOL \times DFL = \frac{\text{영업이익의 변화}}{\text{매출액의 변화}} = \frac{\text{주당순이익의 변화}}{\text{영업이익의 변화}}$$

즉 적정한 수준의 타인자본을 사용하는 것이 최저 가중평균자본비용을 달성하는 것에 도움이 된다. 이렇듯 최적자본구조에 미치는 영향을 설명하는 이론을 자본구조이론이라고 한다. 먼저 프랑코 모딜리아니(F. Modigliani)와 머턴 밀러(M. Miller)는 법인세를 고려하지 않은 자본구조이론을 제시했는데 기업 가치는 영업이익(＝세후순이익)을 영업위험으로 나눈 값이다. 그 이후 법인세를 고려한 수정이론을 발표했는데, 부채를 사용하면 이자비용만큼 차감된 세전순이익에 법인세가 부과되기 때문에 부채를 많이 사용할수록 세금 절감 효과가 존재한다는 것을 설명했다.

> **기출문제**
>
> **I. 기업의 자본구조와 자본조달에 대한 설명으로 옳은 것은?**
>
> ① 5 : 1로 주식을 분할(stock split)할 경우, 장부상 자본잉여금이 보통주 자본금으로 전입될 뿐 자기자본 총액에는 변동이 없다. (단, 주식분할과 관련된 모든 비용은 무시한다)
>
> ② 기업의 입장에서 볼 때 사채에 비해 우선주는 세후 자본비용이 높다는 단점을 가지고 있다.
>
> ③ 수정된 MM 이론에 의하면 불완전시장요인으로 법인세만을 고려하는 경우, 부채를 사용하는 기업의 가치는 부채를 사용하지 않는 기업의 가치보다 법인세의 현재가치만큼 크다.
>
> ④ 현금배당으로 유보이익이 작을 경우, 투자 자금을 외부에서 조달하기 위해 보통주를 발행하여도 기업경영의 지배권과 지분율에는 영향이 없다.
>
> (7급 2019 문 16)
>
> **답** I. ② 법인세를 고려한 수정된 MM 이론은 사채를 포함한 부채의 긍정적 효과를 설명한다.

추가적으로 채권에 대해 알아보기로 하자. 채권은 기업이 재무자원 조달을 위해 발행하는 증서로서 이표채, 무이표채, 영구채 등이 포함된다. **이표채**(coupon bond)는 매 기간 동안 이자를 지급하고 만기일에 원금을 상환하는 채권이고, **무이표채**(zero coupon bond)는 이자를 지급하지 않고 만기일에 원금을 상환하는 채권이며, **영구채**(perpetual bond)는 원금상환은 없는 대신 매 기간 동안 이자만 영구히 지급하는 채권이다. 시장이자율이 낮은 경우 이자율이 확정된 채권의 가격은 높고, 만기가 길수록 이자율 변동의 확률이 상승하므로 채권가격 변동의 확률도 상승한다.

기업의 신용도와 물적 담보가 기반이 되는 채권 발행과 다른 형태의 자본조달 방법으로서 프로젝트 파이낸싱을 들 수 있다. 대개 대규모 사업을 추진하기 위해 사용되는 이 방법은 사업으로부터 발생하는 미래현금흐름을 기반으로 자금을 조달하는 것으로서 대개 특수목적회사(Special Purpose Company, SPC)를 신설하여 조달하게 된다. 이 특수목적회사는 신용 기록도 없고 대출금에 대한 무한 책임도 없으므로 프로젝트의 실질적인 사업주는 대형 프로젝트의 위험을 회피할 수 있다.

기출문제

I. 최근 대규모 사업의 추진을 위해 프로젝트 파이낸싱(project financing) 방법이 많이 활용되고 있다. 다음 중 프로젝트 파이낸싱에 대한 설명으로 옳은 것은?
  ① 대출을 위해 물적 담보를 제공해야 한다.
  ② 대출신청자의 신용이 대출 결정의 주된 기준이 된다.
  ③ 프로젝트 사업자가 무한책임을 지고 대출금을 상환한다.
  ④ 프로젝트의 수익이 있어야 대출금을 상환할 수 있다.

  (7급 2010 문 19)

II. 다음 중 기업의 장기자금조달 수단으로 적절하지 않은 것은?
  ① 전환사채(CB) 발행
  ② 기업어음(CP) 발행
  ③ 우선주 발행
  ④ 이표채 발행

  (7급 2010 문 18)

답 I. ④ 프로젝트 파이낸싱은 물적 담보가 아니라 미래의 현금흐름을 재원으로 하고, 사업주의 기존 신용과는 무관하게 새로 설립한 특수목적회사가 신청자가 되며, 원리금의 상환은 무한책임이 아니라 해당 프로젝트의 수익 내에서 이루어진다.
  II. ② 이표채는 만기가 정해진 채권이므로 장기자금조달의 수단으로 적절하지 않다.

여러 자본구조이론에서는 최적자본구조에 영향을 미치는 다양한 요인을 고려한다. 먼저 파산비용을 동시에 고려한 파산비용이론에서는 앞에서 설명한 수정이론에서 파산비용의 현재가치를 차감한 기업 가치를 계산한다. 즉 파산비용이 클수록 기업 가치는 하락하게 된다.

대리인 비용은 위임자와 피위임자의 갈등관계에서 나타나는 비용을 의미하는데, 대표적으로 주주와 경영진의 갈등관계에서 발생하는 비용을 들 수 있다. 즉 주주의 경영권을 이양받은 경영진은 대리인으로서 경영을 하면서 주주이익을 극대화해야 하는 대신 경영진의 사적 이익을 추구할 수 있기 때문에 발생하는 모든 비용을 의미한다. 여기에서 비용이란 단순히 금전적인 지출을 의미하는 것이 아니라 주주가 직접 경영할 때는 소요되지 않아도 좋을 모든 형태의 노력, 역량, 자원을 말한다. 먼저 **감시비용**(monitoring cost)은 주주가 경영자를 감시하기 위해 소요되는 비용이고, **확증비용**(bonding cost)은 경영자가 본인이 주주의 이익을 침해하지 않고 있다는 것을 보이기 위해 소요되는 비용이며, **잔여손실**(residual cost)은 감시비용과 확증비용에도 불구하고 경영자의 의사결정이 주주이익과 상이하여 발생하는 주주이익의 손실분이다. 자기자본과 타인자본은 각각의 대리인 비용이 존재하므로 대리인 비용을 고려한 최적자본구조가 존재한다고 설명한다.

이러한 대리인 관계는 주주와 경영진의 관계에서만 발생하는 것은 아니다. 업무의 위임과 그에 대한 감독이 존재하는 모든 관계에 존재한다. 예를 들어 부장(상급자)과 과장(하급자)도 대리인 관계인데, 부장은 본인 업무의 일부를 과장에게 위임하고 감독하게 된다. 여기에서도 동일하게 감시비용, 확증비용, 잔여손실이 발생할 수 있다.

기출문제

I. 대리인 비용을 대리문제 방지수단에 따라 구분할 때, 그 종류에 해당하지 않는 것은?

① 감시비용(monitoring cost)　　　② 확증비용(bonding cost)

③ 잔여손실(residual loss)　　　④ 보상손실(compensation loss)

(7급 2013 문 18)

답　I. ④ 대리인 비용은 감시비용, 확증비용, 잔여손실로 구성된다.

정보불균형 역시 최적자본구조에 영향을 미칠 수 있다. 먼저 스튜어트 마이어(Stewart C. Myers)와 니콜라스 말루프(Nicolas Majluf)는 자본조달순위이론(pecking order theory)에서 정보불균형이 존재할 때는 재무자원의 조달의 원천은 내부유보이익 → 부채

기업 내에서 발생하는 기회주의와 대리인 문제

(1) 비용 증가와 감소가 직선의 형태로 나타나는 경우

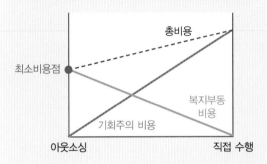

(2) 비용 증가와 감소가 곡선의 형태로 나타나는 경우

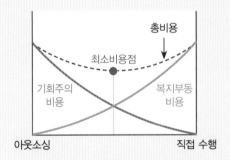

기업 간 협력은 거래 관련 비용을 최소화한다.
– Hennart(1993)에서 인용

제3장에서 기업의 영역은 거래비용을 최소화하는 곳에서 결정된다고 설명했다. 예를 들어 필요할 때마다 1회성 계약에 의해 외부에 아웃소싱하는 기업은 많은 작업을 직접 수행할 필요가 없다. 그러나 이 경우 거래 상대 기업이 기회주의적으로 행동하는 불확실성에 직면해야 한다. 반면에 특정 작업을 직접 수행하는 기업은 외부의 거래 상대 기업이 기회주의적으로 행동할 것에 대해 걱정할 필요가 없지만 그 대신 내부의 부하 직원이 게으르게 일하거나 복지부동하는 등 기회주의적으로 행동하는 불확실성에 직면해야 한다. 불확실성이 높으면

이를 방지하기 위한 비용이 높은 것인데, 예를 들어 내부적인 대리인 비용이 높으면 차라리 아웃소싱하는 것이 더 나을 수 있다.

헤나트는 특정 업무를 아웃소싱할 때의 불확실성과 직접 수행할 때의 불확실성을 비교하는 그래프를 그려서 기업 간 협력을 하는 경우 불확실성의 수준이 가장 낮을 것이라고 주장했다. 완전한 아웃소싱이나 완전한 직접 수행의 경우보다 전략적 제휴 등 협력의 형태를 가질 때 가장 낮은 불확실성에 직면하게 되어 이를 방지하기 위한 비용이 낮을 수 있다는 것이다. 그 이유는 단순하다. 비용의 증가와 감소가 직선이 아니라 곡선의 형태로 나타나기 때문이다.

예를 들어 아웃소싱 거래 대상 기업이 기회주의적으로 행동할 불확실성에 직면하는 경우 약간의 지분만 취득해도 그러한 기회주의적 행동을 상당히 방지할 수 있다. 지분 취득을 통해 통제할 수 있기 때문이다. 굳이 완전히 인수하지 않아도 된다. 또한 내부 직원이 도덕적 해이에 빠져 있거나 심각한 대리인 문제가 발생하는 경우에는 약간의 시장 원리, 예를 들어 성과급 제도를 도입하면 이 문제를 상당히 줄일 수 있다. 그 방법이 해당 직원을 해고하고 프리랜서로 필요할 때마다 거래하는 것보다 더 효과적이다. 그러므로 이 세상에는 완전 아웃소싱(시장 거래)의 형태나 완전 정규직 채용(위계적 거래)보다 기업 간 제휴나 조인트 벤처와 같은 협력(중간적 거래) 형태가 더 많이 존재한다는 것이 헤나트의 주장이다.

출처 : Hennart(1993), Explaining the Swollen Middle: Why Most Transactions Are a Mix of "Market" and "Hierarchy", *Organization Science*, 4(4), 529–547.

발행 → 신주발행의 순서로 선호된다고 주장했다. 또한 로스는 기업의 부채에 의한 신호이론에서 기업이 부채를 많이 사용하면 그 재무자원으로 많은 수익을 올릴 수 있다는 신호로 작용하여 기업의 가치가 상승한다고 설명했고, 헤인 리랜드(Hayne Leland)와 데이비드 파일(David H.Pyle)은 지분율의 신호이론에서 내부 주주는 기업에 대한 정보가 더 많기 때문에 내부 주주의 지분율이 높다는 것은 기업의 미래 수익 창출 능력이 좋다는 신호로 작용하여 기업의 가치가 상승한다고 설명했다.

🔍 기출문제

I. 마이어스(C. Myers)의 자본조달순서이론(pecking order theory)에 따를 경우, 기업이 가장 선호하는 투자자금 조달방식은?

① 회사채　　　　　　　　② 내부유보자금(유보이익)

③ 우선주　　　　　　　　④ 보통주

(7급 2016 문 14)

II. 자본구조이론에 대한 설명으로 적절하지 않은 것은?

① 정보비대칭이 존재하는 경우 기존 주주의 입장에서 보면 내부 유보이익으로 필요자금을 조달하는 것이 최선이다.

② 정보가 불균형인 상태에서 기존 주주에게 유리한 자본조달 순위는 내부금융 → 신주발행 →부채발행 순이다.

③ 대리인 비용, 파산 비용 등의 재무적 곤경비용을 고려할 경우 적정 수준의 부채 사용 시 기업 가치가 최대가 된다.

④ 법인세가 존재하는 경우 부채를 많이 사용할수록 법인세 절감 효과가 발생하여 기업의 가치는 증가하게 된다

(7급 2010 문 20)

답　I. ② 정보비대칭의 경우 가장 선호되는 자금조달방식은 내부유보자금이다.

　　II. ② 정보비대칭의 상태에서 기업의 수익잠재력에 대해 호의적인 신호를 시장에 보내는 경우는 내부금융 → 부채발행 → 신주발행의 순서로 선호된다.

9.2 할인율과 포트폴리오

이제 가중평균자본비용을 계산하기 위한 여러 기초적인 개념에 대해 살펴보기로 하자. 먼저 할인율이라는 개념이 중요한데, 이것은 시간의 흐름에 따라 현금흐름의 가치를 적절히 평가해야 한다는 것을 설명한다. 예를 들어 이자율이 50%로 매우 높다면 오늘 내가 가지고 있는 1,000원은 1년 뒤에는 1,500원이 될 것이고 이자율이 0%라면 오늘의 1,000원은 1년 뒤에도 1,000원이 된다는 것이다. 이것을 반대로 말하면, 내년에 예정된 1,500원의 수입의 오늘 시점의 가치, 즉 **현재가치**(Present Value, PV)는 이자율에 따라 현저하게 다르다는 것을 알 수 있다. 즉 이자율이 50%인 경우에 1년 뒤 1,500원을 현재가치로 환산하면 $1,500/(1 + 0.5) = 1,000$원이고, 이자율이 0%인 경우에는 $1,500/(1 + 0) = 1,500$원이다.

만약 이러한 미래수익을 얻기 위해 오늘 500원을 투자해야 한다면 이 투자로 인해 얻을 수 있는 이익인 **순현재가치**(Net Present Value, NPV)는 각각의 현재가치에서 투자액을 차감하여 계산할 수 있다. 만약 이자율이 50%인 상황에서 투자안 1은 오늘 500원을 투자하여 1년 후에 1,500원, 투자안 2는 오늘 800원을 투자하여 1년 후에 3,000원의 수익을 얻는다면 어느 투자안을 선택해야 할 것인가? 두 투자안의 순현재가치를 계산하면 첫 번째의 경우 $1.500/(1 + 0.5) - 500 = 500$원이고 두 번째의 경우 $3,000/(1 + 0.5) - 800 = 200$원이므로 첫 번째가 더 나은 투자안으로 평가된다. 물론 투자 자금이 풍부하다면 순현재가치가 0보다 큰 투자안을 모두 선택할 수도 있다. 하나의 투자안만 선택할 수 있는 경우는 배타적 투자안의 경우이고, 복수의 투자안을 선택할 수 있는 경우는 독립적 투자안의 경우이다.

순현재가치와 더불어 투자의사결정에 널리 사용되는 방법은 **내부수익률**(Internal Rate of Return, IRR)을 이용하는 방법이다. 이것은 투자로 인한 현금유입액의 현재가치가 투자액과 동일한 할인율을 의미한다. 앞의 예에서 투자안 1에서는 $1,500/(1 + IRR1) = 500$이 성립하는 IRR1이, 투자안 2에서는 $3,000/(1 + IRR2) = 800$이 성립하는 IRR2가 각 투자안의 내부수익률이다. 이 두 내부수익률이 자본비용보다 크다는 전제하에서 내부수익률이 더 큰 투자를 선택하게 된다. 또는 투자 자금이 풍부하다면 단순히 내부수익률이 자본비용보다 큰 투자안을 모두 선택할 수도 있다.

수익성지수법(Profitability Index)은 투자로 인한 현금유입액의 현재가치를 현금유출액의 현재가치로 나눈 값을 이용하는 방법이다. 순현재가치를 이용하는 방법과 유사하며 수익성지수가 가장 큰 투자안을 선택하거나 또는 자금이 풍부하다면 수익성지수가 1보다 큰 모든 투자안을 선택할 수도 있다.

앞에서 설명한 NPV, IRR, PI는 모두 할인율을 고려한 투자의사결정 방법들이다. 그러나 할인율을 고려하지 않은 보다 단순한 방법을 사용할 수도 있다. 첫째, 회수기간(payback period)을 이용하는 방법은 투자로 인한 현금유입액으로 투자원금이 회수되는 기간을 추산하여 가장 짧은 투자안을 선택하는 것이고, 둘째, 회계적 이익률(Accounting Rate of Return, ARR)을 이용하는 방법은 투자로 인한 회계상 연평균 순이익을 연평균 투자액으로 나눈 값이 가장 높은 투자안을 선택하는 것이다. 물론 투자자금이 풍부할 때는 각각 목표하는 회수 기간보다 짧거나 목표이익율보다 높은 모든 투자안을 채택할 수도 있다.

기출문제

I. 단일 투자대안의 경제성 평가방법에 대한 설명으로 옳지 않은 것은?

① 순현가법(NPV)은 투자대안의 현금흐름을 현재가치로 할인하고 투자원금과 비교하여 채택 여부를 결정한다.

② 회계적이익률법(AAR)은 장부상 연평균 회계적 이익이 장부상 총자산에서 차지하는 비율로 측정된다.

③ 내부수익률(IRR)로 투자대안의 현금흐름을 할인하면 순현재 가치는 '0'이 된다.

④ 회수기간법(PB)은 투자대안의 현금흐름을 바탕으로 투자원금을 회수하는 데 걸리는 기간을 측정하지만, 자의적인 판단기준이 필요하다.

(7급 2020 문 15)

II. 투자안의 경제성 평가 방법에서 상호배타적 투자안에 대한 의사 결정으로 적절한 것은?

① 투자안의 수익성지수(PI)가 0보다 큰 투자안 중에서 가장 낮은 투자안을 선택한다.

　　② 투자안의 내부수익률(IRR)이 할인율보다 낮은 투자안 중에서 가장 높은

　　　투자안을 선택한다.

　　③ 투자안의 평균회계이익률(AAR)이 목표 AAR보다 큰 투자안 중에서 가장

　　　낮은 투자안을 선택한다.

　　④ 투자안의 순현재가치(NPV)가 0보다 큰 투자안 중에서 가장 높은 투자안을

　　　선택한다.

(7급 2015 문 20)

III. 투자안 분석에서 순현가법(net present value method)과 내부 수익률법(internal rate of return method)을 비교한 설명으로 적절하지 않은 것은?

　　① 투자안에서 발생하는 현금유입을 순현가법에서는 할인율로, 내부수익률

　　　법에서는 내부수익률로 재투자한다고 가정한다.

　　② 순현가법에서는 순현가가 하나 존재하고, 내부수익률법에서는 내부수익

　　　률이 전혀 존재하지 않거나 여러 개의 내부수익률이 나타날 수 있다.

　　③ 순현가법에서는 가치의 가산법칙이 적용되지 않고, 내부 수익률법에서는

　　　가치의 가산법칙이 적용된다.

　　④ 독립적 투자안의 경우 순현가법이나 내부수익률법에 의한 투자평가 결과

　　　가 항상 같지만, 상호배타적 투자안의 경우 두 방법의 투자평가 결과가 서

　　　로 다를 수 있다.

(7급 2012 문 20)

답　I. ② 회계적 이익률은 연평균 회계적 순이익을 연평균 투자액으로 나눈 비율이다.

　　II. ④ PI는 클수록 좋고, IRR은 할인율보다 높아야 하며, AAR은 클수록 좋다.

　　III. ③ 가치의 가산법칙은 순현재가치 방식에서 적용되고 내부수익률법에서는 적용되지 않는다.

　　이제 복수의 투자안의 포트폴리오로부터 기대할 수 있는 수익률에 대해 설명하기로 한다. 투자안들은 각기 상이한 수준의 위험을 가질 수 있다. 여기에서의 위험이란 주식이 등락하는 확률을 의미하고 이를 통계학 용어로 설명하자면 미래수익의 분산이라 할 수 있는데, 분산의 제곱근을 표준편차라 한다. 기대하는 수익이 실제로 발생하지 않을 확률이 높은 주식은 분산이 큰 주식이다. 예를 들어 A 주식이

월간 3% 정도로 등락하는 것에 비해 B 주식이 월간 100~200% 정도로 등락한다면 B 주식의 분산이 훨씬 크다고 할 수 있다. 대개 위험회피형 투자자는 위험이 큰 투자안에 대해 큰 수익률을 요구한다.

기출문제

Ⅰ. 미래수익의 위험(변동정도)을 측정하기 위한 지표로 옳지 않은 것은?

① 분산

② 분산의 제곱근

③ 표준편차

④ 평균값

(7급 2014 문 14)

답 Ⅰ. ④ 미래수익의 위험은 분산 또는 그 제곱근인 표준편차로 구할 수 있다.

포트폴리오라는 용어는 여러 가지를 보관한다는 개념으로서 다양한 미술 작품의 묶음을 의미하기도 하고 서류를 휴대하기 위한 가방을 의미하기도 한다. 재무관리에서의 포트폴리오는 투자안의 묶음을 의미하는데, 주식 투자의 예를 들자면 위험이 상이한 복수의 주식에 투자하는 것을 의미한다. 복수의 투자안으로 구성된 포트폴리오의 기대수익률은 다음과 같이 표시된다.

$$E(R_p) = \omega_1 E(R_1) + \omega_2 E(R_2) + \cdots$$
$$= \sum_{i=1}^{n} \omega_i E(R_n)$$

여기에서 가중치를 의미하는 W_i는 포트폴리오에서의 주식 R_i의 구성비율이다. 만약 두 가지 주식에 투자했는데 첫 번째 주식과 두 번째 주식이 매우 관련성이 높아서(예를 들어 두 기업 모두 석유화학산업의 기업 등) 높은 상관관계를 가질 경우 위험은 분산되지 않는다. 반면 두 주식의 상관관계가 낮을 경우 위험 분산 효과는 크게 나타나게 된다. 이것을 위험분산효과라 하고 그림 9.2와 같이 그래프로 표시한다. 이 그

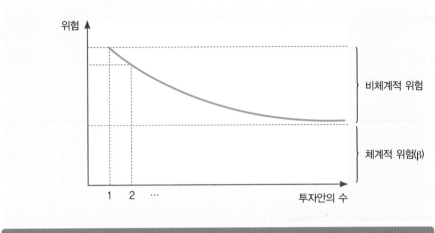

그림 9.2   위험분산효과

래프에서 **비체계적 위험**은 개별 투자 기업들의 경영 방식에 의해 개선될 수 있는 위험이므로 포트폴리오에 포함되는 투자안의 수를 증가하면 위험분산에 의해 제거할 수 있는 위험이고, 체계적 위험은 환율 변동 등 모든 주식에 영향을 미쳐서 투자안의 수를 증가해도 제거할 수 없는 외부환경적 위험이다.

이제 투자자의 입장에서는 위험보다 높은 수익을 기대할 수 있는 투자안 중에서 최적 포트폴리오를 선택하게 되는데, 이 포트폴리오들을 잇는 선을 **효율적 투자선**(efficient frontier)이라고 한다(그림 9.3). 여기에서 효율적이라는 것은 동일한 기대수익률을 가진 투자안 중에서는 가장 낮은 위험을 갖고, 동일한 위험을 갖는 투자안 중에서는 가장 높은 기대수익률을 갖는다는 의미이다. 이 곡선은 x축에 대해 오목한 형태를 갖는데, 그 이유는 위험을 회피하는 투자자는 위험이 증가할 때 기대수익률이 더욱 가파르게 증가하는 위험-기대수익의 조합을 의미하는 무차별곡선을 갖기 때문이다. 동일한 조건의 효율적인 무차별곡선을 연결하면 그림 9.3과 같이 x축에 대해 오목한 곡선이 형성된다.

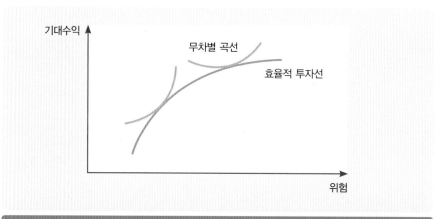

그림 9.3 효율적 투자선

기출문제

I. 두 자산 A, B의 베타(β 체계적 위험)는 각각 1.35와 0.9이다. 자산 A에 40%, 자산 B에 60%를 투자하여 구성한 포트폴리오의 베타는?

① 0.45 ② 1.08

③ 1.17 ④ 2.25

(7급 2018 문 8)

II. 포트폴리오의 위험분산효과에 대한 설명으로 옳지 않은 것은?

① 자산을 결합하여 포트폴리오를 구성함으로써 위험이 감소하는 현상이다.

② 위험분산효과가 나타나는 이유는 포트폴리오를 구성하는 자산들의 변동성이 상쇄되기 때문이다.

③ 포트폴리오의 위험 중에서 분산투자로 줄일 수 없는 위험을 체계적 위험이라고 한다.

④ 포트폴리오의 위험은 일반적으로 포트폴리오를 구성하는 투자 종목 수가 많을수록 증가한다.

(7급 2018 문 19)

답 I. ② 두 자산의 베타의 가중평균이므로 1.35 × 0.4 + 0.9 × 0.6 = 1.080이다

II. ④ 포트폴리오의 위험 중 비체계적 위험은 투자 종목 수의 증가에 따라 감소하지 않는다.

9.3 자본시장선과 증권시장선

이제 무위험이자율이 존재할 때의 효율적 투자선에 대해 알아보자. 무위험이자율은 어떠한 경우에도 보장되는 이자율로서 대개 어느 경제환경에서의 최저이자율로 이해할 수 있다. 이 경우 투자자는 무위험이자율과 효율적 투자선의 어느 점을 잇는 직선 내에서 자의적인 비율로 투자 포트폴리오를 구성할 수 있는데, 가장 높은 기울기를 가진 경우에 가장 높은 수익을 기대할 수 있다. 이 선이 **자본시장선**(Capital Market Line, CML)이다(그림 9.4).

연습문제 3

▶ 자본시장선과 증권시장선의 차이점을 설명하라.

이 그래프에서 R_f와 M을 연결하는 직선인 자본시장선을 표현하는 식은 다음과 같다.

$$E(R_p) = R_f + \frac{E(R_M) - R_f}{\sigma_M} \times \sigma_P$$
$$Y = a + bX$$

직선의 방정식을 떠올려 보자. 기본형인 $Y = a + bX$에서 먼저 Y축은 포트폴리오의 기대수익, a인 Y절편은 그래프에서 R_f이다. 자본시장선의 기울기인 b는 R_f와 M을 잇는 선의 x의 증가분에 대한 y의 증가분이다. 마지막으로 X축은 포트폴리오의 위험이다. 결국 이 방정식은 무위험이자율이 존재할 때는 그 점과 M(시장 포트폴

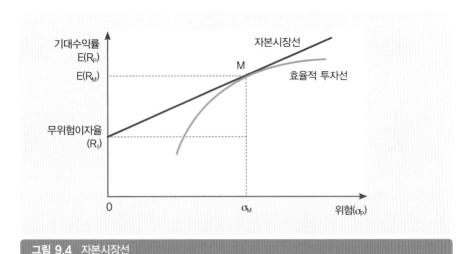

그림 9.4 자본시장선

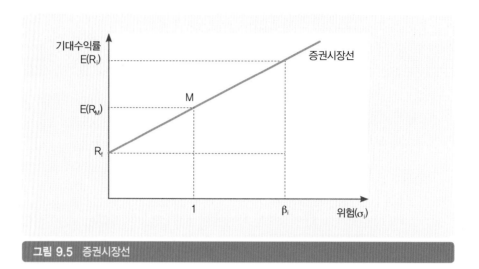

그림 9.5　증권시장선

리오)을 잇는 자본시장선을 따라서 위험이 증가할수록 기대수익률이 증가해야 한다는 것을 설명한다.

자본시장선은 시장 포트폴리오에서 위험과 기대수익률의 관계를 설명하는데, 이러한 균형상태에서 개별 주식의 위험과 기대수익률의 관계를 설명하는 것이 증권시장선(Security Market Line, SML)이다(그림 9.5).

이 그래프는 개별주식의 기대수익률에 관심을 두며 M에서의 개별주식의 총위험은 체계적 위험인 1이다. R_f와 M을 연결하는 직선인 증권시장선을 표현하는 식은 다음과 같다.

$$E(R_i) = R_f + [E(R_M) - R_f] \times \beta_i$$

증권시장선은 특정 주식의 균형수익률을 의미한다. 기대수익률과 균형수익률의 차이가 발생하면 이것은 주식의 가격에 의해 조정된다. 예를 들어 주식 A의 기대수익률이 증권시장선(균형수익률)보다 저조하다고 가정해보자. 이 주식은 주가보다 기대가 저조한 것이므로 투자자들은 주식시장에 팔 것이고, 그 결과 공급이 증가하고 가격이 하락하여 기대수익률이 상승하여 증권시장선상에서 균형을 이루게 된다. 반대로 기대수익률이 균형수익률보다 높다면 수요가 증가하여 가격이 상승하고 그 결과 기대수익률이 하락하여 증권시장선상에서 균형을 이루게 된다(그림 9.6).

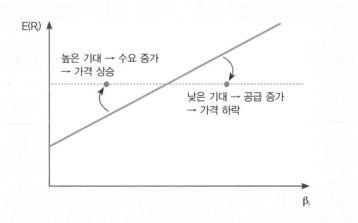

그림 9.6 증권시장선에서의 균형 작용

기출문제

I. 주식 또는 포트폴리오의 기대수익률과 체계적 위험인 베타(β) 사이의 관계를 보여주는 증권시장선(Security Market Line, SML)에 대한 설명으로 옳은 것은?

① 증권시장선의 기울기를 나타내는 베타(β)는 체계적 위험의 크기를 의미한다.

② 베타(β)는 체계적 위험을 나타내는 척도이므로 0 이상의 값을 가져야 한다.

③ 증권시장선의 기울기는 음(−)이 될 수 없다.

④ 시장포트폴리오의 베타(β)는 증권시장의 호황 또는 불황 여부에 따라 그 값이 달라진다.

(7급 2019 문 9)

답 I. ③ 효율적 투자선이 x축에 대해 오목하므로 증권시장선의 기울기도 음(−)이 될 수 없다.

9.4 자본자산 가격결정모형

이제 앞에서 배운 내용을 바탕으로 가중평균자본비용을 계산하는 방법을 살펴보기로 하자. 먼저 지금까지 설명한 개념들은 자기자본비용을 계산하는 모형인 **자본자산 가격결정 모형**(Capital Asset Pricing Model, CAPM)에 등장하는 내용이었다. 앞에서 설명한 증권시장선과 매우 유사하게 보이는 이 모형은 특정 주식 s의 자기자본비용을 계산하는 모형으로서 다음과 같이 표현된다.

$$r_S = r_f + [E(R_m) - r_f]\beta s$$

r_S : 주식 s의 자기자본비용

r_f : 무위험 이자율

$E(R_m)$: 시장의 기대수익률

β_s : 주식 s의 체계적 위험

타인자본비용은 채권이 약속하는 만기수익률인데, 세후 타인자본비용은 세금이 적용되는 만기수익률을 차감한 금액이므로 다음과 같이 계산된다.

$$r_b = r_b \times t = r_b(1 - t)$$

r_b : 채권 B의 타인자본비용

$r_b(1 - t)$: 채권 B의 세후 타인자본비용

이제 앞에서 설명했던 가중평균자본비용을 자세하게 설명하면 다음과 같다.

$$
\begin{aligned}
\text{가중평균자본비용(WACC)} &= \text{자기자본비율} \times \text{자기자본비용} + \\
&\quad \text{타인자본비율} \times \text{타인자본비용} \\
&= \frac{s}{s + b} \times r_s + \frac{b}{s + b} \times r_b(1 - t) \\
&= \frac{s}{s + b}[r_s + [E(R_m) - r_f]\beta_s] \\
&\quad + \frac{b}{s + b} \times r_b(1 - t)
\end{aligned}
$$

기출문제

I. 표면이자율 연 10%, 이자 연 2회 지급, 만기 20년인 채권은 기업의 유일한 부채이고 액면가에 거래되고 있으며 부채비율(부채/자기자본)은 0.5이다. 이 기업의 가중평균자본비용(WACC)은 12%이고 법인세율은 20%일 때, 자기자본비용은?

① 8%   ② 10%

③ 13%   ④ 14%

(7급 2020 문 5)

II. A주식회사는 우선주 1만 주와 보통주 5만 주를 발행하였으며, 우선주의 시장가격은 주당 5,000원, 보통주의 시장가격은 주당 2,000원이다. 또한 A주식회사가 발행한 회사채의 시장가치는 1억 원이다. 우선주 자본비용이 6%, 보통주 자본비용이 8%, 회사채 자본비용이 5%이고, 법인세율이 40%일 때 A주식회사의 가중평균자본비용은?

① 5.00%   ② 5.60%

③ 6.00%   ④ 6.40%

(7급 2015 문 19)

답   I. ④ 가중평균자본비용 = 자기자본/총자본 × 자기자본비용 + 타인자본/총자본 × 타인자본비용.

여기에서 부채/자기자본 = 0.5이므로 부채/총자본 = 1/3, 자기자본/총자본 = 2/3이다. 또한 타인자본비용은 만기수익률인 0.1이다.

0.12 = 2/3 × 자기자본비용 + 1/3 × 0.1(1 − 0.2)

0.12 = 2/3 × 자기자본비용 + 1/3 × 0.08

0.36 = 2 × 자기자본비용 + 0.08

자기자본비용 = (0.36 − 0.08) / 2 = 0.14

II. ② 가중평균자본비용은 우선주 비율 × 우선주 자본비용 + 보통주 비율 × 보통주 자본비용 + 채권 비율 × 채권 자본비용으로 계산된다. 먼저 기업의 총시장가치는 우선주 10,000주 × 5,000원 + 보통주 50,000주 × 2,000원 + 회사채 100,000,000원 = 250,000,000원이므로 가중평균자본비용은 (50,000,000/250,000,000) × 0.06 + (100,000,000/250,000,000) × 0.08 + (100,000,000 / 250,000,000) × 0.05(1 − 0.4) = 0.012 + 0.032 + 0.012 = 0.056, 즉 5.6%이다.

9.5   파생상품과 배당

기업은 다양한 파생상품에 투자하거나 배당을 통해 재무자원을 운용할 수 있다. 파생상품은 현물시장, 즉 현재의 가격으로 증권이나 물품이 거래되는 시장에서의 금융상품 이외에 미래 시점에서 거래될 것을 약속하는 시장에서 거래되는 금융상품을 포함한다. 미래 시점에서 일어날 거래를 미리 하는 이유는 미래에 발생할 수 있는 경제 환경의 변동, 즉 불확실성을 제거하기 위해서이다. 예를 들어 **선물거래**(futures)는 특정 상품을 미래 시점에서 매입 또는 매도하기로 현재 시점에서 약속하는 거래이다. 이것은 품질과 가격이 규격화된 금과 은 등 광물과 커피와 밀 등 농산물, 그리고 주식이나 외환 등을 포함한다. 선물거래는 기후변화 등으로 급격히 가격이 변동하는 불확실성을 회피하여 시장을 안정시키려는 목적도 있는데, 오히려 투기 대상으로 사용되는 경향도 보인다. 선물거래를 통한 위험 회피를 **헤지**(hedge)라 한다. 헤지는 현물시장의 거래와 반대의 거래를 예정하는 방식으로 취하게 되는데, 이것을 **포지션**이라고 한다. 포지션 중 **매입 헤지**는 미래에 구입할 예정인 현물을 선물로 매입하는 거래이고, **매도 헤지**는 미래에 판매할 현물을 선물로 매도하는 것이다.

> **기출문제**
>
> **I.** 1년 후에 현물가격이 변동하면 발생할 수 있는 손해를 제거하기 위해 선물(futures) 계약을 이용하여 헤지(hedge)를 할 경우 포지션이 다른 것은?
>
> ① 주식을 공매하고 1년 후에 공매한 주식을 상환할 경우
> ② 해외골동품 대금을 1년 후에 유로화로 지급할 경우
> ③ 유학을 가기 위해 1년 후에 미국 달러화로 환전할 경우
> ④ 보유 중인 채권을 1년 후에 매각할 경우
>
> (7급 2017 문 6)
>
> **II.** 향후 발생할 수 있는 불확실한 자산가격변동 위험 대비 투자전략에 대한 설명으로 옳은 것은?
>
> ① 분산 투자된 자산의 위험회피는 양(+)의 상관관계가 높은 자산들에 동일한 방향으로 포지션을 취할 때 효과적이다.

② 분산 투자된 자산의 위험회피는 자산들 간의 상관계수가 +0.5에 가까울 수록 효과적이다.

③ 자산의 헤지(hedge)는 헤지 대상과 헤지 수단 간의 상관계수가 +1.0에 가까울수록 효과적이다.

④ 자산의 헤지(hedge)는 양(+)의 상관관계가 낮은 자산들에 반대 방향으로 포지션을 취할 때 효과적이다.

(7급 2011 문 13)

답   I. ④ 주식 공매, 골동품 매입, 달러화 환전은 매입 헤지이고 채권 매각은 매도 헤지이다.

II. ③ 헤지 대상은 현물, 헤지 수단은 반대 거래를 의미하므로 상관관계 1에 가까울수록 효과적이다.

선물거래가 표준화된 특정 상품을 대상으로 하는 반면 **선도거래**(forwards)는 거래 당사자의 합의에 의해 이루어지는 자유로운 거래이다. 비유를 하자면 선물거래는 상장기업을 대상으로 주식시장에서 매일매일 발생하는 규격화된 거래이고 선도거래는 당사자들이 맺는 일회성 거래이다.

선물거래와 선도거래는 미래 특정 시점의 거래를 확정하는 거래이지만 **옵션**(options)은 거래를 확정하지 않고 거래의 권리만을 거래하는 형식을 갖는다. 여기에서 거래 대상을 구입할 수 있는 권리를 **콜 옵션**(call option), 판매할 수 있는 권리를 **풋 옵션**(put option)이라고 한다. 예를 들어 특정 주식이 현재 1만 원인데 그 주식을 3개월 이내에 1만 원에 구입할 수 있는 권리를 500원에 구입하는 것은 콜 옵션을 구입하는 것이다. 여기에서 옵션의 가격에 영향을 미치는 요인들을 정리한 모형이 **블랙-숄즈**(Black-Scholes) **모형**인데, 기초자산의 분산이 클수록, 옵션 만기가 길수록, 옵션행사 가격이 낮을수록, 옵션행사로 인한 현금흐름이 클수록, 그리고 무위험이자율이 높을수록 콜 옵션의 가격이 높다. 거래의 대상, 즉 기초자산을 주식 A라고 해 보자. 첫째, 기초자산의 분산이 크다는 것은 주식 A의 가격 등락이 크다는 것이다. 콜 옵션은 저렴한 가격으로 매입할 수 있는 권리를 의미하므로 가격이 크게 상승할 가능성이 있는 경우 옵션 구입을 매력적으로 만들고 따라서 높은 가격이 형성된다. 둘째, 옵션 만기가 길면 기초자산의 가격이 상승

연습문제 4

▶ **콜 옵션과 풋 옵션에 대해 설명하라.**

할 확률이 높아지므로 옵션 구입을 매력적으로 만든다. 셋째, 옵션행사 가격은 기초자산을 구매할 수 있는 가격을 의미하는데, 이 가격이 낮을수록 옵션이 행사될 가능성이 크므로 옵션 구입을 매력적으로 만든다. 넷째, 옵션행사로 인한 현금흐름은 주식 A의 현재 가격에서 추정할 수 있는데, 그 금액이 클수록 옵션가치가 크다. 다섯째, 무위험이자율이 클수록 옵션가격을 현재가치로 할인하는 크기가 커지므로 옵션 구입을 매력적으로 만든다.

옵션을 구입함으로써 기초자산 가격의 변동에 따른 잠재적 이익을 모두 취하면서도 위험을 고정하게 된다. 예를 들어 주식 A의 콜 옵션을 구입하면 옵션가격을 고정적 비용으로 지출하는 대신 만기 내에 주식의 시가가 상승하는 경우에는 미리 약정한 낮은 가격으로 구입, 즉 콜 옵션을 행사하면서 시가와 옵션행사 가격의 차이를 이득으로 무제한 취할 수 있다. 또한 현재 보유한 주식 B의 풋 옵션을 구입하면 옵션가격을 고정적 비용으로 지출하는 대신 만기 내에 주식의 시가가 하락하는 경우에는 미리 약정한 높은 가격으로 판매, 즉 풋 옵션을 행사하면서 시가와 옵션행사 가격의 차이를 이득으로 무제한 취할 수 있다. 이때 옵션을 행사하면 이익을 얻는 상태를 **내가격**(in the money), 옵션을 행사하면 손실이 발생하는 상태를 **외가격**(out the money), 그리고 옵션을 행사해도 손익이 발생하지 않는 상태를 **등가격**(at the money)이라고 한다.

옵션은 유가증권과 결합되기도 한다. **옵션부 채권**은 일반채권과 옵션을 결합한 것인데, 예를 들어 **신주인수권부사채**(Bond with Warrants, BW)는 채권자가 사채로 구입하면서 신주인수권, 즉 채권자가 콜 옵션을 갖는 경우이고, **전환사채**(Convertible Bond, CB)는 채권을 신주로 전환할 수 있는 권리, 즉 채권자가 콜 옵션을 갖는 경우이다. **수의상환사채**(callable bond)는 기업이 상환할 수 있는 권리를 갖는, 즉 기업이 콜 옵션을 갖는 경우이고, **상환청구권부사채**(puttable bond)는 채권자가 상환할 수 있는 권리를 갖는, 즉 채권자가 풋 옵션을 갖는 경우이다.

기출문제

I. 신주인수권부사채에 대한 설명으로 옳지 않은 것은?

① 신주를 매입한 후에 채권은 소멸된다.

② 신주인수권은 분리되어 별도로 거래될 수 있다.

③ 주식의 인수 여부는 투자자의 판단에 달려 있다.

④ 보통주를 매입할 수 있는 권리를 갖게 된다.

(7급 2014 문 11)

II. 기초 자산을 약정된 만기일에 약정된 행사가격을 받고 매도할 수 있는 권리는?

① 콜 옵션(call option) ② 풋 옵션(put option)

③ 선물(futures) ④ 선도거래(forward transaction)

(7급 2013 문 2)

III. 파생금융상품에 대한 설명으로 옳지 않은 것은?

① 옵션은 만기와 행사가격이 미리 정해지기 때문에 기초자산 가격에 관계없이 그 가치가 일정한 조건부청구권이다.

② 풋옵션은 기초자산을 팔 수 있는 권리이므로 만기일이 도래했을 때 기초자산의 시장가격이 행사가격보다 낮으면 그 권리를 행사하여 시장가격보다 비싼 가격으로 판매한다.

③ 제품의 실수요자와 실공급자는 미래에 나타날 수 있는 가격 변동위험을 회피하기 위해 선물계약을 체결할 수 있다.

④ 옵션소유자에게는 권리만이 존재하는 반면 선물 거래당사자는 의무를 부담한다.

(7급 2012 문 18)

IV. 옵션부 채권에 내재된 옵션의 종류와 채권보유자 입장에서의 포지션을 바르게 연결한 것은?

① 수의상환사채 : 콜옵션-매입 포지션

② 전환사채 : 콜옵션-매입 포지션

③ 신주인수권부사채 : 풋 옵션-매도 포지션

④ 신주인수권부사채 : 풋 옵션−매입 포지션

(7급 2011 문 9)

V. 포트폴리오보험(portfolio insurance) 전략에 대한 설명으로 옳지 않은 것은?

① 포트폴리오의 가치가 일정 수준 이하로 하락하는 것을 방지하려는 투자 전략이다.

② 보유하고 있는 포트폴리오에 기초한 풋옵션을 포트폴리오와 함께 매입하여 만들 수 있다.

③ 주식포트폴리오의 경우 콜옵션을 매도하고 동시에 무위험채권을 매입하여 만들 수 있다.

④ 풋옵션 매입포지션을 이용할 경우 방어적 풋(protective put) 전략이라고도 한다.

(7급 2011 문 6)

답 Ⅰ. ① 신주인수권은 채권과 별도로 거래될 수 있는 콜 옵션이다.

Ⅱ. ② 풋 옵션은 매도할 수 있는 권리이다.

Ⅲ. ① 기초자산 가격이 높을수록 옵션가치는 크다.

Ⅳ. ② 수의상환사채는 기업이 콜 옵션을, 신주인수권부사채는 채권자가 콜 옵션을 갖는 경우이다.

Ⅴ. ③ 보유 중인 자산에 대해 풋 옵션을 매입하여 가격 하락에 대한 위험을 상쇄하는 방법의 대안으로서 무위험채권을 매입할 때 동시에 콜 옵션을 매입하는 방법을 사용할 수 있다.

연습문제 5

▶ **배당정책과 기업 가치의 관련성에 대해 설명하라.**

배당정책은 기업의 가치에 영향을 미친다. 일반적으로 투자자는 높은 현금배당을 실시하는 기업을 선호하게 되므로 배당금과 주가는 비례하게 된다. 만약 배당금이 매년 일정하다면 배당금의 현재가치는 다음과 같다. 이 모형을 배당의 제로성장 모형이라고 한다.

$$기업 \ 가치 \ = \ \sum_{i=1}^{\infty} \frac{D}{(1+r)^i} = \frac{D}{r}$$

D : 배당금, r : 이자율

배당금이 매년 일정한 비율 g로 증가하는 경우의 모형은 다음과 같다.

$$기업 가치 = \sum_{i=1}^{\infty} \frac{D(1 + g)^{i-1}}{(1 + r)^i} = \frac{D}{r - g}$$

$$D : 배당금, \; r : 이자율, \; g : 배당증가율$$

기출문제

I. 우리나라 주식시장에서 주주들이 고배당기업을 선호하는 이유로 옳지 않은 것은?

① 세금효과   ② 불확실성 제거

③ 신호효과   ④ 현재수입 선호

(7급 2014 문 8)

II. 다음과 같이 ㈜한국기업의 배당정책이 바뀐 후, 이 기업의 가치는?

㈜한국기업은 부채를 사용하지 않는 기업으로 매년 100억 원의 현금흐름을 창출하고 있으며, 매년 발생하는 현금흐름은 재투자 없이 모두 배당하는 정책을 가지고 있었다. 그런데 새로 임명된 최고경영자(CEO)는 향후 매년 발생하는 100억 원의 현금흐름 중 1/2은 재투자하고, 나머지 1/2은 배당하는 것으로 정책을 바꾸었다. (단, 이 기업의 자본비용과 재투자수익률은 10%이며, 이 기업은 모딜리아니와 밀러가 가정하는 세계에 존재한다)

① 500억 원   ② 1,000억 원

③ 1,100억 원   ④ 1,200억 원

(7급 2011 문 20)

III. 주식배당과 주식분할에 대한 설명으로 옳지 않은 것은? (단, 주식배당과 주식분할 전후 순이익은 변화가 없다)

① 주식분할 후 주당 순이익이 감소한다.

② 주식배당 후 주식의 액면가는 변화가 없지만, 주식분할 후 주식의 액면가는 감소한다.

③ 주식배당 후 주당 순이익은 변화가 없다.

④ 주식배당 후 이익잉여금은 감소하지만, 주식분할 후 이익잉여금은 변화가 없다.

(7급 2016 문 7)

> **답** I. ① 배당은 법인세 납부 후 이루어지므로 세금효과와 무관하다.
>
> II. ② 모딜리아니와 밀러가 가정하는 세계에서는 기업의 가치는 자본구조와 무관하고, 현금
> 흐름이 매년 동일하므로 배당금도 매년 일정하다. 이 경우 무성장모형을 적용하여 기업 가치
> 는 100억 원/0.1 = 1,000억 원이다.
>
> III. ③ 주식분할은 순이익에 영향을 미치지 않고 주식의 수만 증가하는 것으로서 순이익을
> 주식 수로 나눈 주당순이익(EPS)을 감소시키며, 주식의 액면가를 감소시킨다. 주식배당은 순
> 이익을 주식의 형태로 배당하는 것이므로 순이익을 감소시킨다.

9.6 인수합병

기업인수는 인수기업이 피인수기업의 지분을 매입하는 것이고, 합병은 두 기업이 소멸하고 새로운 기업이 탄생하는 것이다. 대부분의 합병은 실제로는 한 기업이 주도적인 역할을 수행하는 인수이지만 적대적 느낌을 피하기 위해 합병이라는 용어를 사용하게 된다.

기출문제

I. 기업의 인수·합병(Merger & Acquisition, M&A)에 대한 설명으로 옳지 않은 것은?

① 인수대상 기업의 자산을 담보로 인수자금의 대부분을 조달하는 방법을 황금낙하산(golden parachute)이라고 한다.

② 2개 이상의 독립된 기업이 모두 해산, 소멸한 후에 새로운 기업을 설립하고, 신설되는 기업이 모든 자산과 부채를 승계하는 방법을 신설합병(consolidation merger)이라고 한다.

③ 수평적 합병(horizontal merger)은 동종 산업에서 제품군이 유사한 두 기업이 비용 절감, 생산성 향상, 경쟁 회피 등을 위해 합병하는 것이다.

④ 수직적 합병(vertical merger)은 공급사슬상의 전방 또는 후방에 위치한 기업을 사들여 경쟁력을 키우고자 하는 합병이다.

(7급 2018 문 5)

II. 100% 자기자본만으로 구성되어 있는 X회사와 Y회사의 현재 기업 가치는 각각 70억 원, 30억 원이다. X회사가 Y회사를 합병하여 XY회사가 탄생하면 합병 후 기업 가치는 120억 원이 될 것으로 추정된다. X회사의 Y회사 인수가격이 40억 원일 경우 X회사의 입장에서 합병의 순현가는? (단, 다른 조건은 고려하지 않는다)

① 10억 원 ② 20억 원

③ 50억 원 ④ 80억 원

(7급 2016 문 19)

III. 기업 인수합병(M&A)의 여러 동기 중 합병 기업의 기업 가치 제고효과에 해당하지 않는 것은?

① 세금효과(tax effect)

② 저평가가설(under-valuation hypothesis)

③ 재무시너지효과(financial synergy effect)

④ 황금낙하산(golden parachute)

(7급 2015 문 11)

답 I. ① 황금낙하산은 인수 후 경영진 퇴진에 거액의 보상을 약속하는 것이다.

II. ① X회사가 지불한 인수가격이 40억 원이고 증가한 기업 가치가 120 − 70 = 50억 원이므로 합병의 순현재가치는 10억 원이다.

III. ④ 황금낙하산은 적대적 인수합병에 대해 방어하는 방법으로 사용된다.

위드 코로나 시대의 투자전략

코로나는 전 세계 경제의 거의 모든 부문에 치명적인 타격을 입혔지만 코로나로 인해 오히려 큰 성장 기회를 맞이한 산업도 존재했다. 예를 들어 재택 근무를 위한 온라인 화상회의 관련 산업, 신약 개발이나 또는 마스크 제조와 같은 의약 관련 산업도 크게 성장했다. 국내보다 상대적으로 저렴한 외국으로 골프 여행을 가지 못한 골퍼들은 국내 골프장의 이익 제고에 큰 기여를 했고, 헬스장 이용이 제한되자 집 안에 소위 홈 짐(home gym)을 마련하는 사람들이 늘어서 실내 운동 기구의 판매가 증가했다.

이제는 코로나와 함께 살아가는 '위드 코로나' 시대를 준비해야 할 것이라는 의견이 지배적이다. 먼저 코로나로 인해 억제되었던 소비 욕망이 분출되어 나타나는 '보복소비' 성향이 가장 잘 나타나는 분야는 여행, 레저, 화장품, 엔터테인먼트일 것이므로 이 분야의 기업 가치가 상승할 것이라는 예측이다. 비대면으로 인해 온라인 배송사업은 이미 크게 성장했지만 이제 오프라인 쇼핑이 가능하게 되면 백화점 등 유통기업의 가치 상승도 기대된다.

전반적인 주식 시장의 규모는 어떤 영향을 받을까? 코로나 시대에 이루어진 막대한 지원금은 주식 투자를 비롯한 다양한 투자 시장의 규모를 키웠다. 이제 경제적 지원의 규모를 점차 축소하는 테이퍼링이 시행되면 투자심리가 감소할 가능성이 있지만, 기업들이 이미 추구하고 있는 디지털화를 통해 생산성이 증가하면 경제 성장은 당분간 지속될 수 있고, 그에 따라 투자 심리가 위축되지 않을 가능성이 있다. 여기에서 중요한 것은 산업 차원의 분석보다는 개별 기업 차원의 분석일 것이다.

생각해 볼 문제

1. 2021년에 글로벌 시장 및 한국 시장에서 높은 성장률을 보였던 산업을 조사해 보자.
2. 이 산업들은 2023년에도 높은 성장률을 기록할 것으로 생각하는가? 그 이유는 무엇인가?

출처 : 매일경제(2021. 9. 30). 놓치지 말고 살펴봐야 할 주식은? 위드 코로나 시대 투자전략. https://www.mk.co.kr/news/economy/view/2021/09/929545.

요약

- 총재무자원 중에서 자기자본과 타인자본의 비율을 계산하여 자기자본비용에는 자기자본의 비율을, 타인자본비용에는 타안자본의 비율을 곱하면 가중평균자본비용을 구할 수 있다.

- 레버리지라는 용어는 지렛대를 의미하는데, 고정지출이 큰 경우에 비해 고정지출이 작은 경우 매출액이 조금만 변화해도 영업이익의 변화율이 커지게 되는 영업 레버리지와, 고정 이자비용이 큰 경우에 비해 고정 이자비용이 작은 경우에 영업이익이 조금만 변화해도 주당순이익 변화율이 커지게 되는 재무 레버리지의 형태가 존재한다.

- 투자자는 무위험이자율과 효율적 투자선의 어느 점을 잇는 직선 내에서 자의적

인 비율로 투자 포트폴리오를 구성할 수 있는데, 가장 높은 기울기를 가진 경우에 가장 높은 수익을 기대할 수 있다. 이 선이 자본시장선이다. 자본시장선은 시장 포트폴리오에서 위험과 기대수익률의 관계를 설명하는데, 이러한 균형상태에서 개별 주식의 위험과 기대수익률의 관계를 설명하는 것이 증권시장선이다.

- 거래 대상을 구입할 수 있는 권리를 콜 옵션, 판매할 수 있는 권리를 풋 옵션이라고 한다.
- 투자자는 높은 현금배당을 실시하는 기업을 선호하게 되므로 배당금과 주가는 비례하게 된다.

제 10 장

운영의 효율성

일상으로 다가온 디지털 트랜스포메이션

디지털 트랜스포메이션(digital transformation)은 문자 그대로 해석하자면 아날로그 방식을 디지털 방식으로 전환하는 것인데 일상 생활에서 매우 넓은 분야에 적용되고 있다. 핵심적인 사항은 단순 반복되는 업무를 자동화하여 사용자의 편의를 높이는 한편 예외적으로 발생하는 사안에 대해서도 인공지능 등이 대처할 수 있도록 장치를 마련하는 것이다.

예를 들어 대우건설에서는 견본주택에 방문하는 고객이 거쳐야 하는 QR코드 스캔과 문진표 작성, 상담 안내 등을 스마트폰에서 간편하게 처리하여 고객의 번거로움과 직원의 수고를 경감할 수 있다. 이외에도 건설 현장의 사진을 본사에 전송하면 상황 파악과 보고서 작성이 간편하게 이루어지는 시스템을 운용할 수도 있다. 이러한 시스템을 로봇 프로세스 자동화(Robot Process Automation, RPA) 기술이라고 이름 붙이기도 한다. 이러한 로봇은 몇 천 페이지에 달하는 서류를 단시간에 검토하여 해외 입찰 등의 절차를 돕기도 한다.

디지털 트랜스포메이션을 통해 효율성을 높인 사례는 흔하게 보고되고 있다. 피자를 주문하는 방식을 전화 이외에도 메신저와 스마트 TV 등 여러 채널로 다변화했던 도미노 피자와 목표 고객 설정과 광고를 위해 자체 개발한 디지

▲ 디지털 트랜스포메이션이 일상화되고 있다

털 고객 정보를 활용하여 비용과 출시 기간을 단축했던 유니레버 등도 모범 사례로 꼽힌다. 사실 대학생의 일상 생활에서도 워크시트 프로그램 하나만 능숙하게 사용하면, 예를 들어 매크로 기능만 적절히 사용하면 수작업으로 해야 하는 많은 번거로운 작업을 손쉽게 할 수 있는 일이 많다. 디지털 트랜스포메이션이라는 거창한 용어를 사용하지 않더라도 일상 생활에서 디지털 도구를 이용하여 효율성을 추구하는 일은 누구나 할 수 있다.

출처 : 동아일보(2021.10.28). 대우건설, '디지털 트랜스포메이션' 가속화… 포스트코로나 시대 대비 https://www.donga.com/news/Economy/article/all/20211028/109951977/2

기업은 일반적으로 품질, 생산, 공급, 재고관리를 효율적으로 수행하기 위한 수학적 지식과 이러한 활동들을 통합적으로 관리하기 위한 보다 넓은 의미에서의 과학적 지식이 필요하다. 이 장에서는 이러한 운영(operations) 활동과 관련된 개념과 모형을 다루기로 한다.

기출문제

I. A기업은 8월에는 제품 2천 4백 개를 생산했으며, 9월에는 2천 개를 생산했다. 8월 한 달 동안 풀타임(160시간/월) 직원 6명과 파트타임(100시간/월) 직원 4명이 근무했다. 9월 한 달 동안 풀타임(160시간/월) 직원 6명과 파트타임(40시간/월) 직원 2명이 근무했다. A기업의 8월 대비 9월 '직원 근무 시간당 생산성'의 변화율(%)은? (단, 소수점 셋째 자리에서 반올림한다)

① −17.65   ② −1.76

③ 8.97   ④ 15.84

(7급 2016 문 10)

답 I. ③ 근무시간당 생산성은 제품수량/총근무시간이다. 8월의 제품 수량은 2,400개, 총근무시간은 6 × 160 + 4 × 100 = 1,360시간이므로 생산성은 2,400/1,360 = 1.765이다. 9월의 제품 수량은 2,000개, 총근무시간은 6 × 160 + 2 × 40 = 1,040시간이므로 생산성은 2,000/1,040 = 1.923이다. 8월 대비 9월 생산성의 변화율은 9월 생산성/8월 생산성이므로 (2,000/1,040) / (2,400/1,360) = 1.0909이므로 생산성은 8.97% 증가했다.

10.1 계획과 예측

생산 및 운영의 효율성은 효과적인 계획과 예측 활동에서 시작된다. 우리가 흔히 일정관리를 위해 사용하는 차트는 간트 차트라고 불리는데 각 활동을 세로축에, 시간을 가로축에 표시하는 고전적인 일정표이다(그림 10.1).

연습문제 1

▶ 간트 차트, LOB, 서비스 청사진의 차이점에 대해 설명하라.

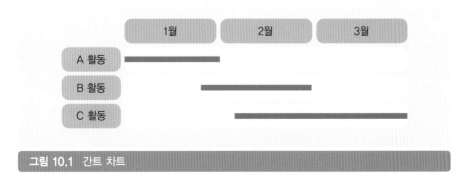

그림 10.1 간트 차트

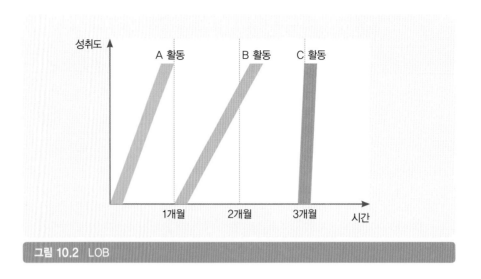

그림 10.2 LOB

이와 유사하게 시간과 공정을 나타내는 표로서 LOB(Line Of Balance)를 들 수 있는데, 가로축에 시간, 세로축에 공정을 표시하고 각 공정을 우상향의 직선으로 표시하여 각 공정의 활동의 효율성을 보여주는 것이다(그림 10.2).

간트 차트와 LOB가 시간과 활동의 관계를 보여주는 차트라면 서비스 청사진은 상황과 활동의 관계를 보여주는 차트이다. 이 모형은 린 쇼스택(G. Lynn Shostack)이 1982년에 제시했는데 물리적 상황, 고객 행동, 현장 서비스 제공자, 후방 서비스 제공자, 지원 프로세스 등의 요소를 갖는다(그림 10.3).

그림 10.3 서비스 청사진

기출문제

I. 서비스 단계별 '고객의 행동, 종업원의 행동, 종업원 지원 프로세스'를 가시선을 기준으로 나누어서 제시하는 플로우 차트(flow chart)는?

① 피시본 다이어그램(Fishbone Diagram)

② LOB(Line of Balance)

③ 간트 차트(Gant Chart)

④ 서비스 청사진(Service Blueprint)

(7급 2016 문 6)

답 I. ④ 서비스 청사진은 고객의 행동과 이에 대해 응대하는 프로세스를 서비스 단계별로 설명하는 것이다.

그런데 여러 활동을 수행하면서 하나의 활동이 다른 활동의 선결조건이 되는 경우에는 활동의 순서를 합리적으로 결정해야 한다. PERT/CPM(Program Evaluation and Review Technique/Critical Path Method)은 작업의 주경로(critical path)가 지연되지 않게 다른 활동을 관리하는 기법이다. 즉 작업의 완료 시점은 주경로에 의해 결정되고 다른 활동들은 여유 시간을 갖게 된다. 작업의 일정을 관리하여 작업 시간과 납기 시간을 관리하면 납기 지연을 최소화할 수 있는데, 납기 시간에 따라 작업의 순서를 정하는 것을 긴급률(critical ratio)을 적용한다고 한다.

기출문제

I. 다음 PERT/CPM 네트워크에서 주공정경로(critical path)의 소요 시간은? (단 → 는 작업, ┈▶는 가상작업(dummy activity)을 의미한다)

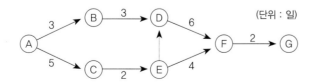

① 13일   ② 14일

③ 15일   ④ 25일

(7급 2012 문 15)

II. 인쇄소에 대기작업이 3개 있고, 이들의 예상 작업 시간과 납기 시간은 다음 표와 같다.

작업	작업 시간	납기 시간
가	4	6
나	4	5
다	5	9

긴급률(critical ratio) 규칙에 따라 작업을 진행하였다면 평균 납기 지연 시간은?

① 1.5시간   ② 2.0시간

③ 2.5시간   ④ 3.5시간

(7급 2014 문 10)

> **답** I. ③ 가장 오래 걸리는 ACEDFG의 소요 시간은 15일이다.
>
> II. ② 긴급률에 따라 작업 순서는 나–가–다이다. 각 단계에서 작업 시간은 4시간, (4 + 4) = 8시간, (4 +4 +5) = 13시간이다. 각 단계에서 납기 시간은 5시간, 6시간, 9시간이므로 총 납기 지연 시간은 0 + (2) + (4) = 6시간이고 평균 납기 지연 시간은 6/3 = 2.0시간이다.

수요 예측은 정성적 또는 정량적으로 할 수 있다. 정성적 방법에는 전문가의 의견을 묻거나(델파이법) 일반인의 의견을 묻는 방법(시장조사법), 또는 특정 집단의 토론을 통한 의견수집(패널조사법) 등이 포함되고, 정량적 방법에는 통계적 회귀분석이나 시뮬레이션을 이용한 인과적 방법과 과거 자료의 연장선에서 미래 수치를 예측하는 **시계열**(time series) **예측법**이 포함된다. **회귀분석**(regression)은 과거의 실측치와 과거의 예측치 사이의 오차, 즉 예측오차를 최소화하는 예측선을 구하여 미래의 예측치를 구하는 것이다(그림 10.4). 그런데 예측오차는 양(+)의 값을 가질 수도 있고 음(-)의 값을 가질 수도 있으므로 합산을 통한 평균값을 구하기 위해 절댓값을 사용하여 그 평균을 **평균절대편차**라 한다. 또한 궁극적으로 예측선을 구하기 위해서는 각 오차를 제곱한 값을 더한 값이 최소가 되는 하는 방법을 사용하게 되는데, 이를 **최소자**

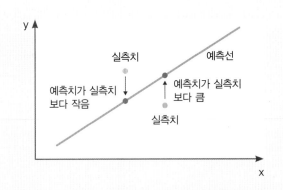

그림 10.4 최소자승법에 의한 예측선 도출

승법이라고 한다(그림 10.4).

기출문제

I. 수요예측기법(demand forecasting technique)의 평가에 대한 설명으로 옳은 것은?

① 수요예측과정에서 발생하는 예측오차들(forecasting errors)의 합은 영(zero)에 수렴하는 것이 바람직하다.

② 평균절대편차(mean absolute deviation)는 편차들의 평균이 사전에 설정한 절댓값을 초과하는지 여부를 평가하는 방법이다.

③ 평균제곱오차(mean squared error)는 매 기간 발생하는 수요 예측오차를 제곱한 값들의 평균으로, 영(zero)에서 멀어질수록 바람직하다.

④ n기간 동안(단, n ≥ 2) 예측오차들의 합이 영(zero)이라면 동일 기간 평균절대 편찻값도 반드시 영(zero)이 된다.

(7급 2015 문 13)

답 I. ① 평균절대오차는 오차의 절댓값을 의미하므로 초과 여부만을 보는 것은 아니다. 평균제곱오차는 0에 가까울수록 바람직하다. 예측오차의 합이 0이라도 음수가 존재한다면 그 값을 양수로 바꾼 평균절대편차는 0이 되지 않는다.

연습문제 2

▶ **시계열 예측법의 세 가지 형태에 대해 설명하라.**

시계열 예측법은 다시 단순이동평균법, 가중이동평균법, 지수평활법으로 구분되는데 단순이동평균법은 과거 일정 기간의 평균치로 다음 기간의 수치를 예측하는 방법이고, 가중이동평균법은 과거 수치에 연도별로 상이한 가중치를 적용하는 방법이다. 예를 들어 지난 3년간 자료를 사용할 때에 3년 전 자료에 10%, 2년 전 자료에 20%와 1년 전 자료에 70%의 가중치를 적용하면 최근 자료에 더 높은 가중치를 적용한 가중이동평균을 구하게 된다. **지수평활법**(exponential smoothing method)은 일정한 상수(즉 평활상수)를 적용하는 방법인데, 평활상수가 클수록 최근 자료에 더 큰 가중치를 적용하게 된다.

$$F_{t+1} = \alpha D_t + (1 - \alpha)F_t$$

F_{t+1} : t 기간의 예측치

F_t : t + 1 기간의 예측치

D_t : t 기간의 실측치

α : 평활상수

 기출문제

I. 이번 달의 수요 예측치가 1,000개이고 실제 수요는 900개일 때, 지수평활법을 이용하여 다음 달의 수요 예측치를 계산하면? (단, 평활상수(α)는 0.1이다)

① 990   ② 1,090

③ 1,10   ④ 1,190

(7급 2019 문 11)

II. 수요예측기법들에 대한 설명으로 옳은 것은?

① 지수평활법은 평활상수가 클수록 최근 자료에 더 높은 가중치를 부여한다.

② 회귀분석법은 실제치와 예측치의 오차를 자승한 값의 총합계가 최대화되도록 회귀계수를 추정한다.

③ 이동평균법은 과거의 모든 자료를 반영하고, 최근 자료일수록 가중치를

낮게 부여한다.

④ 이동평균법은 이동평균의 계산에 사용되는 과거 자료의 개수(n)가 클수록 수요예측의 정확도가 높아진다.

(7급 2013 문 8)

답 Ⅰ. ① $0.1 \times 900 + (1 - 0.1) \times 1,000 = 90 + 900 = 990$

Ⅱ. ① 회귀분석법은 오차제곱이 최소화되는 계수를 추정하는 것이고, 이동평균법은 시기에 관계없이 자의적으로 가중치를 부여하며, 이동평균법에서 과거 자료의 개수와 예측의 정확도는 무관하다.

기계설비의 배치(layout)는 제품 생산의 효율성에 큰 영향을 미친다. 배치의 유형으로는 제품별 배치와 공정별 배치, 고정형 배치, 혼합형 배치, 셀룰러 배치를 들 수 있다. **제품별 배치**(product layout)는 라인별 배치라고도 하는데, 특정 제품 또는 서비스를 대량생산하기 위한 설비를 배치하는 방식이다. 자동차 조립, 카페의 주문창구 등의 예를 들 수 있다. **공정별 배치**(process layout)는 기능별 배치라고도 하는데, 다양한 제품 또는 서비스를 생산하는 것에 적합하도록 범용 설비를 배치하는 방식이다. 주문 제작하는 기계, 병원 서비스 등의 예를 들 수 있다. **고정형 배치**(fixed position layout)는 제품이 대형일 때 제품을 움직이지 않고 설비가 움직이는 방식으로서 선박건조가 대표적이다. **혼합형 배치**(hybrid layout)는 제품별 배치와 공정별 배치를 혼합하는 형태로서, 예를 들어 부품 제작까지의 공정은 제품별 배치를 하고 조립은 공정별 배치를 하여 기본 부품으로 다양한 제품을 제작할 수 있는 배치를 생각해 볼 수 있다. 마지막으로 **셀룰러 배치**(cellular layout)는 다양한 종류의 부품 생산에 필요한 설비를 모아 놓은 제조셀(manufacturing cell)에서 완제품을 제조하는 방식으로서 준비 시간과 대기 시간의 단축을 기대할 수 있다.

I. 설비배치에 대한 설명으로 옳은 것은?

① 같은 기능을 갖는 기계를 작업장(workstation)에 모아 놓은 방식으로, 모든 작업자가 유사한 작업을 수행하는 방식을 제품별 배치(product layout)라고 한다.

② 반복적이고 연속적으로 제품을 생산하는 공정 형태이며, 가공 혹은 조립에 필요한 기계를 일렬로 배치하여 모든 기계를 순차적으로 거치면서 제품이 완성되는 방식을 공정별 배치(process layout)라고 한다.

③ 제품별 배치와 공정별 배치 등을 혼합한 형태로 준비 시간과 대기 시간 단축의 장점이 있는 방식을 셀 배치(cellular layout)라고 한다.

④ TV를 제작하는 데 있어 섀시 조립, 회로기판 장착, 브라운관 장착, 스피커 장착, 외장박스 장착, 최종검사 등을 거치는 방식을 고정형 배치(fixed position layout)라고 한다.

(7급 2019 문 20)

II. 생산시설 배치(facility layout)에 대한 설명으로 옳지 않은 것은?

① 제품형 시설배치(product layout)는 특정 제품을 생산하는 데 필요한 작업순서에 따라 시설을 배치하는 방식을 말한다.

② 공정형 시설배치(process layout)는 다품종 소량생산에 적합하고 범용기계 설비의 배치에 많이 이용된다.

③ 항공기, 선박의 생산에 효과적인 생산시설 배치의 유형은 고정형 시설배치(fixed-position layout)이다.

④ 제품형 시설배치는 재공품 재고의 수준이 상대적으로 높으며 작업기술이 복잡하다.

(7급 2016 문 8)

III. 제품별 배치(product layout)와 공정별 배치(process layout)에 대한 설명으로 가장 적절하지 않은 것은?

① 대량생산을 통한 규모의 경제(economies of scale)를 추구하는 경우에는 제품별 배치가 보다 바람직하다.

치가 보다 바람직하다.

③ 연속흐름(continuous flow) 생산공정을 구현하고자 할 경우에는 제품별 배치가 보다 바람직하다.

④ 제품생산의 효율성을 제고하고, 재공품 재고를 줄이고자 할 경우에는 공정별 배치가 보다 바람직하다.

(7급 2011 문 1)

> **답** I. ③ 셀룰러 배치는 제품별 배치와 공정별 배치를 혼합한 제조 셀에서 준비시간 단축을 기대할 수 있다.
> II. ④ 제품형 시설배치에서는 비교적 단순한 기술로 대량생산이 이루어진다.
> III. ④ 생산의 효율성과 재고 감소에 유리한 배치는 제품별 배치이다.

10.2 품질

제품 또는 서비스의 품질을 일정하게 관리하는 것은 기업이 추구해야 할 가장 중요한 기능 중 하나이다. 많은 기업은 **전사적 품질경영**(Total Quality Management, TQM)을 통해 모든 직원이 지속적인 품질관리와 개선을 위한 노력을 기울이도록 한다. TQM은 단기적인 이익률 극대화 대신 장기적인 고객만족 향상을 추구하고, 공급자와의 우호적 관계를 추구하며, 결과보다는 과정을 지향하는 철학을 가지고 있다.

기업은 품질 문제가 발생하는 원인을 찾기 위해 여러 도구를 사용할 수 있는데, 대표적으로 인과분석도, 파레토 도표, 식스 시그마를 들 수 있다. **인과분석도**(cause and effect diagram)는 그 형태로 인해 **피시본 다이어그램**(fishbone diagram)으로도 불리는데, 특정한 품질 불량의 결과를 가져오는 여러 원인에 대해 파악할 수 있는 경로를 표시하는 것이다(그림 10.5).

파레토 도표(pareto diagram)는 원인의 20%가 결과의 80%를 설명한다는 파레토의 법칙을 적용한 것으로서 가장 중요한 문제영역에 주목하기 위한 기법이다. 즉 품질 결함의 원인의 80%에 해당하는 요인을 발견하여 파악하는 것에 초점을 둔다.

마지막으로 식스 시그마는 소수점 여섯 번째 자리의 크기로 불량률을 유지한다는 의미를 가진 품질관리 기법이다. 교육 수준에 따라 그린벨트-블랙벨트-마스터

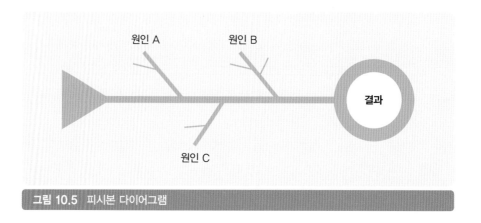

그림 10.5 피시본 다이어그램

블랙벨트–챔피언 교육으로 구분되는데, 각각 현업 담당, 식스 시그마의 실무 책임자 및 팀 지도 전담, 블랙벨트 요원의 지도, 그리고 전체 프로젝트 수행 지원의 역할을 담당한다. 식스 시그마의 성과 개선 5단계 모형은 DMAIC로 요약되는데 각각 문제의 정의(Define), 측정(Measure), 분석(Analyze), 개선(Improve), 통제(Control)을 의미한다.

기출문제

I. 주요 국가에서는 제품 및 서비스의 품질을 향상시키기 위해 데밍상 등과 같은 국가품질상을 운영하고 있다. 이러한 시상 제도의 목적으로 적절하지 않은 것은?

① 높은 품질 성과를 달성한 제품을 대외적으로 홍보하기 위한 순위 결정

② 품질 향상을 위해 노력하는 기업들을 평가하기 위한 기준 마련

③ 수상 기업의 성공 지식을 다른 기업들에 전파

④ 시상 제도를 통해 내부 평가와 품질 향상을 지속하는 데 도움

(7급 2015 문 4)

II. 전사적 품질경영(TQM)에 대한 설명으로 옳지 않은 것은?

① 고객 만족의 원칙을 바탕으로 품질을 재정의한다.

② 기존의 경영관리방식을 품질 중심으로 통합하여 새롭게 구성한다.

③ 불량률 감소, 원가절감, 품질의 균일화 등을 통해 생산관리의 효율성을 높이는 것이 목표이다.

④ 전략적 차원에서 생산직, 관리자, 최고경영자까지 참여하는 품질운동이다.

(7급 2013 문 11)

III. 생산관리와 관련된 개념들에 대한 설명으로 옳지 않은 것은?

① 동시공학(concurrent engineering)은 신제품 개발과정의 초기 단계부터 다양한 기능별 집단들의 참여가 중요함을 강조한다.

② 품질기능전개(quality function deployment)는 제품의 설계와 생산 부문의 통합에 큰 역할을 수행하는 기법이다.

③ 인과관계도표(cause and effect diagram)는 품질불량문제의 해법을 찾아내는 데 일차적 초점을 둔 도구이다.

④ 흐름 공정표(flow process chart)는 공정 중에 발생하는 생산 작업과 운반, 저장, 검사 등의 활동까지 기호를 이용하여 도표화한 것으로 작업 흐름 과정의 개선점을 찾는 데 도움을 준다.

(7급 2013 문 19)

IV. 6시그마(6 sigma)에 대한 설명으로 옳지 않은 것은?

① 프로세스에서 불량과 변동성을 최소화하면서 기업의 성과를 최대화하려는 종합적이고 유연한 시스템이다.

② 프로그램의 최고 단계 훈련을 마치고, 프로젝트 팀 지도를 전담하는 직원은 마스터블랙벨트이다.

③ 통계적 프로세스 관리에 크게 의존하며, '정의-측정-분석-개선-통제(DMAIC)'의 단계에 걸쳐 추진된다.

④ 제조프로세스에서 기원하였지만 판매, 인적자원, 고객서비스, 재무서비스 부문으로 확대되고 있다.

(7급 2014 문 9)

답 I. ① 국가품질상은 홍보 목적으로 운영되지 않는다.

II. ③ 전사적 품질경영은 생산관리의 효율성만이 아니라 고객 만족을 추구한다.

III. ③ 인과관계도표의 초점은 문제의 원인을 파악하는 것이다.

IV. ② 프로젝트 팀 지도를 수행하는 직원은 블랙벨트이다.

통계적 기법을 통해 기업은 품질관리를 위한 의사결정을 할 수 있다. 먼저 다수의 측정치에 평균의 개념이 존재하고 평균을 기준으로 불량이 발생하는 확률을 계산할 수 있는 속성을 **계량적 속성**(variables)이라고 한다. 예를 들어 100만 개의 볼트를 생산하는 데 지름이 5밀리미터를 초과하면 불량이라고 정의할 때 이 개념을 사용한다. 이 경우 평균관리 또는 범위관리를 수행한다. 반면에 평균의 개념이 존재하지 않고 단지 합격 또는 불합격이 존재하거나 결함의 수가 존재하는 속성을 **계수적 속성**(attributes)이라고 한다. 예를 들어 자동차 범퍼에 흠집이 있는 경우를 불량이라고 한다면 흠집의 길이보다는 흠집 자체가 문제가 된다. 계량적 속성에서는 정규분포를 기반으로 불량을 정의하고, 계수적 속성에서는 이항 분포나 포아송 분포를 기반으로 불량을 정의한다.

포아송 분포가 사용되는 대표적인 예로서 방문 고객의 대기행렬 관리를 들 수 있다. 이를 대기행렬모형으로 설명할 수 있는데, 대기 시간을 최소화하기 위해 직원이 많이 고용하면 비용이 증가하고, 그렇다고 직원을 적게 고용하면 고객이 지나치게 길게 대기하게 되는 두 가지 상충적인 문제를 해결하는 모형이다. 이 모형에서 포아송 분포가 사용되는 이유는 고객이 일정한 법칙에 따르지 않고 도착하기 때문이다. 대기행렬모형의 구성요소는 도착과정, 대기, 서비스과정의 3단계인데 이를

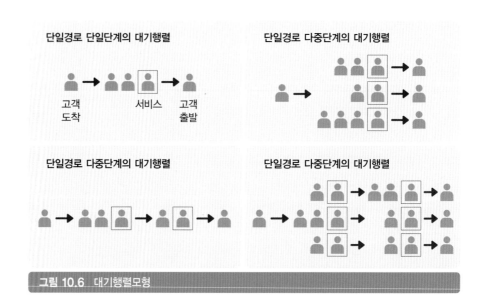

그림 10.6 대기행렬모형

단일/다중경로와 단일/다중단계로 구분하여 총 네 가지의 모형으로 구분할 수 있다(그림 10.6).

기출문제

I. 대기행렬은 은행이나 공항 등에서 고객들이 도착하여 자신이 원하는 서비스가 끝날 때까지 기다리는 행렬이다. 대기행렬모형에 대한 설명으로 옳지 않은 것은?

① 대기행렬모형은 대기 시간 최소화와 비용 최소화라는 두 가지 상충되는 목표를 고려하여 총비용을 최소화하는 최적 서비스 시설의 수를 결정하는 데 있다.

② 대기행렬모형의 구조는 고객 도착과 대기행렬로 구성된다.

③ 대기행렬모형의 종류에는 단일경로 단일단계, 단일경로 다수 단계, 다수경로 단일단계, 다수경로 다수단계가 있다.

④ 대기행렬시스템에 도착하는 고객은 일정한 원칙 없이 무작위로 도착한다고 가정하며, 일반적으로 포아송분포(Poisson distribution)가 널리 사용된다.

(7급 2010 문 8)

답 I. ② 대기행렬모형의 구조에는 도착, 대기, 서비스요인이 포함된다.

샘플링 또는 표본검사는 샘플 중에서 불량품의 개수를 파악하여 전체 생산품의 불량률이 허용 가능한가에 대해 판정하는 것이다. 여기에는 두 가지의 위험이 존재하는데, 첫 번째는 좋은 품질 수준의 집단을 불량하다고 판정하는 오류인데 이것을 제1종 오류 또는 생산자 위험이라고 한다. 두 번째는 나쁜 품질 수준의 집단을 우수하다고 판정하는 오류인데 이것을 제2종 오류 또는 소비자 위험이라고 한다.

> **연습문제 3**
> ▶ 제1종 오류와 제2종 오류를 비교하라.

시간이 흐르면서 불량률이 변화할 수 있는데 상한선과 하한선 사이에서 불량률이 움직이는가에 대해 관찰하는 도표를 **관리도**(control chart)라고 한다. 여기에서도 계량형과 계수형 관리도가 구분되는데, 계량형 관리도에서 평균치를 대상으로 하면 X-bar 관리도, 신뢰구간을 대상으로 하면 r 관리도에 해당한다. 신뢰수준을 크게 설정하면 상한선과 하한선의 폭이 넓어진다. 계수형 관리도에는 불량품의 개수를 관리하는 경우 c 관리도, 불량률을 관리하는 경우 p 관리도라고 한다. 관리도에서 발견되는 변동은 그 원인에 따라 통제할 수 없는 **우연변동**(random variation)과 통제할 수 있는 **이상변동**(assignable variation)으로 구분할 수 있다. 이상변동은 수정될 수 있는 원인에 의한 것으로서 관리의 대상이 된다.

🎣 기출문제

I. 통계적 품질관리(statistical quality control)에 대한 설명으로 옳지 않은 것은?

　① 샘플링(sampling) 검사를 활용하는 품질관리 방식으로 표본 수와 크기를 결정해야 한다.

　② 관리도(control chart)를 활용하는 품질관리 방식으로 신뢰수준(confidence level)에 따라 관리상한선과 관리하한선이 달라질 수 있다.

　③ 샘플링 검사를 활용하여 적은 비용과 시간으로 전체 생산품에서 불량품을 모두 선별하는 것을 목적으로 한다.

　④ 관리도를 활용하여 품질변동을 초래하는 우연요인(random cause)과 이상요인(assignable cause) 중 이상요인을 파악하여 관리하고자 하는 기법이다.

(7급 2012 문 10)

II. 계수형 관리도와 측정하고자 하는 대상을 바르게 연결한 것은?

　① c 관리도–결점수

　② np 관리도–단위당 결점수

　③ p 관리도–불량품 개수

　④ u 관리도–불량률

(7급 2011 문 7)

답　I. ③ 샘플링 검사를 통해 불량품을 모두 선별하는 것은 아니다.

　　II. ① 계수형 관리도 중 불량의 개수 또는 결점수를 관리하는 것은 c 관리도이다.

10.3 생산

생산 활동에서 중요한 사항은 제품의 개별적인 특성을 강조하는 것과 대량 생산을 통한 효율성을 이루는 것의 균형점을 찾는 것이다. 다양한 제품을 상이한 공정에서 소량으로 생산하는 것을 **개별작업 생산**(job process), 동일한 생산설비에서 표준화된 설비를 정기적으로 교체하여 생산하는 것을 **배치/묶음 생산**(batch process), 컨베이어처럼 일관적으로 조립 생산하는 것을 **라인 생산**(line process, 그리고 정유나 제지와 같이 원료의 흐름이 끊기지 않는 생산 방식을 **연속 생산**(continuous flow process)이라고 한다. 로버트 헤이즈(Robert Hayes)와 스티븐 휠라이트(Steven Wheelwright)는 1984년에 제품-공정 행렬 개념을 발표하여 제품의 특성에 적합한 공정, 즉 생산 방식을 설명하는 표를 제시했다(그림 10.7).

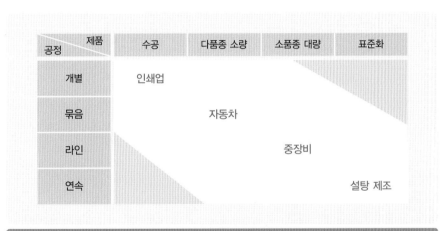

공정 ＼ 제품	수공	다품종 소량	소품종 대량	표준화
개별	인쇄업			
묶음		자동차		
라인			중장비	
연속				설탕 제조

그림 10.7 제품-공정 행렬

🐷 **기출문제**

I. 다양한 종류의 제품을 효율적으로 생산하기에 적합한 방식으로 옳지 않은 것은?

① 유연생산방식   ② 린생산(Lean Production)방식

③ 대량생산방식   ④ 컴퓨터지원설계/제조(CAD/CAM)방식

(7급 2017 문 4)

II. 헤이즈와 휠라이트(Hayes and Wheelwright)의 제품-공정 행렬(product-process matrix) 에서 제시한 최적 조합이 아닌 것은?

① 소품종소량생산-조립라인생산   ② 표준품대량생산-연속생산

③ 다품종소량생산-묶음생산   ④ 비표준품소량생산-주문생산

(7급 2020 문 1)

III. 생산공정에 대한 설명으로 옳은 것은?

① 일반적으로 저가품 단일시장은 프로젝트 공정(project process)을 요구한다.

② 단속적 공정(intermittent process)은 대량생산공정(mass production process)보다 더 많은 자본을 요구한다.

③ 고가품 대량시장은 단속적 공정(intermittent process)을 요구한다.

④ 대량생산공정(mass production process)은 다른 공정에 비해 상대적으로 값싸고 덜 숙련된 노동자를 요구한다.

(7급 2010 문 10)

답   I. ③ 대량생산방식은 표준화된 제품을 효율적으로 생산하는 방식이다.

II. ① 조립라인 생산방식은 소품종 대량생산에 적합하다.

III. ④ 프로젝트 공정은 플랜트와 같은 고가품 시장에 적합하고, 단속적 공정보다 대량생산공정이 더 많은 자본을 요구하며, 고가품 대량생산은 프로젝트 공정이 요구된다.

생산은 생산자에 의해 통제될 수도 있고 소비자(주문자)에 의해 통제될 수도 있다. 제품이 표준화되지 않고 다양할수록, 고가일수록, 그리고 수요의 불확실성이 높을수록 소비자에 의해 생산이 통제되는 **주문생산**(make-to-order)이 적합하다. 반면에 생산자가 재고의 수준을 통제하는 생산은 **재고생산**(make-to-stock)에 적합하다. **주문조립**

생산(assemble-to-order)은 부품의 조립까지는 제고생산으로 이루어지고 최종 조립이 주문에 의해 이루어지는 것을 의미한다.

기출문제

I. 시장의 수요 변동성에 의한 위험에 대응하기 위하여 다양한 제조전략을 활용할 수 있는데, 동일한 제품에 대하여 고객의 주문 시점부터 제품의 인도 시점까지인 리드타임(lead-time)이 가장 긴 제조전략은?

① 재고생산(make-to-stock)   ② 주문생산(make-to-order)

③ 재고조립생산(assemble-to-stock)   ④ 주문조립생산(assemble-to-order)

(7급 2020 문 8)

II. 주문생산(make-to-order)공정과 재고생산(make-to-stock)공정의 특성에 대한 설명으로 옳지 않은 것은?

① 재고생산공정은 푸쉬(push)생산공정이라고도 하며, 계획된 생산 일정에 따라 재고생산이 이루어진다.

② 다른 조건들이 동일하다면, 생산되는 제품이 다양할수록 재고 생산공정을 선택하는 것이 유리하다.

③ 다른 조건들이 동일하다면, 수요 불확실성이 높을수록 주문 생산공정을 선택하는 것이 유리하다.

④ 다른 조건들이 동일하다면, 단위당 제조원가가 클수록 주문 생산공정을 선택하는 것이 유리하다.

(7급 2012 문 14)

답 I. ② 재고생산은 생산자에 의해 재고통제가 이루어지지만 주문생산은 고객이 요구하는 시간에 대응하는 시간인 리드타임이 길어질 수 있다.

II. ② 재고생산은 표준화된 제품에, 주문생산은 다양한 제품에 적합하다.

공정균형화(line balancing)는 작업 할당을 조정하여 작업장의 수를 최소화하는 것을 달성하는 과정이다. 먼저 이론적으로 소요 시간의 최솟값은 모든 작업요소의 합을 주기 시간(cycle time)으로 나누면 구할 수 있다. 그런데 작업장의 수에 주기 시간을 곱

한 값에서 총 조립 시간을 제하면 유휴 시간을 계산할 수 있다.

$$\sum t = C \times TM$$
$$\sum t = nc \times 유휴\ 시간$$

기출문제

I. 다음과 같이 순서의 변경이 가능한 7개의 작업요소로 구성된 조립라인에서 시간당 20개의 제품을 생산한다. 공정균형화(line-balancing)를 고려한 주기시간(cycle tim)과 공정효율(efficiency)은?

작업요소	A	B	C	D	E	F	G
작업소요시간(초)	100	90	45	110	50	100	85

① 110초, 약 81%   ② 110초, 약 107%

③ 180초, 약 81%   ④ 180초, 약 107%

(7급 2017 문 14)

답   I. ③ 총조립시간은 100 + 90 + 45 + 110 + 50 + 100 + 85 = 580초, 주기시간은 1시간/20개 = 3,600초/20개 = 180초이다. 그러므로 이론적 최소치는 총조립시간/주기시간 = 580초/180초 = 3.2개이고 최소한 4개의 작업장이 필요하다. 그러므로 공정효율성은 총조립시간/(작업장수 × 주기시간) = 580초/(4개 × 180초) = 0.8055이다.

10.4 공급

공급사슬의 관리는 공급물량과 관련된 비용과 운송비를 최소화하는 활동이라 할 수 있다. 여기에는 여러 변수를 고려하여 최적해를 찾는 수학적인 원리가 적용된다. 여기서는 수리적인 내용은 다루지 않고 다만 개념에 대해서만 다루기로 한다.

연습문제 4

▶ 채찍효과를 설명하라.

먼저 **채찍효과**(bullwhip effect)는 공급사슬의 상류에 위치한 기업이 주문의 변동을 더 크게 겪는 효과를 말한다. 이것은 일반적으로 재고의 여유분을 확보하려는 심리에서 나타나는 자연스러운 현상이지만 특히 주문의 분량

이 큰 일괄주문의 경우와 가격변동이 큰 경우, 그리고 주문과 발주의 간격인 리드
타임이 긴 경우에 채찍효과가 더 크게 나타난다.

기출문제

I. 공급사슬상 채찍효과(bullwhip effect)가 발생하는 원인으로 옳지 않은 것은?

① 과잉 주문   ② 일괄 주문

③ 큰 가격 변동   ④ 짧은 리드타임

(7급 2018 문 4)

II. 기업의 경쟁력 향상을 위한 핵심 비즈니스 프로세스를 통합하는 과정인
공급사슬관리(supply chain management)에 대한 설명으로 옳지 않은 것은?

① 공급사슬관리는 부분최적화보다는 정보의 공유와 공급사슬 흐름의 개선
을 통하여 공급사슬 전체의 효율성을 제고시키는 것이 목적이다.

② 공급사슬상에서 수요 왜곡의 정도가 증폭되는 채찍효과의 원인으로는 중
복수요예측, 일괄주문처리, 제품의 가격변동, 리드타임의 증가 등이 있다.

③ 반응적 공급사슬은 재화와 서비스가 다양하고 수요 예측이 어려운 환경
에 적합하며, 반응시간을 줄이는 데 초점을 두어 시장수요에 신속하게 반
응하고자 하는 것이다.

④ 공급사슬관리는 제품생산에 필요한 자재를 필요한 시각에 필요한 수량만
큼 조달하여 낭비적 요소를 근본적으로 제거함으로써 작업자의 능력을
완전하게 활용하여 생산성 향상을 달성하는 관리방식이다.

(7급 2010 문 9)

답 I. ④ 채찍효과는 리드타임이 길 때 발생한다.

II. ④ 제품생산에 필요한 자재를 필요한 시각에 필요한 수량만큼 조달하여 낭비적 요소를 근
본적으로 제거하는 방식은 적시생산방식(Just In Time)에 대한 설명이다.

물류의 효율성을 높이는 입지 결정은 매우 중요한데, 이와 관련된 기본적인 방
법들은 다음과 같다. 먼저 **무게중심법**은 공급사슬과 관련된 여러 지점의 수송비용
을 최소화하는 방법이다. 이를 위해 여러 지점 사이의 수송 거리와 수송 물량을 고

읽을거리

2000년대 초에 발생했던 닷컴 버블의 채찍 효과

2000년에 초는 버블이 붕괴된 시대로 기억된다. 여기에서 버블 붕괴는 많은 닷컴 기업들의 도산과 주식시장의 냉각을 의미한다. 인터넷 기술이 등장하고 대중화되자 기존에는 멋진 사무실과 빌딩을 소유한 기업들이 고객을 상대할 수 있었던 것과 대비되어 오직 .com이라는 도메인 하나만 가지고도 큰 돈을 벌 수 있는 많은 IT 기업들이 등장했다. 이들은 상장을 통해 단기간에 많은 투자를 받고 주가도 급속히 상승했으나 결국 실제 수요를 뛰어넘는 과잉 투자를 하고 있다는 시장의 냉정한 평가에 따라 나스닥 주가는 2000년 3월에서 10월까지 약 80% 추락했고 많은 기업이 도산하게 되었다.

닷컴 버블의 붕괴는 곧 채찍 효과를 가져왔다. 닷컴 기업의 핵심 설비인 서버의 주문이 대거 취소되자 이를 제조했던 더 많은 서버 제조 기업들의 도산이 이어졌다. 또한 서버를 제조하기 위한 많은 관련 부품의 제조업체들도 재정적인 어려움을 겪게 되었다. 즉 가치사슬의 특정 부분에서 문제가 발생하는 경우 그 상류에 있는 협력사들이 더 큰 피해를 입게 된 것이다.

이러한 채찍 효과는 오늘날에도 대기업을 상대하는 1차 및 2차 협력사들에게 언제든지 발생할 수 있다. 대

▲ 채찍 효과는 시차를 두고 세력의 크기가 증가하는 현상을 의미한다

기업이 도산하면 1차 협력사들이 도산하고, 1차 협력사에게 의존하고 있던 더 많은 2차 협력사들이 줄줄이 도산하는 일이 발생할 수 있다. 이러한 사태를 막기 위한 적절한 안전장치가 마련되는 것이 바람직하다.

출처 : 조선일보(2020. 10. 18). 제2의 IT 버블 공포… 2000년 vs 2020년 무엇이 다른가. https://www.chosun.com/economy/economy_general/2020/10/18/IP2VAAOPJZAL7CNC6VDDB74IUE/

려한다. 요인평점법은 여러 입지 요인의 상대적 가중치를 적용하여 평가한다. 손익분기점법은 총비용을 고정비와 변동비로 구분하여 수요량에 따르는 비용을 최소화하는 입지를 찾는 방법이다. **수송모형**(transportation method)은 여러 출발지에서 여러 목적지로 제품이 운송되는 항로 중에서 가장 비용이 낮은 항로를 선정하기 위해 선

형계획(linear programming)이라는 수학적 모형을 사용하는 것인데, 여기에는 제약식 (constraints)과 목적함수(objective function), 그리고 의사결정변수(decision variables)가 고려된다. 초기 조건에 의해 최적 경로를 도출한 다음에 새로운 정보가 추가되면 그에 따라 최적 경로를 수정하는 감도분석(sensitivity analysis)을 하게 된다.

기출문제

I. 시설의 입지를 결정하는 모형에 대한 설명으로 옳지 않은 것은?

① 중심지법(centroid, center of gravity)은 새로운 시설과 기존 시설들과의 거리 및 수송할 물량을 평가요소로 활용한다.

② 요인평점법(factor-rating)은 각 입지 요인의 상대적 중요도를 반영한 가중치를 활용하여 양적 및 질적 요인을 함께 고려할 수 있다.

③ 수송계획법(transportation method)은 선형계획법의 한 유형으로 최소비용법 (minimum cell cost method), 보겔의 추정법(Vogel's approximation method) 등으로 초기 해를 도출한 후 수정배분법(modified distribution method) 등으로 최적해를 도출하는 방법이다.

④ 손익분기점 분석법(break-even analysis)은 총생산비용과 총수익의 상관관계를 이용하여 수요가 최대가 되는 최적 입지를 찾는 분석법이다.

(7급 2020 문 20)

II. 생산입지에 대한 설명으로 옳지 않은 것은?

① 원자재의 부피가 크거나 무겁다면 원자재 가공공장은 원자재 산지 근처에 두는 것이 유리하다.

② 지역별로 생활수준, 취업률, 노동인력의 숙련도 등이 다르기 때문에 임금수준의 격차가 발생한다.

③ 완제품의 수송비용이 많이 드는 경우에는 완제품 조립공장을 원자재 산지 근처에 두는 것이 유리하다.

④ 유사업체들이 이미 생산설비를 가동하고 있다면 원자재 공급업체 확보가 용이하다.

(7급 2018 문 7)

III. 각 공장에서 각 창고로 수송하는 단위당 비용이 아래 표와 같을 때 총수송비용을 최소화하는 최적해는? (단, 공장의 총공급량과 창고의 총수요량은 450단위로 일치한다)

	창고 1	창고 2	창고 3	창고 4
공장 A	3	2	4	150
공장 B	3	4	1	300
수요량	150	200	100	450

① 공장 A에서 창고 1로 150개, 공장 B에서 창고 2로 200개, 공장 B에서 창고 3으로 100개를 수송한다.

② 공장 A에서 창고 2로 150개, 공장 B에서 창고 1로 100개, 공장 B에서 창고 2로 50개, 공장 B에서 창고 3으로 150개를 수송한다.

③ 공장 A에서 창고 1로 50개, 공장 A에서 창고 3으로 100개, 공장 B에서 창고 1로 100개, 공장 B에서 창고 2로 200개를 수송한다.

④ 공장 A에서 창고 2로 150개, 공장 B에서 창고 1로 150개, 공장 B에서 창고 2로 50개, 공장 B에서 창고 3으로 100개를 수송한다.

(7급 2015 문 18)

답   I. ④ 손익분기점 분석법은 비용을 최저로 하는 최적입지를 찾는 분석법이다.

II. ③ 완제품의 수송비용이 큰 경우에는 조립공장을 수요 지역 부근에 두는 것이 유리하다.

III. ④ 휴리스틱 방법을 사용하면, 수송비용이 가장 큰 A → 창고 3을 0단위로 고정하면 (1) B → 창고 3은 100이 되고, (2) B → 창고 1은 최댓값이 150이므로 (3) B → 창고 2에 50을 배정한다. (4) 그에 따라 나머지 A → 창고 1은 (5) 0, A → 창고 2는 150이 배정된다(6). 아래의 표를 참조하라.

	창고 1	창고 2	창고 3	창고 4
공장 A	(5) 0단위	(6) 150단위	(1) 0단위	150
공장 B	(3) 150단위	(4) 50단위	(2) 100단위	300
수요량	150	200	100	450

10.5 재고

재고비용은 기업에게 직접적으로 비용을 발생시키는 것으로서 주문의 시점을 적절히 결정하는 것은 매우 중요하다. 재고관리와 관련하여 가장 고전적인 기법으로 ABC 기법을 들 수 있는데, 이는 재고품목을 그 가치에 따라 구분하여 관리하는 것이다. 즉 전체 품목 수의 20%에 해당하지만 총 재고 중 80%에 해당하는 가치를 가진 A품목들은 자주 관리하고, 품목 수는 많지만 총 재고에 비해 가치가 크지 않은 C 품목들은 낮은 빈도로 관리하는 것이 효율적일 수 있다. 그 밖에 재고의 목적과 관련하여 공급의 불확실성에 대비하기 위한 안전재고(safety stock), 경제적 효율성을 추구하기 위한 경제적 주문량, 수요의 변화에 대처하기 위한 예상 또는 비축재고(anticipation inventory) 등의 개념을 들 수 있다.

재고관리 시스템은 P 모형과 Q 모형으로 크게 구분할 수 있는데 P 모형(P 시스템)은 주문 기간을 고정하고 주문량이 변동하는 방식이고, Q 모형(Q 시스템)은 주문량을 고정하고 주문기간이 변동하는 방식이다. P 모형에서는 주문기간이 고정되는 대신 더 많은 안전재고가 필요하지만 관리가 용이하다. 반면에 Q 모형에서는 재주문점에 도달했는지 파악하기 위해 빈번하게 재고량을 조사해야 하는 부담이 있지만 품목별로 조사빈도를 달리할 수 있고 주문비용과 재고유지비용을 낮게 유지할 수 있다. 재고량 변화를 파악하는 Q 모형의 개념을 시각화한 것을 투-빈 시스템(two-bin)이라고 부른다.

재고관리를 위한 공급사슬관리는 공급기업과 구매기업의 정보공유를 통해 재고비용을 최소화하는 것이다. 특히 **공급자 재고관리**(Vendor-Managed Inventories, VMI)는 공급기업이 구매기업의 재고정보에 접근하여 주문시간과 재고유지의 비용을 절감하게 한다.

기출문제

I. 공급사슬관리의 주요 기법에 관한 설명으로 옳지 않은 것은?

① 특화된 제품들에 사용되는 공통부품의 수요 변동성은 특화된 각 제품의 개별 수요 변동성보다 작게 되는 리스크 풀링(risk pooling) 특성을 반영하여 재고관리의 효율성을 높일 수 있다.

② 공급자 재고관리(VMI)는 수요자의 측면에서 공급자가 재고를 추적하고 납품 일정 및 주문량을 결정하여 주문시간비용과 재고유지비용을 줄일 수 있는 방식이다.

③ 생산프로세스에서 제품별로 특화된 부품의 재고량을 줄이기 위하여 제품의 차별화 시점을 최종 단계로 이전시키는 공정 재설계 방안을 지연 차별화(delayed differentiation)라고 한다.

④ 정보공유는 기업 내 생산프로세스의 부서와 팀이 실시간으로 정보를 공유함으로써 정보의 지연시간 없이 재고관리와 수요 대비를 가능하게 하는 원동력이다.

(7급 2020 문 16)

II. 재고관리의 P 시스템(P-모형)과 Q 시스템(Q-모형)에 대한 설명으로 옳은 것은?

① Q 시스템은 P 시스템보다 일반적으로 더 많은 안전재고가 필요하다.

② P 시스템에서는 주문시점마다 주문량이 달라지지만 Q 시스템에서는 주문주기가 고정된다.

③ 투-빈(two-bin)법은 재고량을 절반으로 나누어 안전재고를 확보하는 방법으로 P 시스템의 내용을 시각화한 것이다.

④ Q 시스템은 현재의 재고량을 수시로 조사하여 재주문점 도달 여부를 판단해야 하므로 관리부담이 많다.

(7급 2016 문 18)

답 ㅤI. ④ 재고관리를 위한 공급사슬관리의 정보공유는 기업 내의 공유가 아니라 공급자와 구매자의 정보공유를 의미한다.
ㅤII. ④ P 시스템이 더 많은 안전재고를 필요로 하며, Q 시스템에서는 주문주기가 변동된다. 투-빈 시스템은 Q 시스템을 시각화한 것이다.

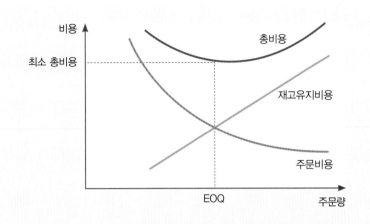

그림 10.8 경제적 주문량 모형

경제적 주문량(Economic Order Quantity, EOQ) 모형은 재고유지비용과 주문비용의 합을 최소화하기 위한 주문량을 구하는 모형이다. 대개 재고유지비용과 주문비용은 그림 10.8과 같은 형태를 갖는다.

경제적 주문량은 다음과 같은 수식으로 계산된다.

$$EOQ = \sqrt{\frac{2DS}{H}}$$

각각 H는 유지비용(holding cost), D는 수요(demand), S는 주문비용(setup cost)을 의미한다. 이러한 수치들은 고정되어 있다고 가정하고, 주문에서 입고까지의 기간인 리드타임도 고정되어 있다고 가정한다. 이 수식에서 경제적 주문량 EOQ는 수요 D와 주문비용 S와 비례하고 유지비용 H와 반비례하는 것을 알 수 있다.

연간 총비용은 연간 유지비용과 연간 주문비용을 합산한 것인데, 연간 유지비용은 평균재고 X 단위당 유지비용으로 계산되고 연간 주문비용은 연간 주문횟수 × 주문비용으로 계산된다. 이를 수식으로 표현하면 다음과 같다.

$$C = \frac{Q}{2} \cdot H + \frac{D}{Q} \cdot S$$

여기에서 C는 연간 총비용, Q는 회당 주문량을 의미한다.

또한 **재주문점**(order point)은 리드타임에 감소하는 제품의 수량을 의미한다. 즉 리드타임이 길거나 단위 기간에 감소하는 제품의 수량이 많으면 재주문점의 수량도 많다.

기출문제

I. 재고와 재고관리에 대한 설명으로 옳지 않은 것은?

① ABC 재고관리 시스템은 재고품목을 연간 사용횟수에 따라 A등급, B등급, C등급으로 구분한다.

② 경제적 주문량(EOQ) 모형은 확정적 재고관리모형에 속한다.

③ 조달기간의 수요변동에 대비하여 보유하는 부가적 재고를 안전재고라고 한다.

④ 경제적 생산량(EOQ) 모형은 주문량이 한 번에 모두 도착하는 것을 전제로 하지 않는다.

(7급 2019 문 3)

II. 효율적 재고(inventory)관리에 대한 설명으로 옳지 않은 것은?

① 다른 조건들이 동일하다면, 주문간격(order interval)이 길수록 평균재고량이 증가한다.

② 다른 조건들이 동일하다면, 주문에 대한 배달소요시간이 길수록 재주문점(reorder point)은 증가한다.

③ 다른 조건들이 동일하다면, 주문비용(ordering cost)이 증가할수록 회당 주문량은 감소한다.

④ 다른 조건들이 동일하다면, 평균재고량이 증가할수록 재고 회전율(inventory turnover)은 감소한다.

(7급 2014 문 18)

III. 보유 목적에 따른 재고 유형에 대한 설명으로 옳지 않은 것은?

① 작업의 독립성을 유지하기 위해 보유하는 것은 완충(decoupling) 재고이다.

② 생산준비비용이나 주문비용을 줄이기 위해 보유하는 것은 경제(economic)

재고이다.

③ 수요의 불확실성에 대비하기 위해 추가적으로 보유하는 것은 안전(safety) 재고이다.

④ 계절에 따른 수요 변화에 대응하기 위해 보유하는 것은 비축(anticipation) 재고이다.

(7급 2013 문 9)

IV. 기업은 영업활동을 수행하면서 최소의 비용으로 재고자산을 관리하려 한다. 다음 중 재고 관련 비용을 최소화시키는 경제적 주문량(EOQ) 모형의 기본적인 가정에 속하지 않는 것은?

① 단위당 재고유지비용은 일정하다.

② 재고조달기간이 정확히 지켜진다.

③ 재고자산의 사용률은 일정하며 알려져 있다.

④ 재고자산의 단위당 구입원가는 일정하다.

(7급 2010. 문 5)

V. A 핸드폰가게의 하루 판매량은 10개로 일정하고, 주문 리드타임은 5일로 일정하다. 현재 이 가게의 재고량이 30개라면 재주문점(reorder point)은?

① 20개   ② 30개

③ 50개   ④ 80개

(7급 2011 문 8)

답   I. ① ABC 재고관리 시스템은 재고품목을 그 가치에 따라 구분하여 관리하는 기법이다.

II. ③ $C = (Q/2) \times H + (D/Q) \times S$에서, 연간 총비용이 동일하다면 주문비용 S와 회당 주문량 Q는 반비례한다.

III. ② 생산준비비용이나 주문비용은 재고의 관리로 변화시킬 수 없는 고정 변수이다.

IV. 시험 주관기관에서 정답을 ④로 발표하였으나 ④도 기본적 가정으로 볼 수 있으므로 모두 기본적인 가정에 해당한다.

V. ③ 하루 10개가 판매되는데 주문하면 5일의 리드타임이 소요되므로 5일간의 공급량인 $10 \times 5 = 50$개가 재주문점이다.

10.6 **운영계획**

운영계획에는 총괄생산계획, 주생산계획, 자재소요계획(Material Requirement Planning, MRP), 전사적 자원관리(Enterprise Resource Planning, ERP) 등의 다양한 방식이 존재한다.

기출문제

I. 재고관리 비용을 최소화하기 위한 재고관리 기법에 해당하지 않는 것은?

① EOQ(Economic Order Quantity)

② JIT(Just-in-Time)

③ MRP(Material-Requirements Planning)

④ PERT(Program Evaluation and Review Technique)

(7급 2018 문 13)

답   I. ④ PERT는 작업의 경로를 분석하는 기법이다.

먼저 **총괄생산계획**(Aggregate Production Planning, APP)은 기업의 전략적 목표를 추구하기 위해 고용, 재고, 하청 등을 총괄적으로 조정하여 생산량을 결정하는, 대개 1년간의 중기 계획이다. 총괄생산계획은 수요변동에 따라 고용이나 생산을 직접적으로 조정하는 **추종전략**(chase strategy)과 고용과 생산을 일정하게 유지하면서 재고 수준, 가동률, 하청 수준을 조정하여 수요 변동을 흡수하는 **평준화전략**(level strategy)이 있다. 기업 수준의 총괄생산계획에 따라 제품 또는 사업부 수준의 **주생산계획**(Master Production Schedule, MPS)이 추진된다.

기출문제

I. 총괄생산계획(aggregate production planning)에 대한 설명으로 옳은 것은?

① 총괄생산계획은 자재소요계획(material requirement planning)을 바탕으로 장기 생산계획을 수립하는 과정이다.

② 총괄생산계획에서 평준화전략(level strategy)은 재고수준을 연중 일정하게 유

지하고자 하는 전략이다.

③ 총괄생산계획은 제품군에 대한 생산계획으로 추후 개별제품의 주일정계
획(master production schedule)으로 분해된다.

④ 총괄생산계획에서 추종전략(chase strategy)은 고객주문의 변화에 따라 재고
수준을 기간별로 조정하고자 하는 전략이다.

(7급 2011 문 16)

> **답** I. ③ 자재소요계획(MRP)은 총괄생산계획(APP)에 기반한다. 평준화전략은 재고 변동을 통해
> 고용과 생산을 일정하게 유지하는 전략이며, 추종전략은 고객주문의 변화를 추종하기 위해
> 재고를 고정하고 고용과 생산을 조정하는 전략이다.

　자재소요계획(MRP)은 주생산계획(MPS)과 자재명세서(Bill Of Materials, BOM), 그리고 재고기록(Inventory Record, IR)의 입력자료를 근거로 수립되는 종속수요(dependent demand)형 계획이다. 여기에서 종속수요의 개념은 주생산계획이라는 상위 수요에 의해 종속적으로 발생하는 수요라는 의미이다. 자재소요계획은 종종 JIT(Just In Time) 방식과 비교되는데 MRP가 주생산계획에 의해 수립되는 푸시(push)형 계획인 반면에, JIT은 실시간 수요에 의해 수립되는 풀(pull)형 계획이다.

기출문제

I. 자재소요계획(Material Requirement Planning, MRP)과 관련된 설명으로 옳은 것은?

① MRP는 풀생산방식(pull system)의 전형적 예로서 시장 수요가 생산을 촉발
시키는 시스템이다.

② MRP는 독립수요(independent demand)를 갖는 부품들의 생산수량과 생산시기
를 결정하는 방법이다.

③ 자재명세서(bill of materials)의 각 부품별 계획주문발주시기를 근거로 MRP를
수립한다.

④ 대생산일정계획(master production schedule)의 완제품 생산 일정과 생산수량에
관한 정보를 근거로 MRP를 수립한다.

(7급 2014 문 19)

II. 자재소요계획(material requirement planning)을 수립하기 위해 필요한 3대 투입요
소에 해당되지 않는 것은?

① 주일정계획(master production schedule)

② 자재명세서(bill of material)

③ 재고기록철(inventory record file)

④ 부하계획(loading)

(7급 2011 문 3)

답 I. ④ MRP는 푸시 생산방식의 사례이며, 종속수요의 특성을 갖고, 자재명세서의 모든 부품
주문 발주에 근거한다.

II. ④ MRP의 3대 투입요소는 MPS, BOM, IR이다.

10.7 연구개발과 정보보안

단기적인 생산이 효율적으로 이루어지기 위해서는 장기적인 연구개발과 혁신이
뒷받침되어야 한다. 기술의 개발에서부터 쇠퇴기까지의 과정에서 시간과 기술의
생산성의 관계를 보여주는 그래프를 **기술의 S커브**라고 한다. 여기에는 기술의 도
입, 발전, 성숙, 쇠퇴 과정이 포함된다(그림 10.9).

기술이 탄생하기까지는 연구개발 활동이 필요한데, 연구개발은 기초연구, 응용

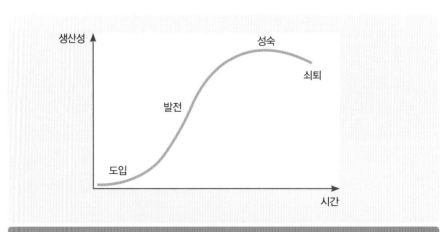

그림 10.9 기술의 S커브

연구, 개발연구 등의 형태를 갖는다. **기초연구**는 새로운 원리를 발견하기 위한 연구이고, **응용연구**는 발견된 원리를 확장하기 위해 응용하는 방법을 찾는 연구이며, **개발연구**는 연구성과를 토대로 제품화를 진행하기 위한 연구이다. 연구개발 및 혁신은 연구실에서만 이루어지는 것이 아니다.

일반 시민 등 다수의 아이디어 또는 집단지성이 발휘되어 기업이 가진 특정 문제를 해결하는 형태도 존재하는데 이것을 **크라우드 소싱**(crowed sourcing)이라고 한다. 기업이 보유한 한정된 지식 자원보다 일반 대중이 더 지혜로울 수 있다.

> **연습문제 5**
>
> ▶ **기술의 S커브를 설명하라.**

🐟 기출문제

I. 기업의 연구개발(R&D) 활동에 대한 설명으로 옳지 않은 것은?

① 기술을 조달하는 전략은 자체 연구개발, 기술제휴, 기술도입(구입) 등으로 분류된다.

② 시장견인(Market Pull) 혹은 수요견인(Demand Pull)은 소비자의 요구가 기술개발의 동인이 된다는 것이다.

③ 연구개발은 일반적으로 기초연구(Basic Research), 개발연구(Development Research), 응용연구(Apply Research) 순서로 수행된다.

④ 기술 S-Curve란 특정기술이 발전하는 과정은 도입기, 발전기, 성숙기 및 쇠퇴기를 거치면서 S자 모양을 띤다는 기술예측 모형이다.

(7급 2017 문 10)

II. 소비자뿐만 아니라 회사의 직원, 일반 대중까지 폭넓은 사람들의 커뮤니티를 신제품 혁신과정에 초대하여 혁신의 가능성을 높이는 정책은?

① 클라우드(cloud) 컴퓨팅

② 크라우드(crowd) 소싱

③ MOT(Moment of Truth)

④ 오프-쇼어(off-shore) 파이낸싱

(7급 2016 문 13)

답 I. ③ 연구개발은 기초연구−응용연구−개발연구의 순서로 수행된다.

II. ② 크라우드 소싱은 일반 대중이 가진 지혜를 공개적으로 받아들이는 방법이다.

기술을 비롯한 일반적인 정보의 관리는 기업 운영에 매우 중요하다. 정보보안의 3대 요소로 불리는 CIA는 각각 기밀성(Confidentiality), 무결성(Integrity), 가용성(Availability)의 첫 글자이다. 이를 위한 정보보안 서비스로는 허가된 사람만 데이터에 접근하도록 하는 인증 서비스와 송신자나 수신자가 데이터의 송신과 수신을 거부할 수 없게 확인하는 자기부정방지 서비스, 비인가된 접근을 제어하는 접근제어 서비스가 있다.

기출문제

I. 홈페이지를 통해 피자 한 판을 주문한 고객은 피자가 배달되었을 때 변심하여 주문하지 않았다고 주장하였다. 전자상거래에서 발생할 수 있는 이러한 상황을 방지하고자 하는 정보보호 요소는?

① 무결성(integrity)

② 자기부정방지(non-repudiation)

③ 인증(authentication)

④ 기밀성(confidentiality)

(7급 2019 문 2)

답 I. ② 무결성은 데이터의 변경을 불가능하게 하는 것이고, 인증은 허가된 사람만이 데이터에 접근하게 하는 것이며, 기밀성은 암호화를 통해 데이터를 보지 못하게 하는 것이다.

사회적 트렌드와 경영 **삼성의 사물인터넷 전략**

제조 설비 시설에서나 사용되던 사물인터넷(Internet On Things, IoT)이 이제 우리 가정에 도입되었다. 삼성전자는 '스마트싱스', LG전자는 'LG씽큐' 플랫폼을 중심으로 가전제품 연동 서비스를 추진하고 있고, LH공사는 가전만이 아니라 아파트 내 엘리베이터와 CCTV까지 제어하는 '홈즈' 플랫폼을 추진하고 있다.

이러한 서비스는 우리의 생활을 어떻게 바꾸어 놓을까? 사실 홈 오토메이션은 오래전부터 익숙한 개념이다. 추운 겨울에 외부에서 집안 난방을 미리 켜 둔다든가, 보안 카메라를 원격 조정하는 등의 원격 제어 장치는 간단한 인터넷 통신 이외의 복잡한 기술을 필요로 하지도 않는다. 각 제품들은 개별적으로 작동할 뿐 상호 연동될 필요도 없었다.

제한된 가전 제품을 연동하여 소비자의 관심을 끌었던 제품으로는 음성인식 스피커가 있는데, 사람들은 날씨 검색, 음악 재생, TV 제어 등으로 음성인식 스피커를 활용했다. 이전에는 스마트폰이나 TV 등에서 각각 작동해야 하는 활동을 하나의 기기를 통해, 그것도 음성으로 간단히 제어할 수 있게 되었다.

이제 기업들은 새로운 가전제품 연동 방식을 추구하고 있다. 그 중심에는 로봇이 있다. 로봇이 적용되는 경우 사람의 더 많은 동작을 대신할 수 있고 더 복잡한 작업의 조율이 가능해진다. 예를 들어 삼성전자는 팔이 달린 이동형 로봇 '삼성봇 핸디'를 2021년 1월 CES(세계가전전시회)에서 선보였는데 식사 전 테이블 정리나 식사 후 식기 정리 장면을 연출했다. 이 로봇과 조리기구, 식기세척기, 로봇 청소기가 연동되면 로봇에게 청소, 조리, 설거지를 명령할 수 있다는 것이다.

공장 제조라인이나 인명 구조 현장, 또는 커피를 내려주는 카페에서 로봇이 활용되는 것은 종종 볼 수 있었으나 이제 가정에서 집안일을 돕는 로봇을 볼 날도 멀지 않은 것 같다. 그 중심에는 사물인터넷 기술이 있다.

생각해 볼 문제

1. 글로벌 기업들이 추진하고 있는 스마트 홈 플랫폼 기능들을 조사해 보자.
2. 국내 기업과 글로벌 기업의 기능을 비교해 보자. 차이가 있는가? 그 차이의 이유는 무엇이라고 생각하는가?

출처 : IT 조선(2021. 3. 24). AI 스피커 만족도 낮은 것은 음성인식 정확도 탓, http://it.chosun.com/site/data/html_dir/2021/03/24/2021032401419.html, 조선비즈(2021. 12. 14). '뉴삼성' 큰 그림은 '삼성 생태계' 구축… 유기적 연결 핵심은 '로봇', https://biz.chosun.com/it-science/ict/2021/12/14/PHKLLSFS2BGUHEIJGVLFQNKXZM.

요약

- 간트 차트는 각 활동을 세로축에, 시간을 가로축에 표시하는 고전적인 일정표이다. LOB는 가로축에 시간, 세로축에 공정을 표시하고 각 공정을 우상향의 직선으로 표시하여 각 공정에서 이루어지는 활동의 효율성을 보여준다. 간트 차트와 LOB가 시간과 활동의 관계를 보여주는 차트라면 서비스 청사진은 상황과 활동의 관계를 보여주는 차트이다.

- 시계열 예측법은 단순이동평균법, 가중이동평균법, 지수평활법으로 구분되는데, 단순이동평균법은 과거 일정 기간의 평균치로 다음 기간의 수치를 예측하는

방법이고, 가중이동평균법은 과거 수치에 연도별로 상이한 가중치를 적용하는 방법이며 지수평활법은 일정한 상수(즉 평활상수)를 적용하는 방법인데, 평활상수가 클수록 최근 자료에 더 큰 가중치를 적용하게 된다.

- 좋은 품질수준의 집단을 불량하다고 판정하는 오류는 제1종 오류 또는 생산자 위험이고 나쁜 품질수준의 집단을 우수하다고 판정하는 오류는 제2종 오류 또는 소비자 위험이다.
- 채찍효과는 공급사슬의 상류에 위치한 기업이 주문의 변동을 더 크게 겪는 효과를 말한다. 이것은 일반적으로 재고의 여유분을 확보하려는 심리에서 나타나는 자연스러운 현상이지만 특히 주문의 분량이 큰 일괄주문의 경우와 가격변동이 큰 경우, 그리고 주문과 발주의 간격인 리드타임이 긴 경우 더 크게 나타난다.
- 기술의 S커브에는 기술의 도입, 발전, 성숙, 쇠퇴 과정이 포함된다.

회계와 정보공시

국제회계기준의 ESG 기준 제정

ESG는 환경(environmental), 사회(social), 지배구조(governance)를 의미하는 영어 단어의 첫 글자이다. 기업은 매출액이나 순이익 등 재무적 성과를 통해 주주와 직원, 정부 등 이해관계자의 이익을 충족해야 하는 의무가 있지만, 그 과정에서 환경을 파괴하고 사회적 약자를 괴롭히며 기업과 관련된 집단의 권익을 침해하는 일을 할 수 있다. 그런데 기업의 성과를 보여주는 기존의 재무제표에서는 경제적 성과만 표시될 뿐 환경, 사회 및 지배구조

▲ 국제회계기준 재단은 지속가능성 기준을 제정한다

와 관련하여 부적절한 행동의 결과를 보여주는 공식 문서는 없었다. 트리플보텀라인(TBL) 등의 개념이 존재하기는 했으나 보조적으로 사용되었을 뿐이었다.

그런데 상황이 급변했다. 블랙록 등 여러 글로벌 투자운용사가 선두에 나서서 기업의 환경, 사회, 지배구조 관련 건전성을 평가해서 기준에 미달하는 기업에게는 투자하지 않겠다고 선언한 이후 많은 대규모 글로벌 기업들은 ESG 활동에 사활을 걸게 되었고 그 활동 내용을 지속가능보고서에 자세히 담게 되었다. 또한 이러한 대기업들과 협력관계를 맺고 있는 협력사들의 ESG 활동도 평가하는 추세로 이어지면서 이제 ESG 평가는 더 이상 대기업에게만 국한되지 않게 되었다.

2021년 11월에 발표된 내용은 이러한 추세를 한층 극명

하게 보여주고 있다. 국제회계기준(IFRS)을 결정하는 기구에서 국제지속가능성기준위원회(International Sustainability Standard Board, ISSB)를 설립하기로 발표한 것이다. 지금까지는 기업의 지속가능보고서 발간 여부와 그 기준에 대한 결정은 기업의 자율적인 결정 사항이었으나, 이제 위원회에서 통일된 기준을 결정하게 되면 ESG 의무 공시에 대한 압력이 한층 높아지게 되는 것이다. IFRS 재단은 개별 국가의 자율성을 보장할 것이라고 설명했지만 글로벌 기업이 글로벌 시장에서 경쟁하는 것에 대해 개별 국가가 할 수 있는 일은 매우 제한될 것이라고 예측된다.

출처: ESG 공시 '단일 국제기준' 제정 공식화⋯ IFRS재단, ISSB 설립 발표, 데일리 NTN 2021. 11. 5. https://www.intn.co.kr/news/articleView.html?idxno=2019258

기업의 현황을 외부적으로 투명하게 공개하고 내부적으로 정확하게 파악하는 일은 매우 중요하다. 이러한 정보의 전달과 처리는 이미지를 담은 홍보자료나 감성을 담은 문장으로도 부분적으로는 가능하지만 아무래도 숫자를 이용한 정보 전달이 가장 효과적일 것이다. 외부적인 회계정보 공시 활동은 투자를 유치하거나 긍정적인 평판을 얻기 위해, 그리고 내부적인 회계처리 활동은 최고경영자의 의사결정을 위해 필수적이며, 궁극적으로는 기업의 장기적인 생존과 성장의 기본 요

건이 된다. 이러한 의미에서 회계는 투자자, 자금대여자, 일반대중 등 이해관계자들에 대해 정보공시를 목적으로 하는 재무회계(financial accounting), 경영자의 현황 파악을 목적으로 하는 관리회계(managerial accounting), 그리고 정부에 대한 세부신고를 목적으로 하는 세무회계(tax accounting)로 구분될 수 있다.

11.1 재무제표

재무제표는 기업의 재무상태를 보여주는 여러 표를 의미하는데, 대표적으로는 일정 시점에서의 기업의 재무구조를 보여주는 재무상태표와 일정 기간의 기업의 손익 현황을 보여주는 손익계산서를 들 수 있다. 특히 우리나라에서 2011년에 도입한 국제회계기준(International Financial Reporting Standards, IFRS)에 의하면 손익계산서에서의 당기순이익에 기타포괄손익을 가감한 포괄손익을 계산해야 하며, 종속회사가 있는 경우에는 연결재무제표를 주재무제표로 해야 한다. 그 밖의 재무제표로는 현금흐름의 변동을 보여주는 현금흐름표와 자본의 크기와 변동을 보여주는 자본변동표가 있다.

> **연습문제 1**
>
> ▶ **재무상태표와 손익계산서를 비교하라.**

먼저 **재무상태표**(statement of financial position)는 예전에는 대차대조표(balance sheet)라고 불렸는데 이름 그대로 차변과 대변으로 나누어 기업의 재무구조를 보여주는 표이다. 차변 항목들과 대변 항목들은 복식부기 활동을 통해 각각 계산되는데 그 합계가 정확히 일치해야 한다.

차변(debit)은 이름 그대로 재무자원을 빌어서(debit) 사업하는 경영자의 장부에 나타나는 항목들로 구성되는데 여기에는 자산(asset) 항목들이 자리 잡는다(그림 11.1). 유동자산(current asset)은 현금이나 예금 등 1년 이내에 현금화할 수 있는 자산이고, 비

유동자산	당좌자산, 재고자산
비유동자산	투자자산, 유형자산, 무형자산, 기타 비유동자산

그림 11.1 차변에 나타나는 자산 항목

부채	유동부채, 비유동부채
자본	자본금, 자본잉여금, 자본조정, 기타 포괄손익누계액, 이익잉여금

그림 11.2   대변에 나타나는 자본의 항목

유동자산(non-current asset)은 지분이나 부동산, 설비, 영업권 임차보증금 등 단기적으로 현금화할 수 없는 자산이다.

대변(credit) 역시 이름 그대로 재무자원을 빌려주는(credit) 채권자 또는 주주의 장부에 나타나는 항목들로 구성되는데 여기에는 부채(liabilities) 항목들과 자본(equity) 항목들이 포함된다(그림 11.2). 자본금(capital stocks)은 주주가 주식을 통해 출자한 금액이고, 자본잉여금(capital surplus)은 증자 또는 감자를 통해 자본을 증가시키는 주식발행초과금 또는 감자차익 등이다. 이익잉여금(retained earnings)은 손익에 의해 증감된 자본의 크기를 나타낸다.

손익계산서의 구성요소는 제9장에서 잠시 설명했던 내용과 관련하여 여기에서 다시 설명하기로 한다.

매출액

    + 영업 외 수익

    – 매출원가

    – 판매비와 일반관리비

    – 영업 외 비용

영업이익

    – 이자 비용

세전순이익

    – 법인세

= 세후순이익

읽을거리

이익계산서와 TBL

보텀 라인(Bottom Line)은 '맨 아랫줄'로 직역되는데 이것은 결론 또는 최종적인 성과를 의미한다. 본문에서 이익계산서는 매출액으로부터 시작하여 세후순이익으로 끝난다는 것을 설명했는데, 보텀 라인이 바로 세후순이익이다. 즉 기업의 재무적 최종 성과를 말하는 것이다.

> 매출액
>
>   각종 항목의 합산 또는 차감
>
>   ......
>
> = 세후순이익

▲ TBL은 재무, 사회, 환경에 대한 성과를 의미한다

그렇다면 트리플보텀 라인(Triple Bottom Line, TBL)에서 의미하는 추가적인 두 가지 최종 성과는 무엇을 의미하는 것일까? 이 개념은 존 엘킹턴(John Elkington)이 1994년에 소개했는데, 그는 재무적(Profit) 성과 이외에도 사회적(People) 성과와 환경보전(Planet)의 성과를 추가하여 세 가지의 성과를 보고해야 한다고 주장했다. 예를 들어 매출액에 따르는 생산원가와 기타비용을 보고하듯, 노동착취나 인권유린 등으로 발생하는 사회적 비용과 환경파괴의 정도에 대해서도 보고해야 한다. 만약 기업이 인권유린을 방지하는 제도를 시행한다면 사회적 비용을 절감하는 것이므로 기업의 성과는 증대된다. 또한 환경파괴를 예방하거나 재활용을 증진하는 제도를 시행하는 것도 환경적 비용을 절감하는 것이므로 기업의 성과는 증대된다. 이러한 평가가 이루어져야 한다는 것이 TBL의 개념이다.

현금의 흐름은 기업의 생존과 직결될 수 있으므로 중요하다. 아무리 비유동자산이 많아도 당장 현금화할 수 있는 유동자산이 부족하여 도산하는 경우도 종종 있다. 이와 관련하여 유동자산에서 유동부채를 차감한 운전자본이라는 개념을 주목할 필요가 있다. 기본적인 전략은 매출채권을 곧바로 회수하고 매입채무의 상환기한을 연장하여 유동성을 증가하는 보수적인 정책을 추구하는 것이다. 이를 위해 유동자산을 장기부채로 조달하는 방법 등을 취할 수 있다.

> **기출문제**
>
> **I.** 운전자본관리에 대한 설명으로 옳지 않은 것은?
> ① 매입채무회전기간을 연장하면 현금전환주기를 단축시킬 수 있다.
> ② 영업주기는 재고자산회전기간과 매출채권회전기간을 합한 것이다.
> ③ 매출채권관리에서 현금할인율이 높을수록 매출채권의 회수속도가 빨라진다.
> ④ 보수적 단기자본조달은 유동자산을 주로 단기부채로 조달하는 방법이다.
>
> (7급 2020 문 11)
>
> **답** I. ④. 단기부채의 조달은 운전자본을 감소시킨다.

11.2 재무비율

연습문제 2

▶ **다섯 가지 유형의 재무비율을 설명하라.**

재무제표의 숫자들은 기업의 현황을 파악하도록 해 주는데, 특히 숫자들의 비율을 통해 기업 활동의 특성을 알 수 있다. 재무비율은 다음과 같다 (그림 11.3).

• 유동성비율 : 기업이 단기적인 채무를 상환할 수 있는 능력을 알려준다. 여기에는 유동비율(current ratio)과 당좌비율(quick ratio)이 있다.

• 안정성비율 : 기업이 장기적인 채무를 상환할 수 있는 능력을 알려준다. 여기에는 부채비율(debt to equity ratio), 자기자본비율(equity ratio), 고정비율(fixed asset ratio) 등이 있다.

• 수익성비율 : 특정 기간의 경영성과를 알려준다. 매출액이익률(profit margin ratio), 총자산이익률(return on assets), 주당순이익(Earnings Per Share, EPS) 등이 있다.

• 활동성비율 : 기업이 자산을 효율적으로 운용하는 정도를 알려준다. 매출채권회전율(accounts receivable turnover ratio), 재고자산회전율(inventory turnover ratio), 총자산회전율(total asset turnover ratio), 자기자본회전율(equity turnover ratio) 등이 있다.

• 기타 주가 관련 비율 : 주가수익률(PER)과 배당수익률(dividend yield ratio)이 있다.

이익률 측정을 위한 개념으로서 경제적 부가가치(Economic Value Added, EVA)를 들 수 있다. 이것은 앨프리드 마샬(Alfred Marshall)이 제안한 개념인데 세후 영업이익에서 자본비용을 차감하여 기회비용을 고려하는 것이다. 즉 영업이익을 늘리거나, 유지하면서 투자자본을 축소하거나, 또는 자본구조를 변경하여 자기자본비용을 축소함으로써 경제적 부가가치를 높일 수 있다. 그러나 단기적으로 경제적 부가가치를 높이기 위해 투자자본을 축소하면 장기적인 투자기회를 상실할 수 있다.

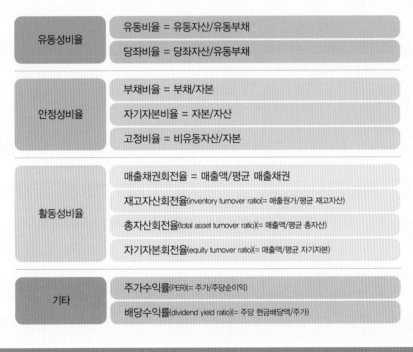

그림 11.3 재무비율

🔧 **기출문제**

I. 투자수익률(return on investment, ROI) 분석 기법의 하나인 자기자본수익률(return on equity, ROE)에 대한 설명으로 옳지 않은 것은?

① 매출액에서 차지하는 순이익의 비중이 높아지면 자기자본수익률이 높아진다.

② 매출액을 기준으로 총자산이 1년 동안 반복 운용되는 횟수가 증가하면 자기자본수익률이 높아진다.

③ 부채비율이 높아지면 자기자본수익률이 낮아진다.

④ 자기자본수익률은 순이익을 자기자본으로 나누어 자기자본의 효율적 이용도를 측정하는 투자 지표이다.

(7급 2019 문 6)

II. 경제적 부가가치(Economic Value Added, EVA)에 대한 설명으로 옳지 않은 것은?

① EVA를 증가시키기 위해서는 세후 영업이익을 늘려야 한다.

② EVA는 장기성과를 측정하는 데 유용하다.

③ EVA가 0보다 큰 기업은 자본비용 이상을 벌어들인 기업으로 평가된다.

④ 다각화된 기업은 사업단위별로 EVA를 평가하여 핵심사업과 한계사업을 분류할 수 있다.

(7급 2018 문 10)

III. 기업의 재무제표분석과 관련된 내용으로 옳지 않은 것은?

① 주당순이익(Earnings Per Share)을 통해 기업이 주주에게 배당할 수 있는 역량을 파악할 수 있으며 주당순이익이 높을수록 주주들은 높은 배당금을 받게 된다.

② 유동비율(Current Ratio)은 유동부채 대비 유동자산의 비율을 의미한다.

③ 재고자산회전율(Inventory Turnover Ratio)이 높다는 것은 재고자산관리가 효율적임을 의미한다.

④ 부채비율(Debt to Equity Ratio)은 타인자본과 자기자본 사이의 관계를 측정하는 것으로 낮을수록 재무상태가 건전하다고 볼 수 있다.

(7급 2017 문 16)

IV. 재무비율 중 레버리지 비율에 해당하지 않는 것은?

① 유동비율   ② 부채비율

③ 이자보상비율   ④ 고정비율

(7급 2013 문 16)

V. ㈜한국은 매출액순이익률이 5%이고, 총자산회전율이 1.2이며, 부채비율 (부채/자기자본)이 100%이다. 이 자료만을 활용한 ㈜한국의 ROE(자기자본순이익률)는?

① 6%   ② 8%

③ 10%   ④ 12%

(7급 2012 문 19)

답   I. ③. 자기자본수익률은 순이익/자기자본으로서 부채비율과는 무관하다.

II. ②. EVA는 단기성과를 측정하는 것에 유용하다.

III. ① 주당순이익이 높아도 배당정책에 의해 낮은 배당을 받을 수 있다.

IV. ①. 레버리지 비율은 안정성비율로서 부채비율, 자기자본비율, 고정비율, 이자보상비율이 있다.

V. ④ 문제에서

(1) 매출액이익률= 당기순이익/매출액 = 0.05. 즉 순이익/0.05 = 매출액

(2) 총자산회전율 = 매출액/평균 총자산 = 1.2. 즉 매출액 = 1.2 × 자산

(3) 부채비율 = 부채/자기자본 = 1이므로 부채 = 자본, 즉 자산 = 부채 + 자본 = 2 × 자본 이다.

이 정보로부터 자기자본순이익률 = 순이익/자기자본을 구하기 위해 대입을 통해 매출액과 부채를 없애는 작업을 한다. 먼저 (1)과 (2)를 통해

(4) 순이익/0.05 = 1.2 × 자산

여기에 (3)을 대입하면

(5) 순이익/0.05 = 1.2 × (2 × 자본). 즉 순이익 = 0.05 × 1.2 × 2 × 자본 = 0.12 × 자본

그러므로 자기자본순이익률 = 순이익/자본 = (0.12 × 자본)/자본 = 0.12

11.3 유형자산의 평가

연습문제 3

▶ 감가상각이 세금에 미
치는 영향을 설명하라.

유형자산은 사용연한이 1년 이상인 물리적 자산으로서 시간이 지남에 따라 그 가치가 감소할 것으로 추정할 수 있다. 이러한 가치 감소를 비용 처리하면 그 금액만큼 세금이 감소하는 효과가 발생한다. 이것을 **감가상각** (depreciation)이라고 한다. 감가상각은 실제로 현금에서의 비용이 발생하는 것이 아니므로 손익계산서를 현금흐름표로 전환할 때에는 감가상각분을 더해주게 된다.

감가상각의 방식, 즉 사용연한 내에 가치감소를 진행하는 방식에는 세 가지가 있다. 먼저 **정액법**은 감가상각 대상 금액을 추정사용연한으로 균등하게 나누는 것이고, **정률법**은 일정한 비율, 즉 상각률로 매 기간의 감가상각이 이루어지는 것이다. 마지막으로 연수합계법은 내용연수의 합계와 잔여내용연수의 비율을 이용하여 감가상각하는 방법이다.

기출문제

I. 두 기업 A와 B의 영업이익(Earnings Before Interest and Taxes, EBIT)은 1억 원, 이자비용은 0원, 법인세율은 20%로 동일하다. A의 영업현금흐름(Operating Cash Flow, OCF)이 B의 영업현금 흐름보다 클 때 옳은 것은?

① A의 영업현금흐름은 B의 세후영업이익보다 작다.

② B의 영업현금흐름은 B의 세후영업이익보다 작다.

③ A의 감가상각비는 B의 감가상각비보다 크다.

④ A의 감가상각비의 감세효과는 B의 감가상각비의 감세효과보다 작다.

(7급 2017 문 18)

답 ③. A와 B의 현금흐름으로 전환할 때에는 감가상각분을 더하게 되므로 A의 감가상각비가 더 클 때 A의 영업현금흐름이 더 크다. 또한 A의 감가상각의 감세효과도 B보다 크다.

사회적 트렌드와 경영   **골드만삭스의 회계처리 과정**

2008년에 발생했던 금융위기는 많은 투자은행의 몰락으로 이어졌다. 베어스턴즈는 JP모건체이스에 인수되었고 메릴린치는 뱅크오브아메리카에 인수되었다. 리먼브라더스는 파산했다. 그 와중에 2009년에 흑자를 기록하며 부활했던 기업이 있다. 바로 골드만삭스이다.

2009년 초에 미국 정부로부터 공적자금 100억 달러와 정부보증 대출 200억 달러를 받고 파산을 면했는데, 바로 2009년 1분기와 2분기에 예상을 뛰어넘는 이익을 냈고, 증자를 통해 공적 자금을 모두 갚았다. 공적 자금을 갚은 기업은 보너스를 지급할 수 있으므로, 이러한 실적에 힘입어 2009년 총 80억 달러에 이르는 높은 성과급을 직원들에게 지급했다.

그런데 골드만삭스의 이러한 화려한 부활은 온전히 이 기업의 능력에 기인한 것인가? 몇몇 학자들은 이 기업이 회계처리 방식을 잘 활용하였기 때문이었다고 분석한다. 골드만삭스는 2009년 회계연도부터 회계기간을 변경하여 연도의 시작일을 12월에서 1월로 바꾸었다. 그 결과 2009년 1월은 어느 기간에도 속하지 않는 블랙홀이 되었고, 이 기간에 13억 달러의 손실을 기록했다. 물론 회계 보고서에 이러한 사실을 공시했으니 불법은 아니다. 또한 2009년 1분기부터 시행된 정책에 따라 시가 평가 방식으로 적용한 금융 자산의 평가 손익을 이익 계산에 포함시키지 않아도 되었다. 즉 이 기업의 부동산 관련 파생 상품들의 평가 손실이 회계 장부에서 사라졌다. 이러한 과정을 통해 골드만삭스는 단기간에 흑자 기업으로 탈바꿈했고, 증자를 통해 공적 자금을 상환했으며, 그로 인해 직원들에게 높은 성과급을 지급할 수 있는 자격을 획득했다.

미국 정부는 투자은행의 총수들을 불러 모아서 보너스 지급을 자제해 달라고 압력을 넣었다. 그러나 기업들은 보너스 지급은 규정대로 처리해야 하며, 규정대로 처리되지 않은 경우 기업을 상대로 한 소송이 발생할 것이라고 저항했다. 기업에는 다양한 이해관계자가 존재한다. 여기에는 정부와 일반 국민, 그리고 기업의 직원이 해당된다. 골드만삭스의 회계처리 과정이 기업 윤리에 시사하는 것은 무엇일까?

참조 : 최종학(2009. 11.). 골드만삭스가 강한 이유, 동아비즈니스리뷰 44호.

생각해 볼 문제

1. 골드만삭스의 회계처리 방식에 대한 지지논리와 반대논리를 정리해 보자.
2. 당신은 골드만삭스의 회계처리 방식에 찬성하는가? 당신이 골드만삭스의 임원이라고 해도 이 주장은 여전히 유효한가?
3. 기업윤리에 대한 판단은 판단자가 어느 이해관계자인가에 따라 상이할 수 있다고 생각하는가?

요약

- 재무제표는 기업의 재무상태를 보여주는 여러 표를 의미하는데, 대표적으로는 일정 시점에서의 기업의 재무구조를 보여주는 재무상태표와 일정 기간의 기업의 손익 현황을 보여주는 손익계산서를 들 수 있다.

- 유동성비율은 기업이 단기적인 채무를 상환할 수 있는 능력을, 안정성비율은 기업이 장기적인 채무를 상환할 수 있는 능력을, 수익성비율은 특정 기간의 경영

성과를, 활동성비율은 기업이 자산을 효율적으로 운용하는 정도를 알려주는 비율이고, 기타 주가와 관련한 비율로서 주가수익률과 배당수익률이 있다.

- 사용연한이 1년 이상인 물리적 자산인 유형자산은 시간이 지남에 따라 그 가치가 감소할 것으로 추정할 수 있다. 이러한 가치 감소를 비용 처리하면 그 금액만큼 세금이 감소하는 효과가 발생하는데 이것을 감가상각이라고 한다.

국제경영

가장 비싼 빅맥을 판매하는 국가

환율은 통화 사이의 교환 비율인데 다른 표현으로 말하자면 동일한 제품을 구매하는 것에 지불해야 하는 금액의 상대적 크기이기도 하다. 예를 들어 일본과 한국의 통화의 교환비율이 10대 1이라고 가정할 때, 어떤 동일한 제품, 예를 들어 특정 열쇠고리가 일본에서 1엔에 판매된다고 하면 동일한 열쇠고리는 한국에서는 10원에 판매되어야 한다는 것을 의미한다. 만약 한국에서 해당 제품을 15원에 판매한다면 많은 사람들이 그 열쇠고리를 일본에서 1엔에 구입하여 한국에서 15원에 판매하는 것만으로도 큰 돈을 벌 수 있을 것이다. 이러한 자유로운 거래를 재정거래(arbitrage)라고 하는데 재정거래를 통해 많은 경제지표들이 자동적으로 균형을 이루게 된다.

▲ 빅맥 지수는 통화가치를 설명한다

그런데 특정 제품의 가격을 통해 각국의 통화가치를 비교하기 위해서는 그 제품이 상당히 많은 국가에서 판매되고 있어야 한다. 즉 다국적 기업의 제품이어야 한다는 것이다. 1986년에 영국의 경제주간지 《이코노미스트》에서는 맥도날드에서 120개국에서 판매하고 있는 빅맥의 가격을 비교하여 과연 어느 나라의 물가가 높은지 알아보는 작업을 해 오고 있다. 물론 햄버거 가격을 단순히 비교하는 것은 각 나라의 햄버거 산업의 유통 구조나 임금 수준, 세금 등이 상이하기 때문에 비현실적이기도 하지만 추상적인 환율 지표에 비해 가장 생활 밀착형 사례를 보여준다고 할 수 있다.

2021년 10월 말에 발표된 자료에 의하면 빅맥이 가장 저렴한 나라는 러시아로 한화로 약 2,200원이었고 가장 비싼 나라는 레바논으로 한화로 약 2만 5,700원이었다. 레바논의 햄버거 가격이 이처럼 비싼 이유는 내전 상태에서 극심한 경제난을 겪으며 400%의 물가 상승과 90%의 통화 가치 하락인 것으로 분석되었다.

출처 : 브랜드브리프(2021. 10. 25). '빅맥'을 2만5천원에 파는 나라가 있다?… 가격으로 본 맥도날드 세계 지도, http://www.brandbrief.co.kr/news/articleView.html?idxno=4711

기업은 국제적 진출을 통해 더 큰 기회를 발견할 수 있다. 그러나 국제적 환경에 존재하는 기회를 효과적으로 활용하기 위해서는 적합한 방법을 취해야 한다. 이 장에서는 글로벌 환경에 어떠한 기회가 존재하는지, 그리고 기업이 선택할 수 있는 글로벌 전략에는 어떠한 것이 있는지 살펴보기로 한다. 참고로, 국제(international)라는 개념은 글로벌(global)이라는 개념과 어떤 맥락에서는 동의어로, 어

떤 맥락에서는 구분해서 사용된다. 이 장에서는 두 개념이 차이가 없다고 전제하고
문장의 자연스러운 맥락에 맞춰서 사용하기로 한다.

12.1 글로벌화의 동기

글로벌화의 현상과 속도에 영향을 미치는 요인은 기업을 둘러싼 기업의
외부 환경적 요인과 내부적 요인으로 구분하여 설명할 수 있다. 먼저 외
부 환경적 요인으로는 제도적 변화와 기술적 변화를 들 수 있다. 제도적
측면에서는 자유무역을 촉진하기 위한 국제적 조약이 체결되고, 무역장
벽이 낮아지는 과정이 꾸준히 진행됨에 따라 기업이 국경을 넘어서 활동할 수 있는
제도적 여건이 마련되었다. 물론 트럼프 행정부의 정책이었던 보호무역주의로 미
국의 개방 정책이 후퇴하기도 했고, 영국의 유럽연합 탈퇴로 글로벌 경제블록 현
상이 약화되기도 했지만 여전히 세계무역기구(World Trade Organization, WTO)나 세계은행
(World Bank) 등을 통한 무역장벽 철폐의 움직임은 지속되고 있다.

기술적 측면에서 운송기술과 통신기술의 진보는 기업이 국경을 넘어서 경영활

> **연습문제 1**
>
> ▶ 글로벌화의 동기에 대
>   해 설명하라.

▲ 세계무역기구는 글로벌화를 촉진한다

동을 수행하는 비용을 획기적으로 감소시켰다. 최근에는 인공지능을 이용한 번역 기능이 강화되면서 외국어 문서 작업의 부담을 줄이고 있다. 이러한 기술 진보는 물리적 또는 심리적 거리를 축소시키면서 글로벌 경영의 불확실성을 감소하는 효과를 가져왔다.

그다음으로 내부적 요인을 살펴보자. 기업이 글로벌화를 통해 얻을 수 있는 이득은 다양한데, 공급 측면과 수요 측면으로 설명할 수 있다. 먼저 공급 측면에서 기업은 글로벌화를 통해 제조원가를 절감할 수 있는 방법을 찾을 수 있다. 저렴한 노동비와 원료가 풍부한 지역에 제조설비를 건설하거나 생산과 소비의 거리를 최소화하는 지점에 유통의 거점을 마련하면 비용을 절감할 수 있다. 무역장벽 등 현지정부의 규제를 회피하기 위해 현지에 공장을 건설하거나 조세 혜택을 받을 수 있는 곳에 본사를 이전하는 것, 또는 지식 집약적 지역에 연구개발센터를 건설하여 지식의 흡수를 추구하는 등 현지 특유의 기회를 활용하기 위한 글로벌화도 공급 측면의 이점으로 작용할 수 있다.

수요 측면에서는 규모가 큰 시장에 접근하기 위한 수단으로 글로벌화를 추구할 수 있다. 현지의 니즈에 신속하게 대응하기 위해 지사를 설치하거나, 유통경로관리 및 광고활동을 효과적으로 통제하기 위해 수출보다 현지 지사의 운영을 선호할 수 있다. 어느 지역에서의 판매 경험은 그 인접 지역에서의 기회를 포착하는 것에 도움을 줄 수도 있다.

글로벌화는 특히 부상하고 있는 신흥 시장에서의 기회를 포착하는 것이 효과적일 수 있다. 신흥 시장은 규모가 작기 때문에 성장 잠재력이 높다. 경제적으로 성장하기 전에 진입하여 현지 경제의 성장과 함께 성장하는 전략을 BOP(Bottom of the Pyramid) 전략이라고 한다. 그러나 신흥시장에는 경제적 기회와 함께 정치적 불확실성도 존재하기 마련이다. 외국 기업의 지위 보호에 대한 법적 미비, 정치적 불안정, 지적 재산권 보호장치의 미비 등은 신흥시장에서 경제적 기회의 제약으로 작용한다.

© Shutterstock

▲ BOP 전략은 개발도상국에 대한 조기 투자를 의미한다

기출문제

I. 기업의 세계화를 촉진시키는 요인이 아닌 것은?

① 인터넷을 비롯한 통신수단의 발달

② 지역별 자유무역협정의 체결

③ 유통채널의 국가 간 차이 증가

④ 관세와 무역장벽의 철폐

(7급 2012 문 2)

II. 최근 기업의 글로벌 경영(global management) 활동과 관련하여 중국, 인도, 브라질, 러시아 등 신흥시장(emerging market)의 전략적 의미가 부각되고 있다. 신흥시장에서 사업을 수행하는 데 따르는 위험 요인으로 적절하지 않은 것은?

① 정치적 불안 　　　　　　② 대규모 기업집단 부재

③ 상이한 법적 제도적 체계　④ 지적 재산권 보호의 어려움

(7급 2012 문 9)

답　I. ③ 통신수단의 발달, 국제협정의 증가, 무역장벽의 철폐가 세계화 촉진의 원동력이다.

　　II. ② 신흥시장에서는 주로 법적, 정치적 위험요인이 존재한다.

12.2　문화적 차이에 대한 이해

많은 기업들이 글로벌 경영에 실패하는 이유 중 하나는 문화적 차이에서 발견할 수 있다. 국가 사이의 문화적 차이에 대한 가장 고전적인 연구로서 1980년에 발표한 헤이르트 홉스테드(Geert Hofstede)의 문화적 차원 연구가 대표적이다.

> 연습문제 2
>
> ▶ 홉스테드의 네 가지 문화적 차원을 설명하라.

　그 당시 가장 대표적인 글로벌 기업 중 하나였던 IBM에서 30여 년간 근무했던 그는 다양한 국가의 문화적 특성을 네 가지 차원으로 요약했다. 첫 번째 차원은 개인주의(individualism)/집단주의(collectivism)인데, 집단의 이익을 우선시하는 문화에 대비하여 개인의 권리를 우선시하는 정도를 나타내는 지표이다. 개인주의 성향이 높은 국가는 개척 정신이 높고 창업 의욕이 높은 특성을 보일 수 있다. 두 번째 차원은

불확실성 회피(uncertainty avoidance) 지수로서 불확실하고 불안한 상태를 회피하려는 정도를 나타낸다. 불확실성 회피성향이 높은 국가에서는 신중하고 점진적인 변화를 선호하게 된다. 세 번째의 차원은 **권력거리**(power distance) 지수인데, 상하관계를 편하게 생각하는 정도라고 할 수 있다. 권력거리가 작은 국가에서는 하급자가 상급자에게 격의 없이 의견을 제시하거나 비판할 수 있다. 네 번째 차원은 **남성성**(masculinity)/**여성성**(femininity)으로서 경쟁이나 결과를 중시하는 성향을 남성성, 헌신이나 과정을 중시하는 성향을 여성성이라고 명명했다. 이 명칭은 성중립적으로 수정되어 양적추구/질적추구 또는 결과지향/과정지향 등으로 사용되기도 한다. 추후 홉스테드는 장기지향성/단기지향성과 응석/절제 지수를 추가했다. 이러한 문화적 특성은 피투자국의 문화적 성향을 나타내므로 기업의 활동에 중요하게 작용할 수 있다.

기출문제

I. 국가 간 문화적 차이를 이해하기 위해 홉스테드(G. Hofstede)가 제시한 모형에 대한 설명으로 옳지 않은 것은?

① 개인주의 문화권에서는 개인의 성취도와 자유도가 높게 평가되고, 집단주의 문화권에서는 내부집단에 대한 충성이 중요시된다.

② 의사소통시 고맥락(high context) 문화권에서는 배경과 상황을 중시하고, 저맥락(low context) 문화권에서는 언어나 문서를 중시한다.

③ 남성다움이 강한 문화권에서는 남녀의 사회적 역할 구분이 명확하다.

④ 불확실성 회피 성향이 높은 문화권에서는 직업의 안정성과 명확한 업무지시 등을 선호하고, 불확실성 회피 성향이 낮은 문화권에서는 변화를 두려워하지 않는다.

(7급 2013 문 20)

답   I. ② 홉스테드의 네 가지 차원은 개인/집단주의, 불확실성 회피, 권력거리, 남성성/여성성이다.

문화적 차원의 상호 관련성

홉스테드는 개인주의/집단주의, 불확실성 회피 성향, 권력거리, 남성성/여성성의 차원으로 여러 나라의 문화적 특성을 파악했다. 그런데 이들 차원들은 서로 어떤 관계가 있을까? 혹시 개인주의적 성향이 강한 나라들이 권력거리가 크거나, 남성성 성향이 강한 국가들이 불확실성 회피 성향이 높은 관계가 존재할지 궁금할 수 있다. 다행히도 홉스테드는 1983년에 발표한 논문에서 이에 대해 설명했다.

먼저 그는 개인주의/집단주의 성향과 국가경제규모 [일인당 국민총생산(per capita Gross National Product)]의 관계에 대해 설명했는데, 개인주의적 성향이 높은 나라일수록 일반적으로 일인당 국민총생산이 높았다. 가장 개인주의 성향이 높으면서 가장 경제규모가 큰 나라는 미국이었고, 집단주의 성향이 높으면서 경제규모가 작은 나라 중에는 한국이 포함되었다.

권력거리와 개인주의/집단주의 성향도 대체로 일관적인 관계를 보였는데, 권력거리가 작은 나라일수록 개인주의 성향이 높았다. 미국, 캐나다, 덴마크, 노르웨이 등이 이에 해당했다. 반면에 권력거리가 큰 나라는 집단주의 성향이 높았는데, 파나마와 과테말라 등 남미 국가, 말레이시아와 싱가포르 등 동남아 국가 등이 이에 해당했다. 한국은 권력거리가 약간 큰 편이었다.

권력거리와 불확실성 회피 성향 사이에는 지역적으로 상이한 관계를 보였다. 덴마크, 스웨덴 등 작은 권력거리를 가진 북유럽 국가들은 낮은 불확실성 회피성향을 보였고 그 반대로 과테말라와 파나마 등 큰 권력거리를 가진 남미 국가들은 높은 불확실성 회피성향을

▲ 홉스테드는 다양한 문화를 비교하는 기준을 제시했다

보였다. 동남아 국가들은 큰 권력거리를 가지면서 낮은 불확실성 회피 성향을 보였고, 반대로 이스라엘은 작은 권력거리를 가지면서 낮은 불확실성 회피 성향을 보였다. 한국은 평균보다는 높은 불확실성 회피 성향을 보였다.

마지막으로 남성성/여성성 성향과 불확실성 회피 성향 사이에도 지역적 특성을 발견할 수 있다. 덴마크와 스웨덴 등 낮은 불확실성 회피 성향을 가진 북유럽 국가들은 과정을 중시하는 여성성이 높았고, 멕시코와 아르헨티나 등 높은 불확실성 회피 성향을 가진 남미 국가들은 결과를 중시하는 남성성이 높았다. 이 당시 가장 남성성이 높은 국가는 일본이었고, 한국은 여성성이 약간 높은 국가였다.

12.3 국제경영의 네 가지 기본전략

연습문제 3

▶ 바틀렛과 고샬이 주장한 국제경영의 네 가지 기본전략에 대해 설명하라.

기업이 국제경영을 수행할 때 기업이 당면한 상황에 따라 적절한 전략을 선택해야 한다고 설명하는 가장 대표적인 모형은 크리스토퍼 바틀렛(Christoper A. Bartlett)과 수만트라 고샬(Sumantra Ghoshal)이 주장한 **국제경영의 네 가지 기본전략**으로 불린다. 이 모형은 기업이 당면하는 두 가지 압력, 즉 원가절감과 현지 수요 대응의 압력을 제시하고, 그 경중에 따라 기업이 선택할 수 있는 네 가지 전략을 제시한다(그림 12.1).

먼저 원가절감의 압력이 높고 현지수요 대응의 압력이 낮은 경우에는 기업은 생산의 글로벌 통합을 통해 표준화된 제품을 대량 생산하여 원가 절감을 추구해야 한다. 반도체를 한 지역에서 대량 생산하여 규모의 경제를 추구하는 것이 그 예이다. 이 전략은 글로벌 전략이다. 반대로 지역별로 상이한 특성의 제품을 생산하되 원가절감의 압력이 높지 않은 경우에는 국가별로 의사결정권을 가진 지사를 세워서 현지의 니즈를 최대한 반영하는 전략을 추구해야 한다. 동일한 브랜드의 과자나 음료수도 지역별로 선호하는 맛이 다를 수 있고, 심지어 브랜드명도 지역별 언어의 뉘앙스 차이를 반영하여 상이하게 명명할 수 있다. 이 전략은 **다원국가**(multi-domestic) 전

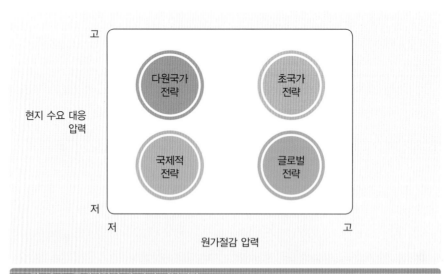

그림 12.1 국제경영의 네 가지 기본전략

략이다.

원가절감의 압력과 지역 특유의 수요 대응의 압력이 모두 낮은 경우로서 첨단 기술을 사용하는 방위산업, 제약산업, 소프트웨어 산업을 예로 들 수 있다. 이러한 산업에서는 첨단기술의 지속적인 개발이 기업에게 매우 중요하고, 따라서 연구개 발 거점을 외국에 둘 수 없기 때문에 국내 본사에 설치한 국제담당부서에서 대부분 의 중요한 활동을 수행하게 된다. 이러한 이유로 인해 이 전략은 **국제적**(international) **전략**이라고 불린다. 마지막으로 원가절감의 압력과 지역 특유의 수요 대응의 압력 이 모두 높은 경우로서 이러한 위협적인 환경에 적합한 전략은 효과적인 네트워크 를 유지하면서 본사와 지사의 엄격한 구분을 짓는 대신 각 지역의 특성에 따라 가 장 강한 역량을 지닌 지사가 마치 본사와 같은 역할을 수행하면서 네트워크 전체가 밀접한 소통을 하는 구조를 제시했다. 이 전략은 **초국가**(transnational) **전략**이다. 바틀 렛과 고샬은 거의 모든 산업이 궁극적으로 해당된다고 이미 1987년에 주장했다.

기출문제

I. 다국적기업이 선택할 수 있는 네 가지 전략을 평가하는 통합-적응 모형 (Integration-Responsiveness-framework)에 대한 설명으로 옳지 않은 것은?

① 글로벌-표준화 전략(global-standardization strategy)은 높은 수준의 비용절감 압 박과 낮은 수준의 현지적응 압박이 결합하여 나온 것이다.

② 국제적 전략(international strategy)은 상대적으로 규모가 큰 내수시장이 있고, 강력한 명성과 브랜드를 보유한 다국적 기업들이 주로 사용한다.

③ 다국적 전략(multi-domestic strategy)을 추구하는 다국적 기업들은 현지적응을 최대화하려고 시도한다.

④ 초국가적 전략(transnational strategy)을 추구하는 다국적기업이 창출하는 가치 대부분이 현지국에서 창출되기 때문에 환위험(foreign exchange risk)에 적게 노 출된다.

(7급 2020 문·14)

답 I. ④ 현지국에서 대부분의 가치를 창출하는 전략은 다국적 전략이다.

12.4 글로벌 시장 진입전략

연습문제 4

▶ 글로벌 시장 진입전략과 관련된 세 가지 의사결정에 대해 설명하라.

외국시장 진입에 있어서 중요한 의사결정을 세 가지로 요약하라고 하면 대략 진입지역, 진입시점, 그리고 진입형태(entry mode)라고 할 수 있을 것이다. 먼저 **진입지역**(entry area)에 대한 의사결정은 기업이 글로벌 경영을 원하는 이유와 관련된다. 글로벌 경영의 동기가 노동원가 절감인가, 첨단 기술의 도입인가, 대규모 시장 접근인가에 따라 상이한 진입지역에 대한 검토와 의사결정이 이루어지게 될 것이다. **진입시점**(entry timing)은 진입지역 및 기업의 역량과 관련된다. 기업이 신속한 진입을 통해 현지 시장과 필요한 거래선을 선점하고 강한 명성을 확립하고 싶다면 이 기업은 **선도기업우위**(first-mover advantage)를 추구하는 것이다. 그러나 이 경우 불확실한 현지 시장에 대한 정보를 수집하고 고객에게 제품 사용의 이익에 대해 설득해야 하는 등 **개척비용**(pioneering cost)을 부담해야 한다. 만약 이 개척비용이 지나치게 높다고 판단되면 다른 기업이 현지에 먼저 진출하여 개척비용을 부담할 때까지 기다리다가 추가적인 비용에 대한 불확실성이 충분히 낮다고 판단될 때 진출하여 **후발기업우위**(late-mover advantage)를 추구할 수 있다.

마지막으로 진입형태의 의사결정은 글로벌 시장 진입에 있어서 초기에 얼마나

▲ 선도기업은 개척자의 어려움을 겪는다

전면적인 투자를 단행하는가에 대한 의사결정이다. 가장 부담이 낮은 진입형태는 수출, 가장 부담이 높은 진입형태는 자회사 설립이나 국제인수합병을 포함한 **해외직접투자**(Foreign Direct Investment, FDI)이다. 여기에서 부담이 높다는 것은 의사결정의 철회가 힘든 일회성 투자의 크기가 크다는 것인데, 그 대신 높은 수준의 통제권을 갖게 된다. 즉 외국에 설립하는 지사나 자회사는 본사가 직접적으로 통제할 수 있는, 즉 기업의 영역 내부에 존재하는 사업부가 되므로 **내부화**(internalization)로 인한 통제권을 갖게 된다. 자회사 설립은 외국 지사의 건립을 처음부터 본사가 모두 진행하는 것으로서, 외국 기업을 인수하는 국제인수합병과 구별된다. 특히 지사 설립의 모든 과정이 마치 초원 위에 공장을 짓는 과정과 유사하다고 해서 단독투자를 통한 자회사 설립을 **그린필드**(greenfield) 투자라고 부른다.

수출과 해외직접투자 사이에 존재하는 진입형태로는 **국제적 라이선스 전략**(licensing), **국제적 프랜차이즈 전략**(franchising), **국제적 제휴**(alliances), **국제적 합작투자**(joint venture) 등 중간적 거래를 들 수 있다. 한 가지 특이한 계약으로서 **턴키 계약**은 생산설비 등의 모든 과정을 다른 기업이 대신 수행하고 종료 시점에 한꺼번에 인수하는 계약을 말한다. 이 계약은 처음부터 새롭게 설립한다는 의미에서 그린필드 투자와

▲ 스타벅스는 국제적 프랜차이즈 전략을 추구한다

유사하지만 완성된 대상을 인수한다는 의미에서 국제인수합병과 유사하다.

 기출문제

I. 해외직접투자에 대한 설명으로 옳지 않은 것은?

① 기업이 현지에서 경영에 직접 참가할 목적으로 추구하는 국제화 전략의 하나이다.

② 각종 자원 확보는 해외직접투자의 주요 동기 중 하나이다.

③ 수출 대신 해외직접투자를 하는 이유를 내부화 이론으로 설명할 수 있다.

④ 신설투자, 합작투자, 라이선싱, 인수합병 등이 해외직접투자 유형에 속한다.

(7급 2019 문 13)

II. 라이선싱(licensing)과 프랜차이징(franchising)에 대한 설명으로 옳지 않은 것은?

① 진출예정국에 수출이나 해외직접투자에 대한 무역장벽이 존재하는 경우 라이선싱은 무역장벽을 극복하는 방법이다.

② 프랜차이징은 음식점, 커피숍 등 서비스 업종에서 많이 사용하는 방법이다.

③ 라이선싱은 브랜드와 기술 등 무형자산과 함께 품질관리, 경영방식, 기업체 조직 및 운영, 마케팅 지원 등과 같은 경영관리 노하우까지 포함하기 때문에 철저한 통제가 가능하다.

④ 라이선싱과 프랜차이징은 잠재적인 경쟁자를 만들 위험이 있다.

(7급 2018 문 16)

III. 해외직접투자의 유형인 그린필드투자(green-field investment)와 브라운필드투자(brown-field investment)에 대한 설명으로 적절한 것은?

① 그린필드투자 : 새로운 기업의 설립, 브라운필드투자 : 기존에 존재하는 현지 기업의 합병/인수

② 그린필드투자 : 서비스업에 대한 투자, 브라운필드투자 : 제조업에 대한 투자

③ 그린필드투자 : IT/정보/콘텐츠/문화 등 지식 산업에 대한 투자, 브라운필

드투자 : 기존 굴뚝 산업에 대한 투자

④ 그린필드투자 : 정부/공공기관 주도의 직접 투자, 브라운필드투자 : 순수 민간 주도의 직접 투자

(7급 2016 문 16)

Ⅳ. 자동차 제조기업 A사는 B국에 단순 수출이 아닌 자회사 설립을 준비하고 있다. A사가 B국에 해외직접투자를 하는 이유로 옳지 않은 것은?

① B국의 유통망 및 대정부 관계 취약에서 발생하는 외국인 비용을 절감하기 위한 경우

② B국의 기술 및 브랜드와 같은 경영자원을 내부화하기 위한 경우

③ B국의 A사 신제품에 대한 소비 시점이 A사 자국 내 소비 시점과 동일한 경우

④ B국의 환율 위험 및 무역장벽 회피를 위한 경우

(7급 2015 문 10)

Ⅴ. 자원투입 및 위험의 크기와 통제수준에 따라 기업의 해외시장 진출과정을 순서대로 바르게 나열한 것은?

① 직접수출 → 간접수출 → 단독투자 → 합작투자

② 직접수출 → 간접수출 → 합작투자 → 단독투자

③ 간접수출 → 직접수출 → 단독투자 → 합작투자

④ 간접수출 → 직접수출 → 합작투자 → 단독투자

(7급 2014 문 6)

Ⅵ. 국제계약의 유형에 대한 설명으로 적절하지 않은 것은?

① 프랜차이징(franchising)은 넓은 의미에서 라이선싱의 한 형태이며, 패스트푸드, 호텔, 자동차 판매 등과 같은 서비스산업에서 널리 활용되고 있는 계약이다.

② 관리계약(management contract)은 현지국 기업을 위탁관리해 주고 일정한 대가를 받는 계약이다.

③ 계약생산(contract manufacturing)은 생산설비 등을 건설하고 설비가 가동되어 생산이 개시될 수 있는 시점에 소유권을 넘겨주는 계약이다.

④ 라이선싱(licensing)은 생산기술이나 특허권과 같은 독점적 자산의 사용권을

제공하고 그 대가를 받는 계약이다.

(7급 2011 문 10)

VII. 해외직접투자 방식 중 기업이 최종재의 생산에 필요한 원재료나 중간재를 확보하거나, 최종소비자에게 제품을 판매할 목적으로 해외에 진출하는 방법은?

① 수평적 해외직접투자　　　　② 수직적 해외직접투자

③ 다각적 해외직접투자　　　　④ 프랜차이징(franchising)

(7급 2010 문 14)

답　I. ④ 신설투자, 합작투자, 라이선싱, 인수합병 등은 국내에서도 이루어질 수 있다.

II. ③ 라이선싱과 프랜차이징은 거래 상대에 대한 통제 수준이 낮으며 통제 수준이 가장 높은 방식은 인수합병 또는 자회사 설립을 통한 해외직접투자이다.

III. ① 그린필드 투자와 브라운필드 투자를 구분하는 기준은 새로운 기업의 설립 여부이다.

IV. ③ 해외직접투자의 이유로는 외국인비용 회피, 중요 자원의 내부화, 무역장벽 극복 등이 포함된다.

V. ④ 간접수출보다 직접수출이 더 통제수준이 높으며 단독투자가 합작투자보다 더 통제수준이 높다.

VI. ③ 설비가 가동되어 소유권을 넘겨주는 계약은 턴키 계약이다.

VII. ② 전방 또는 후방통합을 위한 해외직접투자를 수직적 해외직접투자라 한다.

12.5　환율의 이해

환율은 다국적기업의 성과에 매우 중대한 영향을 미칠 수 있다. 그러므로 환율 변동으로 인한 손익을 관리하는 것은 매우 중요하다. 환율에 영향을 미치는 요인들을 설명하는 여러 이론이 제시되었다.

환율에 대한 기본적인 가정은 **일물일가의 법칙**(the law of one price)이다. 동일한 제품의 가격은 국가마다 동일하다는 법칙이다. 만약 가격이 다르다면 사람들은 가격이 저렴한 곳에서 제품을 구입하여 비싼 곳에서 판매함으로써 지속적으로 이득을 얻을 수 있을 것이다. 즉 각 국가에서 동일한 제품을 구입할 수 있는 구매력이 동일하다는 이론을 **구매력 평가설**(Purchasing Power Parity theory, PPP)이라고 한다.

연습문제 5

▶ **구매력 평가설에 의해 환율이 결정되는 원리를 설명하라.**

국가에 따라 가격은 동일하지만 각 국가가 사용하는 화폐가 다르기 때문에 그에 따라 환율이 결정된다. 예를 들어 맥도날드 빅맥(Big Mac) 햄버거의 가격이 달러화로 5달러인데 한국의 원화로 5,000원이라면 달러화 기준 원화의 환율은 1,000원이라고 계산할 수 있다. 맥도날드는 가장 글로벌화된 기업 중 하나이기 때문에 학자들은 이에 '빅맥지수'라는 이름을 붙였다. 그런데 빅맥 가격이 동일하려면 제품의 가격 변동에 대해 시장이 매우 효율적으로 움직여야 한다. 예를 들어 무역 장벽이나 수송 비용 등으로 제품의 이동에 비용이 발생한다면 빅맥 햄버거의 가격 차이는 환율을 정확히 반영하지 못할 수 있다. 효율적 시장에서 사람들의 자유로운 재정거래(arbitrage)에 의해 어느 누구도 이득을 얻지 못하도록 결정되는 환율을 **재정환율**이라고 한다.

이러한 효율적 시장에서는 물가 상승에 대한 기대치에 의해 현물 환율이 변동한다. 예를 들어 2022년 1월에 어떤 햄버거의 가격이 미국에서는 5달러였고 한국에서는 5,000원이라면 현재 환율은 1,000원/달러인데, 한국의 물가상승률이 연간 10%라면 한국에서 연말의 그 햄버거 가격은 5,500원이 될 것이고 구매력평가설에 따르면 한국 원화와 미국 달러의 환율은 5,500원/5달러 = 1,100원/달러가 된다. 즉 10%의 물가상승 때문에 한국 원화는 달러에 대해 10% 평가절하된다.

기출문제

I. 환율결정이론에 대한 설명으로 옳지 않은 것은?

① 한 국가의 물가상승률이 높을수록 그 국가의 환율은 장기적으로 평가절상된다.

② 구매력평가설이 성립하는 상황에서 환율의 변동은 국내물가 상승률과 외국물가상승률의 차이로 결정된다.

③ Big Mac지수는 같은 비용을 지불하여 전 세계 어디에서나 동일한 품질의 햄버거를 구매할 수 있다는 가정하에 균형환율을 계산한 것이다.

④ 구매력평가설은 일물일가의 법칙이 성립하고, 관세를 포함한 무역장벽이 없으며, 수송비용이 크지 않은 경쟁적인 시장을 가정한다.

(7급 2018 문 9)

Ⅱ. 1달러 1,150원이고, 1유로＝1.6달러인 경우, 원화와 유로화 간의 재정환율 (Arbitrage Rate)은?

① 1유로 = 718.75원   ② 1유로 = 1,150원

③ 1유로 = 1,265원   ④ 1유로 = 1,840원

(7급 2018 문 18)

답 Ⅰ. ① 물가상승률이 높으면 환율은 장기적으로 평가절하된다.

Ⅱ. ④ 재정환율은 환전으로 의한 이득을 취할 수 없는 환율로서 1유로 = 1.6달러 = 1.6 × 1,150원 = 1,840원이다.

사회적 트렌드와 경영 **태생적 국제화 기업의 문화예술분야 사례 : BTS**

예전에는 기업이 국경을 넘어 다른 국가에서 사업을 수행하기 위해서는 일단 국내에서 적정 규모 등 일정한 수준의 성공을 이루어야 한다는 것이 상식으로 받아들여졌다. 외국 시장에는 언어나 관습 등 문화적 장벽과 상이한 사업 관행 등이 존재하기 때문에 이러한 어려움을 극복하기 위한 국내 기반이 필요하기 때문이다. 외국 기업이 직면하는 불이익을 외국인 비용(liabilities of foreignness)이라고 표현하기도 한다.

그런데 인터넷과 운송 기술의 발달, 그리고 무역 규제의 완화로 인해 신생 기업조차도 외국 시장에서 어려움 없이 사업을 수행하는 경우가 종종 발견되었다. 이러한 기업은 태생적 국제화 기업(born-global company)이라고 불리는데, 탄생 시점에서부터 국제화된 기업을 말한다. 예를 들어 어느 기업이 온라인 사이트를 통해 제품을 판매하는데 영어를 비롯한 국제적으로 통용될 수 있는 언어로 온라인 사이트가 표기되어 있고 해외사용 신용카드나 암호화폐 등 국제적인 지불수단을 사용할 수 있다면 이 기업의 제품은 국내 소비자에 국한되지 않을 것이다. 여기에 국제 배송의 비용 및 시간의 문제만 해결된다면 국내 판매와 외국 판매의 구분은 의미가 없게 된다.

그런데 이러한 태생적 국제화의 속성은 다소 엉뚱하게도 BTS의 성공을 설명하는 데 사용되는 것을 발견할 수 있다.

문화예술경영 분야 학자들은 기존의 많은 한류 그룹들과 비교하여 BTS가 두각을 보였던 이유에 대해 여러 방면으로 설명해 왔는데, 그중에는 BTS가 그룹 결성 초기부터 자신들의 일상을 SNS에 적극적으로 공개했던 사실이 포함된다. 기존의 다른 그룹들은 한국에서의 성공을 기반으로 공연 등을 통해 외국에 진출하는 경로를 밟았던 것에 비해 BTS는 처음부터 SNS를 통해 팬들과 직접적으로 소통했다는 것이다. 이 과정에서 국내 팬만이 아니라 외국 팬마저 아우르는 두터운 '아미'가 형성되었다는 설명이다.

그러나 BTS의 뛰어난 음악성과 가사에 담긴 긍정적인 메시지, 칼 같은 군무, 각 멤버의 독특한 개성 등 많은 요인이 가진 가치는 태생적 국제화라는 단순한 속성만으로 설명할 수 없다. 2022년 현재 BTS는 그룹활동 중단 계획을 발표했지만 그 신화는 계속되고 있다.

생각해 볼 문제

1. 당신이 발견할 수 있는 성공적인 태생적 국제화 기업의 사례 세 가지를 나열해 보자.

2. 이 기업들이 외국 시장에서 성공할 수 있었던 이유에 대해 각각 설명해 보자.

요약

- 글로벌화의 현상과 속도에 영향을 미치는 요인은 기업을 둘러싼 기업의 외부 환경적 요인과 내부적 요인으로 구분하여 설명할 수 있다. 먼저 외부 환경적 요인으로는 제도적 변화와 기술적 변화를 들 수 있다. 제도적 측면에서는 자유무역을 촉진하기 위한 국제적 조약이 체결되고 이에 따라 무역장벽이 낮아지는 과정이 꾸준히 진행됨에 따라 기업이 국경을 넘어서 활동할 수 있는 제도적 여건이 마련되었다. 기술적 측면에서 운송기술과 통신기술의 진보는 기업이 국경을 넘어서 경영활동을 수행하는 비용을 획기적으로 감소시켰다. 최근에는 인공지능을 이용한 번역 기능이 강화되면서 외국어 문서 작업의 부담을 줄이고 있다. 내부적 요인으로는 공급 측면에서 기업은 글로벌화를 통해 제조원가를 절감할 수 있는 방법을 찾을 수 있고, 수요 측면에서는 규모가 큰 시장에 접근하기 위한 수단으로 글로벌화를 추구할 수 있다.

- 홉스테드는 네 가지 문화 차원으로서 개인주의와 집단주의, 불확실성 회피, 권력거리, 남성성과 여성성을 제시했고 추후 장기지향성/단기지향성과 응석/절제 지수를 추가했다.

- 바틀렛과 고샬은 기업이 당면하는 두 가지 압력, 즉 원가절감의 압력과 현지 수요 대응의 압력을 제시하고 그 경중에 따라 기업이 선택할 수 있는 네 가지 전략을 제시했는데, 여기에는 글로벌 전략, 다원국가 전략, 국제적 전략, 그리고 초국가 전략이 포함된다.

- 외국시장 진입에 있어서 중요한 의사결정은 진입지역, 진입시점, 그리고 진입형태에 대한 결정이다.

- 각 국가에서 동일한 제품을 구입할 수 있는 구매력이 동일하다는 이론을 구매력 평가설이라고 한다.

제 13 장

경영 모형의 진화

삼성의 초격차 전략

초격차는 비교하기 어려울 정도로 절대적인 격차를 의미한다. 이 용어는 권오현 삼성전자 상임고문이 2018년에 발간한 저서에서 사용한 이후 널리 알려지게 되었다.

경쟁기업이 따라오지 못할 격차를 유지하기 위해 어떤 것이 필요한가에 대해 권 상임고문은 단순한 답을 제시한다. 상식적인 수준에서 기본 원칙을 지키는 리더가 필요하다는 것이다. 특히 극도로 바쁜 리더가 효과적으로 시간을 관리하기 위해서는 투 두 리스트(to-do list)가 아니라 낫 투 두 리스트(not-to-do list)를 정리하고, 구체적으로 위임(delegation), 축소(decrease), 그리고 폐기(discard)를 실천해야 한다고 제안했다. 이는 권한을 위임하고, 불필요한 작업을 축소하며, 하지 않아도 될 일을 폐기하는 것을 의미하는데 이것을 통해 아낀 시간을 보다 부가가치가 높은 업무에 투자할 수 있다는 것이다.

한편, 국내 일간지에 의하면 삼성전자는 '인재 초격차'를 위해 미래지향 인사제도를 2022년부터 시행한다고 밝혔다. 이 제도에서 삼성전자는 승진 단계를 7단계에서 4단계로 단순화하는 동시에 직급별 승진 연한과 승급 포인트를 폐지하고 성과와 전문성을 중심으로 승진을 시키는 제도를 도입하고, 부사장과 전무를 통합하여 더 넓은 CEO 예비군을 확보하며, 인트라넷에는 직급과 사번 정보를 삭제하고 승격자 발표도 하지 않아서 상호 호칭에서 직급이 사라지게 했다.

© Shutterstock

▲ 초격차는 월등하게 앞서가는 경쟁우위를 의미한다

평가방식도 상대평가에서 절대평가로 전환하고 동료 평가를 도입했다. 이 새로운 제도는 이재용 부회장의 '뉴삼성'의 이정표가 될 것이라는 긍정적인 평가와, 무한경쟁과 불공정성을 강화하는 개악안이라는 부정적인 평가를 동시에 받고 있다.

출처 : 아주경제(2021. 11. 6). [권오현의 e경영] '초격차 경영, 결국 기본원칙 지키는 리더에 달렸다. https://www.ajunews.com/view/20211106013214066 중앙일보(2021. 11. 29). 승진연한 없애고 사내 FA 도입한다 "이재용식 '인재 초격차' 전략". https://www.joongang.co.kr/article/25027891#home

기업이 외부 및 내부 환경을 분석하여 기업의 현황을 파악할 때 일관적인 모형을 사용하면 보다 효과적으로 장기적 계획을 세울 수 있다. 이러한 모형을 전략모형 또는 전략경영의 모형이라고 한다. 사람들은 전략경영의 모형을 마치 전투에서 쓰는 무기처럼 생각하는 경향이 있다. 마치 청동기 무기보다 철기 무기가 우월하듯, 시대에 뒤떨어지는 낡은 무기를 가지고 싸우면 경쟁자에게 패배할 것 같은 느낌을 갖게 된다. 사실 새로운 기술 환경이나 사회적 추세를 반영한 전략모형은 그러한 요소를 반영하지 않은 전략모형보다 우월한 것이 사실이기도 하다. 그러나 몇십 년 전에 유행했던 전략모형이라고 해서 무가치한 것은 아니며 그 취지를 이해하는 것은 최근 유행하는 모형을 더 잘 이해할 수 있게 도와준다. 이 장에서는 지난 50년 동안 유행했던 전략경영의 모형 몇 가지를 설명하기로 한다.

13.1 BCG 매트릭스와 GE 매트릭스

1970년대 초반에 보스턴컨설팅그룹은 BCG(Boston Consulting Group) 매트릭스 모형(그림 13.1)을 개발했다. 이 모형은 기업의 여러 사업부가 당면한 상황을 파악하여 자금 배분 결정에 도움을 주기 위한 것이었다. 단순하게 설명하자면 기업은 사업부가 보유한 시장점유율과 시장의 성장률을 고려해서 사업을 분류하고 투자 결정을 해야 한다는 것이다. 이를 위해 네 가지 상황을 설정한다. 첫째, 시장이 빠르게 성장하고 있고 그 안에서 기업의 사업부가 높은 시장점유율을 갖는 경우는 스타 사업으로 분류되며 지속적 투자가 권장된다. 둘째, 시장의 성장은 느리지만 시장점유율이 높은 경우는 캐시 카우, 즉 자금의 원천이 되는 사업으로 분류되며 투자는 낮게 유지하되 다른 사업에 투자할 수익을 최대한 실현하는 사업으로 유지한다. 셋째, 시장 성장률과 시장점유율이 모두 낮은 시장에 속한 사업은 낙후된 사업을 의미하는 도

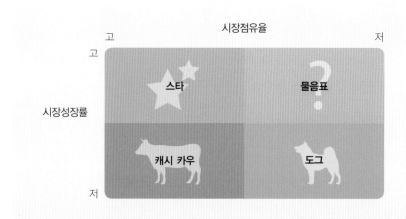

그림 13.1 BCG 매트릭스 모형

그 사업으로 분류되며 투자의 효과를 기대하기 힘드므로 철수의 대상이 된다. 마지막으로 시장은 빠르게 성장하고 있으나 그 시장에서의 사업부의 시장점유율이 낮은 경우에는 추후 '스타' 사업이 될 가능성도 있지만 '도그' 사업으로 전락할 위험도 갖고 있는 **물음표** 사업으로 분류된다. 만약 산업의 성장률이 지속적으로 높을 것이라고 예상된다면 집중적인 투자를 통해 '스타' 사업으로 육성해야 하지만 시장성장률이 급락한다면 '도그' 분류를 통해 철수하는 것도 고려해야 한다.

기출문제

I. 다음 BCG(Boston Consulting Group) 매트릭스에 대한 설명으로 옳은 것으로만 묶은 것은?

ㄱ. 시장성장률이 높다는 것은 그 시장에 속한 사업부의 매력도가 높다는 것을 의미한다.

ㄴ. 매트릭스상에서 원의 크기는 전체 시장규모를 의미한다.

ㄷ. 유망한 신규사업에 대한 투자재원으로 활용되는 사업부는 현금젖소(cash cow) 사업으로 분류된다.

ㄹ. 상대적 시장점유율은 시장리더기업의 경우 항상 1.0이 넘으며 나머지 기업은 1.0이 되지 않는다.

① ㄱ, ㄴ   ② ㄱ, ㄷ

③ ㄴ, ㄹ   ④ ㄷ, ㄹ

(7급 2017 문 17)

II. BCG 매트릭스의 제품 포트폴리오 전략 중에서 철수, 청산, 매각 등의 시장철수 전략이 요구되는 전략적 사업단위는?

① question mark   ② star

③ cash cow   ④ dog

(7급 2014 문 2)

답 I. ④ 시장점유율은 매력도와 무관하며 매트릭스상의 원은 GE 매트릭스에 등장한다.

II. ④ Dog 영역의 사업은 시장성장률과 시장점유율이 모두 낮으므로 철수 전략이 요구된다.

컨설팅 기업인 맥킨지는 GE를 분석하기 위해 1970년대에 GE 매트릭스를 개발했다(그림 13.2). 이 모형은 BCG 매트릭스와 유사하게 2개의 축을 사용하지만 BCG 매트릭스와 달리 하나의 축은 외부환경을 평가하는 산업매력도, 또 하나의 축은 내부요인을 평가하는 사업부 강점을 평가한다. 이 두 요소 중 하나라도 높은 평가를 받는 사업부는 성장 잠재력이 있으므로 투자 결정을, 높은 평가와 낮은 평가가 혼재되거나 두 요소 모두 중간 평가를 받는 사업부는 정체될 가능성이 있으므로 관망 결정을, 그리고 낮은 평가와 중간 평가만을 받는 사업부는 성장 잠재력이 희박하므로 최대한 투자 자금을 회수하거나 철수하는 결정을 내려야 한다. 이 표에서는 사업부를 원으로 표시하는데, 사업부가 속한 시장의 규모를 원의 크기로, 그 시장 내 사업부의 시장점유율을 원 내에 빗금으로 표시한다.

GE 매트릭스가 BCG 매트릭스와 차별화되는 점은 산업매력도와 사업부 강점이 모두 주관적인 평가지표라는 것이다. 즉 시장점유율과 시장성장률에 의해 자동적으로 사업부에 대한 전략이 결정되는 GE 매트릭스보다는 좀 더 전략 수립자의 능력에 따라 우월한 전략 수립이 가능하다.

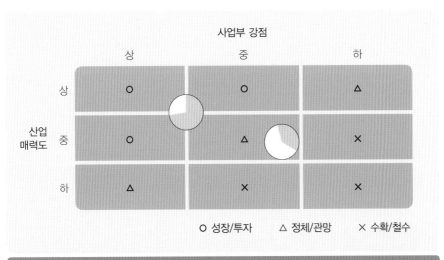

그림 13.2 GE 매트릭스

13.2 **BSC**

연습문제 1

▶ **균형성과표에 대해 설명하라.**

균형성과표라고 번역되는 BSC(Balanced Scorecard) 모형은 1992년에 로버트 캐플런(Robert Kaplan)과 데이비드 노튼(David Norton)이 고안했다(그림 13.3). 기업이 일반적으로 추구하는 성과는 재무적 성과이지만 이것은 단기적, 유형적, 객관적 성격을 갖고 있다. 즉 매출을 높이기 위해서는 고객의 만족이 우선되어야 하는데, 이를 위해서는 내부적인 업무 프로세스가 잘 정비되어야 하고, 내부적인 업무 프로세스는 장기적 성장을 위한 구성원의 학습 능력에 기반한다. 그러나 장기적, 무형적, 내부적 목표만을 추구하는 것은 조직의 단기적 성과에 문제를 일으킬 수 있기 때문에 이 모든 요소들이 균형을 이루어야 한다는 의미에서 네 분야에 각각 측정지표를 설정해서 평가하는 것이다.

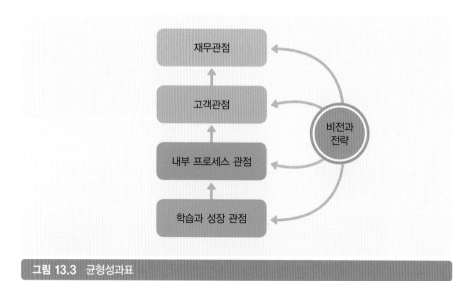

그림 13.3 균형성과표

기출문제

I. 인사평가와 보상에 대한 설명으로 옳지 않은 것은?

① 집단성과급제도는 근로자 간의 인간관계 훼손, 협동심 저하 등 개인성과급제도의 단점을 극복하기 위해 설계된 것으로 '성과배분제도'라고도

한다.

② 균형성과표(BSC)는 임직원의 성과를 재무적 관점, 고객 관점, 내부 비즈니스 프로세스 관점, 학습과 성장 관점의 측면에서 다면적으로 평가하는 방법이다.

③ 목표에 의한 관리(MBO)는 본인을 포함한 상급자와 하급자, 동료와 외부의 이해관계자(고객, 공급업자 등)에 의해서 이루어지는 평가와 피드백을 총칭한다.

④ 선택적(카페테리아식) 복리후생은 근로자의 욕구를 반영하기 때문에 동기부여에 효과적이지만, 관리가 복잡하고 운영비용이 많이 발생한다.

(7급 2020 문 4)

II. 균형성과표(Balanced Score Card, BSC)와 비교하여 전통적 성과관리시스템의 한계에 대한 설명으로 옳지 않은 것은?

① 구성원의 경영 전략에 대한 이해도가 높지 않다.

② 성과에 대한 재무적 관심이 부족하다.

③ 자원 할당과 전략의 연계가 부족하다.

④ 인센티브와 목표달성의 연계가 부족하다.

(7급 2014 문 12)

III. 기업의 성과를 측정하기 위해 전통적인 재무 지표 외에 고객, 내부 비즈니스 프로세스, 학습과 성장 지표 등을 종합적으로 고려하는 측정시스템은?

① 균형성과표(balanced scorecard)

② 리엔지니어링(reengineering)

③ 행위기준평가법(behaviorally anchored rating scales)

④ 평가센터법(assessment center method)

(7급 2010 문 12)

답 I. ③ 상급자, 하급자, 동료 등이 평가하는 방식은 360도 평가이다.

II. ② 전통적 성과관리에서는 재무적 성과에만 관심이 치우쳤다는 비판을 받는다.

III. ① 균형성과표는 재무, 고객, 내부 프로세스, 학습과 성장을 모두 고려한다.

13.3　가치사슬, VRIO, 비즈니스모델캔버스 모형

기업자원을 활용하는 방식을 통해 기업의 경쟁력을 높이는 방법을 찾는 모형으로서 가치사슬, VRIO, 그리고 비즈니스모델캔버스 모형을 들 수 있다. 먼저 **가치사슬 모형**은 1980년에 마이클 포터(Michael Porter)가 발표했다(그림 13.4). 이 모형에서는 기업이 가치를 창출하는 활동(value activities)을 두 가지로 구분하는데, 직접적으로 이익을 창출하는 **기간활동**(primary activities)과 간접적으로 가치 활동을 돕는 **보조활동**(support activities)으로 구분한다. 기간활동에는 구매, 보관, 제조, 판매 및 마케팅, 그리고 판매 후 서비스 활동이 포함된다. 예를 들어 기업은 대량 구매를 통해 할인을 받을 수 있고, 물류 타이밍을 최적화해서 보관 비용을 절감할 수 있으며, 불량률을 낮추어서 제조 비용을 낮출 수 있고, 효과적인 마케팅을 통해 매출을 높일 수 있으며, 판매 후 서비스의 품질을 높여서 재판매를 높일 수 있다. 이러한 활동들은 직접적으로 기업의 이익에 공헌한다.

　반면에 보조활동은 이러한 기간활동이 효과적으로 이루어질 수 있도록 도와서 간접적으로 가치창출을 이루게 한다. 앞에서 설명한 기간활동은 거의 모든 기업들에게 있어서 공통된 경향을 보이지만 보조활동은 기업별로 편차가 클 수 있다. 첫

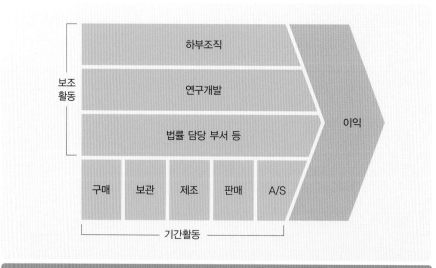

그림 13.4　가치사슬 모형

번째 보조 활동으로 하부조직은 기업이 효과적인 조직을 갖추고 있는가에 대한 것인데, 예를 들어 판매 후 서비스와 판매 부서의 원활한 소통은 판매 증가에 도움을 줄 수 있다. 두 번째 보조 활동으로 예를 든 연구개발 활동은 보관이나 제조 또는 판매 등에서 높은 효율성을 이루도록 도울 수 있다. 세 번째 보조 활동으로 예를 든 법률 담당 부서는 기업이 법적 소송에 직면했을 때 적은 비용으로 큰 손실을 방지하는 기능을 수행할 수도 있다.

　가치사슬 모형은 기업의 가장 큰 가치를 창출하는 활동을 파악하여 기업의 강점을 발견하는 도구로 사용할 수 있다. 또한 이 모형을 이용하여 다른 기업과 가치사슬의 연계를 이루어 전략적 제휴를 이루는 것을 시각적으로 표현할 수도 있다. 때에 따라서는 개별 기업 차원이 아니라 산업 차원의 가치사슬이 언급되기도 하는데, 이 경우에는 상류활동(원재료 쪽의 가치창출활동)과 하류활동(최종소비자 쪽의 가치창출활동)을 구분하여 칭하기 위해 '산업 내에서의 가치활동'이라는 개념이 사용될 수도 있다.

기출문제

I. 가치사슬(value chain)에 대한 설명으로 옳지 않은 것은?

　① 가치사슬이란 기업이 가치 있는 제품 또는 서비스를 시장에 제공하기 위해 수행해야 할 일련의 활동을 의미한다.

　② 주활동(primary activities)은 기업이 투입물을 산출물로 변환시키면서 직접 가치를 증가시키는 활동을 의미한다.

　③ 가치사슬의 수평축을 따라 기업이 수행하는 각 활동은 가치를 점진적으로 증가시키고, 비용을 점진적으로 감소시킨다.

　④ 보조활동(supporting activities)에는 연구개발, 인적자원관리, 회계와 재무 등의 활동들이 포함된다.

(7급 2020 문 3)

II. 포터(M. Porter)가 기업의 가치 분석 틀로 제시한 가치사슬(value chain) 중 본원적 활동(primary activities)에 해당하지 않는 것은?

　① 서비스(service)

② 마케팅 및 판매(marketing & sales)

③ 물류투입활동(inbound logistics)

④ 인적자원관리(human resource management)

(7급 2013 문 4)

답 I. ③ 가치사슬의 수평축은 시간의 흐름에 따라 진행되는 가치활동들을 설명한다.

II. ④ 인적자원관리는 보조활동이다.

1991년에 바니에 의해 제안되었던 VRIO 모형(그림 13.5)은 제3장에서 기업자원 분석에 대해 설명할 때 소개했었다. 여기에서 간략히 복습하자면, 특정 기업이 보유한 특정 자원들에 대해 가치, 희소성, 모방 불가능성, 조직 배태성에 대한 순차적 분석을 하여 그 결과에 따라 해당 자원이 경쟁열위, 경쟁등위, 임시적 경쟁우위, 지속적 경쟁우위 중 어느 형태의 경쟁우위의 원천인가에 대해 분석하는 모형이 VRIO 모형이다. 그런데 기업이 보유한 자원은 셀 수 없을 정도로 다양할 것이므로 실무적으로는 중요한 자원에 대해서만 분석하게 된다. 이것은 마치 가치사슬 분석에서 기업의 모든 가치활동에 대해 분석하기보다는 중요한 가치활동에 대해서만 분석하는 것과 마찬가지이다. 그러므로 VRIO 분석에서 관심을 두고 분석하는 포인트는 가치나 희소성보다는 모방 불가능성에 초점이 맞춰질 가능성이 크다. 즉 현재 기업이 보유한 중요한 강점, 즉 기업자원이 과연 지속적 경쟁우위를 창출할 수 있을 것인가에 대해 분석하는 모형으로서 VRIO 모형은 차별점을 가지고 있다.

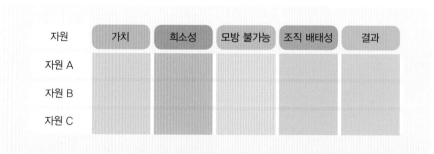

그림 13.5 VRIO 모형

I. 경영 전략이론으로서 자원기반관점(resource based view)에 대한 설명으로 옳지 않은 것은?

① 동일 산업에 속하는 기업 간에는 통제가능한 전략적 자원이 동질적이라는 것을 전제로 한다.

② 기업이 장기간의 노력으로 보유하게 된 인적자원, 조직문화, 생산시설, 연구시설 등이 기업 경쟁력의 원천이 된다.

③ 지속적인 경쟁우위의 원천이 되는 자원은 경쟁사들이 모방할 수 없고, 쉽게 다른 자원으로 대체될 수 없다.

④ 기존 관점에서 상대적으로 등한시하였던 조직 능력, 경영자 능력 등과 같은 무형자산을 중요하게 다룬다.

(7급 2013 문 10)

답 I. ① 동일한 산업에 있는 기업이라도 자원이 상이하다는 것을 전제로 한다.

비즈니스모델캔버스 모형은 알렉산더 오스터왈더(Alexander Osterwalder)와 이브 피그누어(Yves Pigneur)가 2005년에 발표하여 대중적으로 사랑받는 전략경영 모형이 되었다 (그림 13.6). 이 모형은 단순하고 직관적으로 특정 기업이 구매자에게 가치를 제공하는 방식이 다른 기업과 어떻게 차별화될 수 있는가에 대해 시각적으로 설명한다. 이 모형은 아홉 가지 요소를 포함하는데, 먼저 모형의 한 가운데에 있는 **가치제안**에서는 고객이 이 기업의 상품 구매를 통해 어떤 가치를 얻는 것인가에 대해 서술한다. 예를 들자면 가성비, 편리함, 색다름, 놀라운 경험 등을 들 수 있다. 왼쪽에 위치한 세 가지 요소는 상품의 생산과 관련된 요소들이다. 고객에게 제안하는 가치를 창출하기 위해 어떠한 **핵심 활동**을 수행하는가, 어떠한 **핵심 자원**이 사용되는가, 그리고 어떠한 **핵심 파트너** 기업이 존재하는가에 대해 설명한다. 그 아래쪽에 위치한 **비용구조**는 생산과 관련된 세 요소가 만들어내는 총괄적 비용구조를 설명한다. 기업마다 자원의 사용이나 파트너의 역할에 따라 주된 생산비용의 비중이 상이하게 결정된다. 오른쪽에 위치한 세 가지 요소는 상품의 전달과 관련된 요소들이다. 어

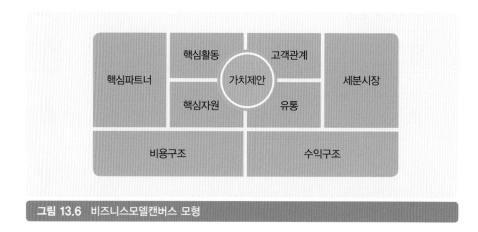

그림 13.6 비즈니스모델캔버스 모형

떠한 세분시장을 목표로 하는가, 그 시장에 도달하기 위해 어떠한 **유통**경로를 사용하는가, 그리고 어떠한 **고객관계** 또는 소통방식을 택하는가에 대해 설명한다. 그 아래쪽에 위치한 수익구조는 상품의 전달과 관련된 세 요소가 만들어내는 총괄적 수익의 흐름을 설명한다. 즉 기업이 수익을 창출하는 주된 방법이 다른 기업과 어떻게 차별화되는가에 대해 설명한다.

우리가 일상 생활에서 기업의 사업모델에 대해 말할 때에는 비용구조와 수익구조, 즉 기업이 이익을 창출하는 방법만을 의미할 때가 많지만 비즈니스모델캔버스 모형은 그 방법을 보다 세분화해서 설명하고 그 근본에는 기업이 고객에게 전달하고자 하는 가치가 위치한다는 것을 보여준다.

<table>
<tr><td>

연습문제 2

▶ **가치사슬, VRIO, 비즈니스모델캔버스 모형의 공통점과 차이점을 설명하라.**

</td></tr>
</table>

가치사슬, VRIO, 비즈니스모델캔버스 모형의 공통점과 차이점은 무엇일까? 첫째, 가치사슬과 비즈니스모델캔버스 모형은 자원 또는 활동 사이의 관련성을 보여주는 반면에 VRIO 모형은 개별적인 자원에 대해 각각 분석한다. 둘째, 가치사슬과 VRIO 모형에서는 각 활동들 사이에 위계를 고려하지 않지만(가치사슬에서는 부분적으로 기간활동과 보조활동 정도의 구분만 존재한다) 비즈니스모델캔버스 모형에서는 가치제안을 가장 중요한 요소로 간주한다. 셋째, 가치사슬은 산업 차원에서의 분석으로 확장할 수 있지만 VRIO 모형과 비즈니스모델캔버스 모형은 개별 기업차원의 모형이다. 마지막으로 VRIO 모형은 주요 자원이 기업에게 창출하는 경쟁우위의 형태를 명시하지만 가치사슬과 비즈니스모

델캔버스 모형은 모방의 어려움에 대해 평가하지 않기 때문에 분석 대상의 개별 자원 또는 활동이 기업에게 창출하는 경쟁우위의 형태를 명시하지 않는다.

13.4 핵심역량과 블루오션 모형

1990년에 C. K. 프라할라드(C. K. Prahald)와 게리 하멜(Gary Hamel)이 발표한 논문을 계기로 **핵심역량**(core competence)이 전략경영의 중요한 개념으로 부상했다. 이 논문에서 핵심역량은 기업이 보유한 복수의 전략사업부(strategic business units)를 관통하는 중요한 역량으로 설명되었고, 저자들은 기존에 전략사업부 단위로 기업의 경쟁력을 분석하는 대신 핵심역량을 중심으로 분석하는 관점으로 전환해야 한다고 역설했다.

예를 들어 어느 기업이 보유한 전략사업부가 카메라사업부, 스캐너사업부, 복사기사업부, 팩시밀리사업부라고 해 보자. 이 사업부들이 가진 핵심제품은 정밀한 기계, 빛 조절 장치, 렌즈일 수 있다. 이 중 전략사업부 네 곳에 동일하게 중요한 핵심제품은 어떤 것일까? 아마도 렌즈일 것이고, 핵심역량은 그 핵심제품을 높은 품질로 생산할 수 있는 역량을 의미한다. 즉 대부분의 사업부에 공통된 핵심제품에 필요한 핵심역량을 발견하면 기업은 기존의 강점을 보다 잘 파악할 수 있게 되어 다각화 등 새로운 사업을 시작할 때 이를 활용할 수 있다.

42-16220464, Svoboda v praci, Creative Commons (CC-BY-SA-2.0)

▲ 하멜은 프라할라드와 함께 핵심역량의 개념을 제시했다

	핵심제품 a	핵심제품 b	핵심제품 c
전략사업부 A	✓	✓	✓
전략사업부 B		✓	✓
전략사업부 C	✓		✓
전략사업부 D			✓

핵심역량의 개념은 너무도 직관적이어서 핵심역량 분석은 경영 컨설팅의 필수적인 요소가 되었다. 또한 이 개념은 기업만이 아니라 개인이나 국가에 대한 경쟁력 분석에도 널리 활용되었다. 예를 들어 개인, 기업, 또는 국가적 차원에서 선택과 집중이 필요한 경우 핵심적이지 않은 역량은 포기하고 핵심역량에 집중해야 한다는 주장은 자연스럽게 받아들여지곤 한다.

그런데 이러한 논리를 반박한 전략모형이 제기되었다. 김위찬과 르네 마보안이 2004년에 출간한 책에서 제시한 **블루오션 전략**은 기업이 기존의 핵심역량에 고착되면 더 큰 기회를 놓칠 수 있다고 주장했다. 그리고 경쟁자가 득실대는 기존의 경쟁 시장에서 벗어나 고객의 숨은 니즈를 찾아서 넓고 푸른 바다로 나아가야 한다고 비유했다.

연습문제 3

▶ **핵심역량과 블루오션 모형의 차이점을 설명하라.**

기준	레드오션	블루오션
산업환경	주어지는 것	창출되는 것
전략적 초점	경쟁자 퇴치	질적 도약
분석 대상	기존 고객	새로운 고객
기업의 역량	기존 역량 분석	필요한 역량 탐색
사업 분류	기존의 분류법	고객별 분류법

블루오션 모형은 기존의 핵심역량 활용의 개념을 정면으로 반박하는 것이라서 충격을 주었으나 사실 새로운 개념은 아니었다. 드러커는 경영 전략의 개념을 소개했던 1994년 논문에서 현재의 고객이 아닌 비고객(non-customer) 분석의 중요성을 강조했고 민츠버그는 1991년 논문에서 정밀한 계획을 강조하는 전략경영과정 대신 유연하게 다양한 기회를 탐색하는 **부상하는 전략**(emergent strategy) 개념을 강조했다.

▲ 민츠버그는 부상하는 전략의 중요성을 강조했다

학술논문에 등장한 1 대 0

민츠버그가 1991년에 전략경영분야 톱 저널인 *Strategic Management Review*에 발표한 논문 제목인 "Learning 1, Planning 0 Reply to Igor Ansoff"은 마치 축구 경기 결과를 알려주는 신문 기사의 제목처럼 보였다. 이고르 앤소프(Igor Ansoff)는 1960년대 이래 당대 최고의 경영학자로 평가받는 인물인데 그와 반박과 재반박의 논문을 주고받으며 논쟁을 벌이다가 어찌 보면 유치한 제목의 논문을 쓰게 된 것이다.

그렇다면 러닝(Learning)과 플래닝(Planning)은 무엇을 의미하는 것일까? 여기에서 러닝은 환경에서의 다양한 변화를 수시로 '학습'하는 전략 수립 과정을, 플래닝은 정형적인 '계획'에 따라 비전

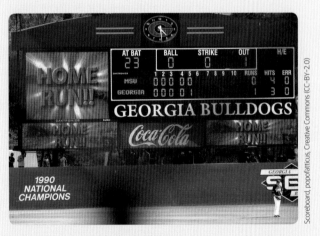

▲ 민츠버그는 부상하는 전략의 우월성을 '1 대 0'이라는 논문 제목으로 표현했다

-목표-환경분석 등을 거치는 전략 수립 과정을 의미한다. 민츠버그의 주장은 앤소프의 논쟁의 결과 1 대 0으

로 학습 학파가 논리적으로 앞선다는 것이다.

학습 학파의 중요 개념으로는 수공예(crafting)나 부상 (emerging) 등 임기응변을 의미하는 단어를 들 수 있다. 수공예는 초등학교 학생들이 수수깡이나 종이 등으로 여러가지 공작을 하는 것으로부터 도공이 진흙으로 도자기를 빚어 내는 것 등의 예를 들 수 있다. 수공예로 작품을 만드는 과정을 보면 창작자의 머릿속에 대략적인 작품 구상이 있을 뿐 정밀한 절차나 정확한 측정 등은 존재하지 않는다. 이러한 제약에 얽매이게 되면 작업 과정에서 수시로 발생하는 변화를 적극적으로 반영하지 못하고 경직되기 쉽다.

반면에 계획 학파의 중요 개념으로는 디자인(design)이나 청사진(blueprint), 설계(architect) 등을 들 수 있다. 이들 용어는 철저한 정보 수집을 통한 완벽한 계획을 수립하기 위해 정형적인 절차를 강조하는 성격을 띠고 있다. 좋은 전략을 수립하고 이것을 추진하기 위해 과거의 축적된 경험도 매우 중요하다.

기업의 생존과 발전을 위해 어느 쪽이 더 중요할 것인가? 물론 정답은 '둘 다'이다. 전략 수립의 기본 얼개를 가진 상태에서 환경의 변화를 적극적으로 반영하는 전략가가 승리할 것이다. 그러나 이러한 균형을 갖춘 기업 또는 경영자는 아마 드물 것이다. 어쩌면 우리는 어떤 기준이든 두 가지 개념 중에서 더 중요한 것을 설정해 놓고 그것의 단점을 보완하는 방식을 택하는 것에 더 익숙할 수 있다. 당신은 어느 쪽을 택할 것인가?

13.5 지식경영과 파괴적 혁신

1995년에 노나카 이쿠지로(Nonaka Ikujiro)가 발간한 책을 계기로 지식경영의 개념이 전 세계의 시선을 끌었다. 지식은 기업의 중요한 자원임에 분명하지만 개인 수준에서 존재하는 지식을 과연 조직 차원에서 경영할 수 있을 것인가에 대한 의문이 존재했다. 이 가운데 노나카는 지식의 속성을 규정하고 그 속성에 따라 조직 내에서 지식을 관리할 수 있는 모형을 제시했다.

지식의 속성 두 가지는 형식지와 암묵지이다. **형식지**(explicit knowledge)는 그림이나 문자 등으로 전달할 수 있는 속성을 가진 지식을 말한다. 책이나 파일로 저장되고 전달되는 지식이 이에 해당한다. **암묵지**(tacit knowledge)는 오직 직접적인 경험에 의해서만 전달하고 습득할 수 있는 속성을 가진 지식이다. 수영이나 자전거 타기가 이에 해당한다. 조직에서는 이 두 가지 속성의 지식이 저장되고 전달되는데, 이것을 **지식 전환 과정**이라고 불렀다. 지식 전환 과정이 원활한 기업은 지식경영이 우월한 기업이고 따라서 지식의 저장과 창출에서 우위를 가질 수 있다.

지식 전환 과정의 유형은 다음과 같다. 첫째, 형식지가 또 다른 형식지로 전환되는 과정은 **종합화**(combination)라고 한다. 예를 들어 최고경영자의 연설을 메모로 정리하는 것, 또는 장문의 서류 내용을 간단한 구두보고로 전달하는 것을 들 수 있다. 둘째, 형식지가 암묵지로 전환되는 과정을 **내재화**(internalization)라고 한다. 예를 들어 최고경영자의 연설을 듣고 그 의미를 이해하는 것, 또는 기업 사명서를 읽고 동기부여가 되는 것을 들 수 있다. 셋째, 암묵지가 형식지로 전환되는 과정을 **외부화**(externalization)라고 한다. 예를 들어 직장 선배의 업무 방식을 보면서 메모로 정리하는 것, 또는 일상적인 작업 과정을 겪으면서 개선될 수 있는 사항을 상사에게 보고하는 것을 들 수 있다. 넷째, 암묵지가 또 다른 암묵지로 전환하는 과정을 **사회화**(socialization)라고 한다. 예를 들어 신입사원 연수 과정에서 직장 선배들의 행동방식을 보면서 그 기업의 조직문화를 익히는 것, 또는 최고경영자의 행동방식을 보면서 윤리적 판단의 기준을 파악하는 것을 들 수 있다.

이러한 지식 전환은 개인적인 수준에서 이루어지지만 조직 차원에서 지식 전환을 원활하게 하는 조치를 취할 수 있다. 예를 들어 기업의 비전이나 전략이 잘 이해될 수 있도록 적절한 직원 교육 시스템을 정비하면 암묵지가 또 다른 암묵지로 전환되는 사회화가 강화될 것이고, 외국 자료가 국내에서 잘 활용될 수 있도록 번역 시스템이 정비되면 형식지가 또 다른 형식지로 전환되는 종합화가 강화될 것이다. 즉 적절한 시스템이 정비되어 지식 전환이 활성화되면 지식의 공유와 창출이 효과적으로 이루어지는 지식경영이 달성될 수 있다.

> **연습문제 4**
>
> ▶ 네 가지 지식 전환 과정을 설명하라.

~에서 \ ~로	형식지	암묵지
형식지	종합화	내재화
암묵지	외부화	사회화

기출문제

I. 지식경영에 대한 설명으로 옳은 것은?

① 언어로 표현하기 힘든 주관적 지식을 형식지라고 한다.

② 암묵지에서 형식지로 지식이 전환되는 과정을 내면화라고 한다.

③ 수집된 데이터를 문제해결과 의사결정에 도움이 될 수 있도록 일정한 패턴으로 정리한 것을 정보라고 한다.

④ 지식경영은 형식지를 기업 구성원들에게 체화시킬 수 있는 암묵지로 전환하여 공유하는 경영방식이다.

(7급 2019 문 4)

II. 지식기반사회의 인적자원에 대한 설명으로 옳지 않은 것은?

① 타인과 협력하는 태도도 중요하다.

② 암묵적 지식보다 명시적 지식이 중요하다.

③ 경험이나 지혜도 인적자원의 구성요소에 포함된다.

④ 논리적 지식(Know-Why)과 정보적 지식(Know-Who)이 중요하다.

(7급 2016 문 12)

답 I. ③ 언어로 표현하기 힘든 지식은 암묵지, 암묵지에서 형식지로 전환되는 과정은 외부화이고 지식경영은 네 가지 전환과정을 모두 포함한다.

II. ② 암묵적 지식과 명시적 지식 모두 중요하다.

노나카의 지식전환 모형이 기업 내 지식창출이 기업의 경쟁력에 도움이 되는 것을 설명하는 모형이라면, 클레이튼 크리스텐슨(Clayton Christensen)이 1995년에 선보인 **파괴적 혁신**(disruptive innovation) 개념은 기업 외부에서 발생하는 혁신이 기업의 경쟁력을 파괴하는 것을 설명하는 모형이라 할 수 있다(그림 13.7). 크리스텐슨은 기술경영 분야의 세계적인 석학인데 한국에서 선교활동을 수행하느라 한국어에 능통했다. 그의 한국 이름은 구창선이다.

파괴적 혁신 개념은 1997년에 크리스텐슨이 발표한 서적인 《혁신기업의 딜레마》에서 세계적으로 더욱 유명해졌다. 이 개념은 산업을 장악하고 있는 기존 기업들이 왜 종종 한순간에 무너지는가에 대해 설명한다. 예를 들어 2000년대 초반까

▲ 크리스텐슨은 파괴적 혁신의 개념을 제안했다

지 컴퓨터 저장장치로 디스켓이 주로 사용되었는데 2003년 이후 급격히 USB로 전환되었다. 그 과정에서 디스켓을 생산하던 기존 기업들은 시장에서 철수했다. 기존 기업들은 왜 USB로 신속하게 전환하지 못했을까? 간단하게 요약하자면 시장에 새로 등장한 제품은 기존 기술과 전혀 다른 기술에 기반했고, 기존 고객들은 기존 제품을 선호하는 것처럼 보였지만 결국 매우 빠르게 새로운 기술에 기반한 제품으로 선회했기 때문이다.

파괴적 혁신의 반대 개념은 존속적 혁신(sustaining innovation)인데, 이것은 기

> **연습문제 5**
>
> ▶ 파괴적 혁신이 기존 기업을 위협하는 이유에 대해 설명하라.

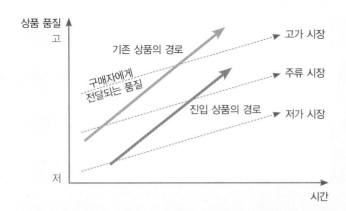

그림 13.7 파괴적 혁신의 과정

존 역량을 축적한 기업에게 유리한 혁신이다. 예를 들어 오랫동안 자동차 엔진을 생산해 온 기업들은 내연기관에 대해 풍부한 지식과 경험을 가지고 있을 것이므로 연비가 높거나 공해를 적게 배출하는 새로운 엔진을 제작하는 존속적 혁신의 역량이 존재할 것이다. 그러나 배터리 기술이 급속히 발전하면서 전기차의 경제성이 높아졌고 환경문제에 대한 관심에 힘입어 자동차 산업에서는 동력원으로 내연기관 대신 배터리를 사용하는 파괴적 혁신이 진행되고 있다. 과거에 디스켓 산업 등에서 발생했던 파괴적 혁신을 기억하는 기존의 자동차 제조기업들은 내연기관 자동차와 전기차 생산의 비율을 적절히 조절하며 자동차 산업의 파괴적 혁신에 대처하고 있다.

그림 13.7에서 볼 수 있듯이 기존 상품은 차별화를 통한 이윤 증대를 위해 고가 시장을 추구하는 반면, 후방 진입 상품은 새로운 기술을 이용하여 가성비를 추구하는 소비자를 공략한다. 그 결과 파괴적인 기술을 장착한 기업이 주류 시장을 점령하게 된다.

기출문제

I. 혁신에 대한 설명으로 옳은 것만을 모두 고르면?

ㄱ. 존속적 혁신(sustaining innovation)은 기존의 기술을 지속해서 개선하되 기존의 시장에는 큰 영향을 주지 않는다.

ㄴ. 선도기업은 존속적 혁신에 자원 대부분을 사용하기 때문에 파괴적 혁신(disruptive innovation)에 사용할 여유자원이 부족하다.

ㄷ. 클레이튼 크리스텐슨(Clayton Christensen)은 혁신이 경제성장의 원동력인 동시에 경기순환을 발생시킨다고 처음으로 주장하였다.

ㄹ. 보통 혁신의 산물인 독점적 이윤은 오래 지속되기 어렵다.

① ㄱ, ㄴ, ㄷ   ② ㄱ, ㄴ, ㄹ

③ ㄱ, ㄷ, ㄹ   ④ ㄴ, ㄷ, ㄹ

(7급 2020 문 18)

답 I. ② 혁신이 경제성장의 원동력이라고 처음 주장한 학자는 슘페터이다.

양자역학과 경영 모형

경영 이론들은 다양한 분야에 기반한다. 고전적인 경쟁 전략의 논리는 군사학에서 찾을 수 있다. 지형 지물을 이용해서 유리한 곳에 자리잡아야 한다는 개념은 진입 장벽을 중시하는 포지셔닝 학파의 논리와 크게 다르지 않다. 다윈의 진화론에서 환경의 선택을 중시하는 내용은 조직진화론이 그대로 계승하고 있다. 사회적 복잡성이나 인과적 모호성과 같은 개념들은 사회학적 개념들이다.

최근 마블 영화는 양자역학을 활용한 멀티버스 개념을 선보이고 있다. 양자의 세계에서 5시간을 보낸 앤트맨이 돌아와 보니 5년이 지나 있었고, 어벤져스 히어로들은 특별한 기계를 통해 시간을 거슬러 올라간다. 디즈니 플러스에서 볼 수 있는 〈로키〉와 〈완다비전〉 시리즈에서도 멀티버스 개념이 등장하고, 〈스파이더맨 노 웨이 홈〉에서도 멀티버스 개념을 통해 과거 스파이더맨이 모두 등장하는 감동적인 장면이 연출된다.

사실 이러한 스토리는 상당한 과학적인 배경을 가지고 있다. 하버드대학교 물리학과의 리사 랜들 교수를 포함한 많은 물리학자들은 우리가 사는 세상에는 사실 여러 차원이 존재할 수 있다고 설명하는데 그러한 설명을 뒷받침하는 기본적인 원리로 양자역학을 제시한다. 우리가 보는 입자는 확률적으로 다른 곳에도 존재할 수 있기 때문에 하나가 아닌 다

중 세계가 존재할 수 있고, 그 때문에 하나의 세계에서 과거가 바뀐다고 해서 다른 세계에서의 현재가 바뀔 필요가 없다는 것이다. 〈로키〉와 〈완다비전〉의 멀티버스는 이러한 과학적 기반을 가지고 있다. 그 외에도 중력과 엔트로피의 법칙이 시간과 관련이 있다는 양자역학의 원리는 크리스토퍼 놀란 감독의 〈인터스텔라〉와 〈테넷〉에서도 상당히 현실적으로 사용되었다. 모르고 보면 그저 재미있는 발상이지만, 알고 보면 최첨단 과학이론이 녹아 있는 영화들인 것이다.

양자역학이 경영 모형에 영향을 미칠 수 있을까? 만약 시간을 되돌릴 수 있다면 시간의 비가역성을 전제로 하는 실물옵션 이론은 수정되어야 할지도 모른다. 만약 하나의 기업이 다중 세계에서 여러 자원을 운용할 수 있다면 자원기반이론의 모방 불가능성의 개념도 상당히 수정되어야 할 것 같다. 만약 기업을 소재로 한 멀티버스 영화가 제작된다면 이런 상상력도 발휘될 수 있을 것이다. 흥행은 보장할 수 없지만.

생각해 볼 문제

1. 실물옵션 이론에서 왜 시간의 개념이 중요한가에 대해 논의해 보자.
2. 자원기반이론에서 왜 시간의 개념이 중요한가에 대해 논의해 보자.

요약

● '균형성과표'라고 번역되는 BSC 모형은 기업이 일반적으로 추구하는 성과가 재무적 성과이지만 이것은 단기적, 유형적, 객관적 성격이므로 고객의 만족, 내부적인 업무 프로세스, 장기적 성장을 위한 구성원의 학습 능력도 중요하다는 것을 설명한다.

● 가치사슬과 비즈니스모델캔버스 모형은 자원 또는 활동 사이의 관련성을 보여주는 반면에 VRIO 모형은 개별적인 자원에 대해 각각 분석하고, 가치사슬과

VRIO 모형에서는 각 활동들 사이에 위계를 고려하지 않지만 비즈니스모델캔버스 모형에서는 가치제안을 가장 중요한 요소로 간주하며, 가치사슬은 산업 차원에서의 분석으로 확장할 수 있지만 VRIO 모형과 비즈니스모델캔버스 모형은 개별 기업차원의 모형이고, 마지막으로 VRIO 모형은 주요 자원이 기업에게 창출하는 경쟁우위의 형태를 명시하지만 가치사슬과 비즈니스모델캔버스 모형은 모방의 어려움에 대해 평가하지 않기 때문에 분석 대상의 개별 자원 또는 활동이 기업에게 창출하는 경쟁우위의 형태를 명시하지 않는다.

- 핵심역량은 기존 제품의 경쟁력의 근원을 파악하여 집중하는 논리를 가지고 있으나 블루오션 모형은 기업이 기존의 핵심역량에 고착되면 더 큰 기회를 놓칠 수 있다고 주장했다.

- 형식지가 또 다른 형식지로 전환되는 과정을 종합화, 형식지가 암묵지로 전환되는 과정을 내재화, 암묵지가 형식지로 전환되는 과정을 외부화, 암묵지가 또 다른 암묵지로 전환하는 과정을 사회화라고 한다.

- 존속적 혁신은 기존 방식에 기반한 혁신인 것에 비해 파괴적 혁신은 기존 방식과 전혀 다른 기술에 기반한다. 기존 고객들은 처음에는 기존 제품을 선호하는 것처럼 보이지만 결국 매우 빠르게 발전하는 새로운 기술에 기반한 제품을 선호할 수 있다.

사회적 가치를 향하여 : 윤리경영 이슈

구글 바이크

기업은 지역사회에 다양한 형태의 공헌을 할 수 있는데, 그중 하나가 도시 미관 개선이다. 그 예로 2021년 11월에 서울문화재단과 포르쉐코리아는 공동후원한 프로젝트를 통해 친환경 개념의 디자인을 입힌 '포르쉐 드림 아트 따릉이'를 선보였다.

이와 유사한 자전거 디자인 프로젝트는 구글 본사가 있는 미국 서부의 팔로알토 시에서도 볼 수 있다. 구글은 그 로고에서 사용하는 상징색인 청, 적, 황, 녹색을 사용하여 디자인한 자전거를 제작하는데 직원은 누구나 무료로 이용할 수 있다. 그런데 자전거를 사용할 수 있는 곳이

▲ 구글은 자체 디자인 자전거를 제작한다

사내에만 한정된 것이 아니라 출퇴근까지 가능하고, 퇴근할 때 집으로 가져갔다가 집 앞에 세워놓은 자전거는 자연스럽게 지나가던 시민도 이용할 수 있게 된다. 물론 구글이 지역사회에 공헌하기 위해 기부를 하는 것은 아니지만, 의도했든 또는 의도하지 않았든 구글 바이크는 지역사회의 미관을 조금 더 아름답게 바꾸었다.

그런데 구글 바이크의 분실이 도를 넘겼던 것 같다. 2018년 1월의 신문기사는 구글 바이크가 멕시코와 알래스카에서도 발견되었다고 보도했다. 아마도 개인적으로 이용하던 자전거를 이삿짐 속에 넣었던 모양이다. 한 대당 10만 원에서 30만 원까지 하는 자전거를 매주 100~250대 분실하는 구글은 계약직 직원을 고용하여 자전거를 회수하고 있는데, 그렇다고 해서 직원 복지를 위한 구글 바이크 운영을 중단하지는 않을 것으로 보인다.

출처 : 뉴시스(2021. 11. 11). 공개된 '포르쉐 드림 아트 따릉이, https://newsis.com/view/?id=NISI20211115_0018157873, 아이티조선(2018. 1. 9). 자전거가 거기서 왜 나와? 구글 공용자전거, 알래스카서 발견되기도, http://it.chosun.com/site/data/html_dir/2018/01/08/2018010885001.html

기업은 영리만 추구하면 된다고 여겨졌던 과거와는 달리 이제는 기업이 사회에서 일정한 역할을 담당해야 한다는 인식이 확산되고 있다. 이것은 기업의 영향력이 증가하여 그 활동의 책임이 단지 주주에게만 한정되는 것이 아니라 직접적인 이해관계자, 또는 심지어 기업과 무관하게 보이는 자연환경 등에도 미친다는 인식에 기반한다.

14.1 윤리경영 관련 개념

기업의 영향력이 확대됨에 따라 기업의 윤리적 활동과 관련된 다양한 용어들, 예를 들어 기업의 사회적 책임(Corporate Social Responsibility, CSR), 공유가치창출(Creating Shared Value, CSV), 트리플보텀라인(Triple Bottom Line, TBL), 그리고 ESG(Environmental, Social, Governance)를 많은 사람들이 언급하게 되었다. 이 중 어떤 용어가 초기에는 자주 사용되었다가 그다음에 다른 용어가 자주 사용되는 등 마치 유행처럼 시기에 따라 특정 용어들이 사용되는 경향을 보이기도 했다. 여기에서는 이러한 용어들의 의미에 대해 간략히 살펴보기로 하자.

먼저 기업의 사회적 책임(CSR)이라는 개념은 기업의 기부활동과 봉사활동 등을 가장 보편적으로 지칭하는 개념으로서 이에 대한 여러 모형 중 아치 캐롤(Archie Carroll)이 1991년에 발표한 **피라미드 모형**이 널리 알려졌다(그림 14.1). 그는 기업이 당연히 져야 할 책임으로서 이익 극대화를 의미하는 경제적 책임과 법규 준수를 의미하는 법적 책임을 들었고, 기업이 자발적으로 져야 할 책임으로서 인권과 환경보호 등 윤리적 책임과 자선 사업 등 자선적 책임을 들었다.

> **연습문제 1**
>
> ▶ **캐롤의 피라미드에 대해 설명하라.**

이 모형은 시대의 흐름에 따라 기업의 사회적 책임이 위쪽으로 확장되는 과정을 보여준다. 협의의 사회적 책임은 주주가 위탁한 투자금에 대해 주주에게 책임을 지

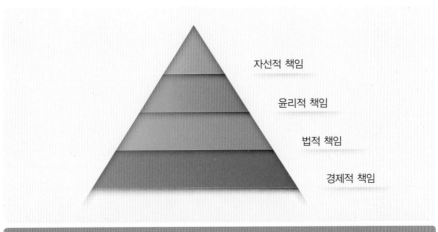

자선적 책임

윤리적 책임

법적 책임

경제적 책임

그림 14.1 캐롤의 피라미드 모형

는 경제적 책임이지만, 보다 넓은 의미에서는 사회에 대한 준법, 윤리, 자선 등의
책임을 져야 한다는 의미로 해석될 수 있다. 여기에서 기업이 자발적으로 수행하
는, 즉 반드시 수행할 필요는 없는 윤리적 책임이나 자선적 책임의 비용은 기업의
비용이기 때문에 주주의 손실이라고 할 수 있다.

사실 기업의 경영자가 사회적 책임 활동을 위해 주주의 손실을 가져오는 의사
결정을 하는 것이 합당한가에 대해 의문을 제기한 밀턴 프리드먼(Milton Friedman)은
1970년에 《뉴욕 타임스》에서 발표한 글에서 기업의 사회적 책임은 이윤 증대일 뿐
이고, 사회적 비용은 정부가 담당해야 할 몫이라고 강하게 주장했다. 이러한 주장
은 사유재산권의 보호와 정부의 역할에 대한 자유시장체제의 근본적인 정신을 잘
표현한다고 할 수 있다. 그러나 이러한 주장의 대 전제는 경영자가 주주권리를 보
호하는 체제가 확립되어 있다는 것인데, 2008년 글로벌 금융위기를 통해 대기업의
경영진이 주주권리를 충분히 보호하지 못하는 위험한 경영을 했다는 것이 드러나
면서 기업은 주주이익을 최선으로 해야 한다는 프리드먼 독트린이 과연 현실적인
대안인가에 대한 의문이 부상했다. 금융위기 후에도 글로벌 금융회사의 경영진이
거액의 보수를 챙기는 것을 목격한 시민들은 '월가를 점령하라' 슬로건을 내건 시위
를 벌였다.

Day 14 Occupy Wall Street, David_shanbone, Creative Commons (CC-PDM-1.0)

▲ 2008년에 발생한 글로벌 금융위기는 '월가점령시위'를 촉발했다

기출문제

I. 기업의 이해관계자에 대한 기업의 사회적 책임(Corporate Social Responsibility, CSR)이 잘못 연결된 것은?

① 종업원에 대한 책임—안전한 작업환경 제공, 적절한 노동의 대가 지불

② 사회에 대한 책임—새로운 부(Wealth)의 창출, 환경보호, 사회정의 촉진

③ 고객에 대한 책임—가치 있는 제품 및 서비스 공급, 고객만족

④ 투자자에 대한 책임—내부자거래(Insider Trading)로 주주의 부(Wealth) 극대화, 사회적 투자

(7급 2017 문 20)

II. 친환경 경영과 직접적인 관련이 없는 것은?

① 식스시그마(6 sigma) 운동　　　　② 탄소배출권

③ 지속가능한 경영　　　　　　　　④ 교토의정서

(7급 2015 문 2)

III. 기업의 사회적 책임(Corporate Social Responsibility, CSR)의 내용으로 옳지 않은 것은?

① 기업의 유지 및 발전에 대한 책임

② 기업의 후계자 육성에 대한 책임

③ 기업의 주주 부(Wealth)의 극대화에 대한 책임

④ 기업의 다양한 이해 조정에 대한 책임

(7급 2015 문 3)

답　I. ④ 투자자에 대한 책임은 이익극대화를 의미하지만 내부자거래와 같이 불법적인 행동으로 인한 이익극대화를 의미하지 않는다.

II. ① 식스시그마 운동은 품질관리 운동이다.

III. ③ 주주 부의 극대화에 대한 책임은 기업의 사회적 책임과 대비되는 의미에서 기업의 경제적 책임이라고 할 수 있다.

　반면에, 기업의 사회적 책임 활동의 비용이 반드시 주주의 손실로만 이어지는 것은 아니라는 주장이 부상했다. '착한 기업'이라는 이미지는 기업의 매출에 긍정적인 영향을 미치기 때문에 이러한 이미지를 쌓기 위한 사회적 책임 활동은 마치

광고비와 같은 효과를 가져온다는 주장이다. 이것은 전략적 사회적 책임 활동이라는 개념으로 설명될 수 있는데, 앞에서 설명한 캐롤의 모형에서는 CSR 활동은 기업의 비용이라고 해석하는 반면에 전략적 CSR의 개념에서는 CSR 활동은 미래를 위한 투자라고 해석한다.

연습문제 2

▶ CSR과 CSV의 차이에 대해 설명하라.

공유가치창출(CSV)은 마이클 포터(Michael Porter)와 마크 크레이머(Mark Kramer)가 2011년에 소개한 개념으로서 기업이 이익 창출이라는 경제적 가치뿐 아니라 동시에 사회적 가치도 창출해야 자유시장 경제의 체제가 지속될 수 있다는 논리에서 등장했다. 즉 기업이 생존과 발전을 추구하는 지속가능성을 획득하기 위해서는 사회의 지원을 받아야 하므로 사회적 가치를 외면하는 기업은 아무리 독자적으로 이익을 창출한다고 해도 장기적으로 생존할 수 없다는 것이다.

기업의 윤리적 행동이 글로벌 투자사의 투자 대상 선정의 기준으로 자리잡은 것이 바로 ESG 개념이다. ESG는 유엔 산하기관인 유엔글로벌콤팩트가 2004년에 사용했던 용어로서 환경(Environmental), 사회(Social), 지배구조(Governance)의 영어 첫 글자로 이루어진 개념이다. 2020년 초에 글로벌 자산운용사인 블랙록의 최고경영자

HMI_9249, Web Summit, 크리에이티브커먼스 (CC-BT-2.0)

▲ 유엔글로벌콤팩트는 지속가능성 제고를 위해 지구촌의 공동노력을 추구한다

▲ 블랙록의 래리 핑크 회장(왼쪽)은 ESG 평가를 투자 기준으로 선정했다

가 투자자들과 CEO들에게 보냈던 서한에서 향후 투자결정의 기준으로서 ESG 평가를 적용하겠다고 밝히면서 급부상하게 되었다. 사실 이 사건 이전에도 기업들의 ESG 평가가 이루어졌고 좋은 평가를 받은 기업들에 투자하는 펀드도 운용되었는데 글로벌 투자사들의 공식적인 투자기준으로 떠오르게 되자 기업의 입장에서는 투자를 받기 위한 선택이 아닌 필수 사항이 되어버린 것이다.

🔧 기출문제

I. 공급사슬관리에서 "현재세대의 자원 운영 계획이 미래세대의 자원 활용 가능성을 제한하지 않아야 한다."라고 정의되는 지속 가능성(Sustainability)의 3요소가 아닌 것은?

① 재무적(경제적) 가치　　　② 기술적 가치

③ 환경적 가치　　　④ 사회적 가치

(7급 2017 문 8)

II. 경영자의 의사결정과 행위 등을 통제하는 기업 지배구조는 크게 내부와 외부 통제메커니즘으로 구분할 수 있다. 내부 통제메커니즘에 해당하지 않는 것은?

① 노동조합　　　　　　　　　② 위임장 경쟁

③ 최고경영자 보상　　　　　　④ 이사회

(7급 2014 문 17)

답 Ⅰ. ② TBL 또는 ESG에서 설명하는 지속가능성의 요소는 경제적, 사회적, 환경적 가치이다.

Ⅱ. ② 노동조합, 최고경영자, 이사회 등은 기업 내부의 지배구조 요인들이다. 위임장 경쟁은 기업의 경영지배권에 영향을 미치기 위해 외부로부터 이사를 선임하기 위한 행동이다.

읽을거리

기업시민활동 5단계

기업시민(corporate citizen)은 마치 일반 시민이 사회에 대해 의무와 권리 등 일정한 역할을 담당하듯 기업도 사회를 구성하는 시민과 같이 일정한 역할을 담당한다는 의미로 사용되는 용어이다. 이 용어는 1969년에 미국에서 발생한 반 기업 시위에 대해 기업 임원들이 어떠한 자세를 갖추어야 하는가

▲ 기업은 다양한 사회공헌 활동을 펼칠 수 있다

에 대해 설명하는 논문에 처음 등장했다. 그 이후 기업의 사회적 책임(CSR), 공유가치창출(CSV), 환경-사회-지배구조(ESG), 트리플보텀라인(TBL) 등과 함께 기업의 윤리적 행동을 의미하는 개념으로 사용되고 있다.

본문에서 설명한 1991년 캐롤의 피라미드 모형이 CSR 활동의 위계를 설명하듯 2006년에 필립 머비스(Philip Mirvis)와 브래들리 구긴스(Bradly Googins)도 기업시민 활동의 위계를 정리했다. 이 모형에서 기업시민 활동은 기초(elementary), 참여(engaged), 혁신(innovative), 통합(integrated), 그리고 전환(transformation) 단계로 구분되는데 각 단계는 전략적 의도, 리더십, 구조, 문제 대처, 이해관계자 관계, 그리고 투명성의 유형에서 살펴볼 수 있다.

대략적으로 볼 때 기초 단계에서의 활동은 주로 실무자 급에서 법규 준수를 중심으로 이루어지고 기업의 활동 내용도 공개하지 않는다. 그러나 단계가 높아질수록 전사적 차원에서 기업시민 활동을 추진하게 되고 활동 내용에서도 기업의 본업과 연관된 활동을 추구하며 정보의 완전공개 및 상시공개로 진행하게 된다. 중

유형/단계	1단계 : 기초	2단계 : 참여	3단계 : 혁신	4단계 : 통합	5단계 : 전환
개념	일자리, 이익, 세금	자선, 환경보호	이해관계자 관리	TBL 또는 지속가능성	게임의 법칙
전략적 의도	준법	운영 허가	사례	가치제안	시장창출 또는 사회적 변화
리더십	립 서비스	지원자	선한 청지기	선도	비전 제시
구조	실무자 주도	부서별 주도	부서 간 조정	전사적 조화	본업화
문제 대처	방어적	대응 정책	프로그램 운영	전향적, 시스템적	이슈 주도
이해관계자 관계	일방적	소통적	상호 영향	파트너 관계	복수의 이해관계자와 관련
투명성	은폐	홍보	보고서 발간	확증	완전 공개

요한 것은 사회적 관심이 쏠리는 기업윤리 이슈에 대해 수동적으로 대처하지 않고 오히려 이슈를 주도한다는 것이다.

예를 들어 2021년 한국 사회에서의 중요한 노동 이슈 중 한 가지는 위험의 외주화와 중대재해처벌법 이슈였는데, 만약 어느 기업이 자발적으로 기업 내 적절한 시스템을 통해 산업안전을 제고하기 위한 조치를 취하여 사회적 변화를 주도하는 비전을 제시한다면 그 기업은 기업시민 활동의 가장 높은 수준인 전환 단계에 이르렀다고 평가할 수 있다.

출처 : Mirvis, P. and Googins, B. K. (2006). Stages of corporate citizenship, *California Management Review*, 48(2), 104–126.

14.2   경영학 각론에서의 윤리적 이슈

기업의 경영 활동에서 발견될 수 있는 윤리적 이슈들을 살펴보기 전에 먼저 명확히 이해해야 할 것이 있다. 기업 내 개인이 범하는 비윤리적 행동과 기업의 비윤리적 행동은 구분해야 한다는 것이다. 어느 기업의 직원이 비리를 행한다는 사실이 그 기업이 비윤리적이라는 것을 의미하지는 않는다. 물론 개인의 비윤리적 행동이 체계적으로 발생하는 기업은 비윤리적 기업이다. 여기에서는 기업의 윤리적 이슈들을 각 분야별로 구분하여 설명하기로 한다.

먼저 회계 분야에서의 분식회계는 투자자에 보고하는 정보를 왜곡하는 비윤리적 경영의 대표적인 사례이다. 특정 기간의 기업의 성과를 과대평가하기 위해 매출의 시점을 당기거나 비용의 시점을 뒤로 미루고, 단기 계정을 장기 계정으로 기록하는 경우도 있다. 이러한 회계 처리 관행은 사안에 따라 합법으로 인정되는 경우도 있고 불법으로 적발되는 경우도 있다.

재무 분야에서의 비윤리적 행동의 예로서 기업의 경영권을 유지하기 위해 비정상적인 지배구조를 설계하는 것을 들 수 있다. 상호출자 또는 상호지급보증은 계열사 간에 가공적인 자본금을 창출하거나 채무를 보증하여 여러 계열사의 소유권을 보호할 수 있게 하는데, 문제가 발생할 때 연쇄적으로 도산하는 폐단을 가져온다. 이러한 이유로 인해 공정거래법상 상호출자제한기업집단에서는 직접 상호출자와 자기자본금을 초과하는 지불보증이 금지된다. 그 밖에도 과다한 부채의 조달이나 부동산 투기 등 자금의 운용 등은 비윤리적 행위의 대표적 사례이다.

인사 분야에서의 비윤리적 행동으로 채용, 승진, 보상 등에서 성별이나 학력, 외모 등 기준에 대한 차별의 예를 들 수 있다. 또한 '위험의 외주화'에서 볼 수 있듯이 위험한 업무를 외주 기업에 맡기는 안전 분야에서의 비윤리적 행동도 발견할 수 있다. 노사 관계에 있어서 사용자가 노조를 탄압하거나, 또는 노조 내에서 차별적인 행태가 나타나는 것도 지양되어야 한다.

마케팅 분야에서는 과대광고를 비롯한 소비자 권리 침해를 대표적인 비윤리적 행동의 예로서 들 수 있다. 불필요한 포장으로 인해 자원을 낭비하거나 유통 경로

▲ 성소수자 차별을 반대하는 시위가 진행되고 있다

상의 거래처에 대해 우월적 지위를 이용한 상품 밀어내기도 비윤리적 행동이다.

연습문제 3

▶ 제조물 결함의 유형 세 가지를 설명하라.

생산 분야에서는 제조물 책임(Product Liability, PL)의 개념이 중요하다. 이 개념은 1930년대 미국에서 불량품으로 인한 거액의 배상책임으로부터 기업이 보호받기 위한 보험상품으로 등장했다. 제조물 책임에서의 결함은 세 가지로 분류되는데, 먼저 설계상의 결함은 애당초 제품의 기능이 작동할 수 없도록 설계된 결함이고, 제조상의 결함은 설계한 대로 제조되지 않아서 발생한 결함이며, 표시상의 결함은 위험의 가능성에 대한 적절한 설명과 경고를 포함하지 않아서 발생한 결함이다.

기출문제

I. 우리나라 제조물 책임법상 제조업자의 손해배상책임 대상에 해당하지 않는 것은?

① 원래 의도한 설계와 다르게 제조되어 안전하지 못하게 된 제조물로 인해 손해가 발생한 경우

② 피해나 위험을 줄이거나 피할 수 있는 합리적 대체설계를 채용하지 않아 안전하지 못하게 된 제조물로 인해 손해가 발생한 경우

③ 피해나 위험을 줄이거나 피할 수 있는 합리적 설명이나 경고를 하지 않은 제조물로 인해 손해가 발생한 경우

④ 제조물을 공급한 당시의 과학 기술 수준으로 발견할 수 없었던 결함으로 인해 손해가 발생한 경우

(7급 2019 문 8)

II. 제조물책임(product liability, PL)에서 규정하는 결함의 유형에 해당하지 않는 것은?

① 설계상의 결함   ② 제조상의 결함

③ 분류상의 결함   ④ 경고상의 결함

(7급 2015 문 12)

답 I. ④ 손해배상책임 대상은 설계상, 제조상, 표시상의 결함을 포함한다.
II. ③ 결함의 유형은 설계상, 제조상, 표시상의 결함이다.

14.3 대기업과 중소기업의 동반성장과 사회적 기업

대기업의 윤리적 경영은 중소기업과의 동반성장활동으로 확장될 수 있다. 보다 구체적으로 대기업은 중소기업의 영역을 보호하는 활동을 할 수 있는데, 이와 관련된 개념이 중소기업 적합업종이다. 동반성장위원회가 주관하여 중소기업 적합업종을 선정하면 대기업이 진출하지 않는 방식을 취한다. 2021년 현재 계란도매업, 자동차단기대여 서비스업, 사료용 유지, 문구도매업, 고소작업대 임대업의 5개 업종이 유지되고 있는데 인조대리석 가공업, 가정용 세탁업, 대리운전업이 신규 신청되었다. 대기업이 직접운영 또는 자회사 운영을 통해 이러한 중소기업 적합업종에 진출하는 경우 대기업에 경제력이 집중되어 중소기업에 큰 타격을 줄 수 있다.

　대기업의 활동을 제한하는 수단과 대비하여 사회적 가치를 창출하는 기업을 일정 기간 지원하는 수단을 살펴보면 사회적 기업을 육성하는 활동을 들 수 있다. 사회적 기업이란 취약계층에 일자리를 제공하거나 지역주민의 삶의 질을 향상하는 목적을 가진 기업으로서 여러 형태를 갖는데, 먼저 사회서비스 제공형은 해당 기업으로부터 사회서비스 제공을 받는 사람 중 30% 이상이 취약계층인 기업을 말하고, 일자리 제공형은 해당 기업으로부터 일자리 제공을 받는 사람 중 30% 이상이 취약계층인 기업을 말하며, 지역사회 공헌형은 지역주민의 일자리, 소득, 빈곤이나 범죄 등 문제의 해결, 사회서비스 등과 관련하여 일정 비율 이상 공헌하는 기업을 말한다. 그 외에도 혼합형과 기타형이 존재한다.

기출문제

I. 대기업과 중소기업의 관계에 대한 설명으로 옳지 않은 것은?

① 대기업이 분사(分社)를 통해 사실상의 자회사를 만들어 중소기업 영역에서 직접 운영하는 경우, 경제력이 분산되어 사회적 폐해가 줄어든다.

② 하도급계약 불이행은 대표적 불공정거래의 하나이고, 이로 인해 중소기업의 경영난이 가중된다.

③ 대기업 위주의 경제정책은 부작용과 경제적 불균형을 초래할 수 있으므로 중소기업 육성정책이 지속적으로 확대되어야 한다.

④ 대기업에 비하여 우리나라 중소기업 경쟁력이 저하된 중요한 이유 중 하나는 중소기업에 대한 사회의 경시풍조이다.

(7급 2011 문 19)

답   I. ① 대기업이 자회사를 통해 중소기업 영역에서 활동하면 사회적 폐해가 증가할 수 있다.

사회적 트렌드와 경영   **파타고니아의 기업사명**

노스페이스, 콜롬비아와 더불어 미국의 3대 아웃도어 의류 업체인 파타고니아는 산악 등반가였던 이본 쉬나드가 설립한 기업이다. 그는 한국과 특별한 인연이 있는데 주한미군으로 1963년에 한국에 왔고 북한산에 그의 이름을 붙인 등반로를 개척하기도 했다. 주한미군 근무를 마치고 귀국한 그는 1973년에 파타고니아를 설립했다.

파타고니아는 사업을 하는 이유를 기업사명에서 설명하고 있는데, 그것은 "우리의 터전인 지구를 살리기 위해"서이다. 사실 이 기업사명은 그다지 감동적이지 않을 수 있다. 많은 기업들은 모든 사람들의 궁극적인 행복을 위해서, 아이들에게 더 나은 미래를 선물하기 위해서, 또는 지구의 평화를 위해서 등 멋진 미사여구를 사용한다. 파타고니아도 그중 하나일 수 있다.

특히 최근에 ESG 경영이 화두가 되면서 소위 '그린워싱'을 시도하는 기업들도 많이 발견된다. 그린워싱은 환경보호를 하는 시늉으로 기업의 이미지를 제고하는 활동을 의미한다. 진정성 있는 활동이 아니라 광고를 위한 시늉을 하는 것이다. 사실 일반 대중의 입장에서는 기업의 진정성을 평가하기 쉽지 않다. 그렇기 때문에 많은 기업은 환경과 인권, 그리고 이해관계자 보호를 위한 활동을 추구한다는 '선언적' 사명을 밝힌다.

파타고니아의 활동의 진정성도 일반 대중이 판단하기는 힘들 수 있다. 유기농 순면과 사료를 강제로 먹이지 않은 거위의 털, 그리고 PET 재활용 화학섬유를 사용하는 것이 환경 보호에 얼마나 효과적으로 기여할 수 있는가에 대해 측정하기도 힘들다. 그리고 이러한 요소들이 파타고니아 제품의 다소 높은 가격을 얼마나 정당화할 수 있는가에 대해서도 판단하기 힘들다. 저렴한 가격으로 많은 사람들이 풍성한 물질적 풍요를 누릴 수 있게 하겠다는 기업사명을 가진 기업들도 많다. 확실한 것은 파타고니아가 수익 극대화에 역행하는 정책(예를 들어 매출의 1%를 환경보호 단체에 기부하는 등)을 자주 추구한다는 것이다.

생각해 볼 문제

1. 파타고니아의 사회적 책임 활동에 대해 조사해 보고, 이와 유사한 활동을 추구하는 다른 기업들의 리스트를 작성해 보자.

2. 1번에서 조사한 다른 기업들의 제품 가격 수준과 파타고니아 제품의 가격 수준을 비교해 보자. 차이가 존재하는가? 당신은 그 차이가 정당하다고 생각하는가? 그 이유는 무엇인가?

요약

- 캐롤이 1991년에 발표한 피라미드 모형에는 기업이 당연히 져야 할 책임으로서 이익 극대화를 의미하는 경제적 책임과 법규 준수를 의미하는 법적 책임, 그리고 기업이 자발적으로 져야 할 책임으로서 인권과 환경보호 등 윤리적 책임과 자선 사업 등 자선적 책임이 포함된다.

- 기업의 사회적 책임(CSR) 활동은 사회를 위해 기업이 마땅히 비용을 지불해야 한다고 암묵적으로 가정하지만, '착한 기업'이라는 이미지는 기업의 매출에 긍정적인 영향을 미치고, 이러한 이미지를 쌓기 위한 사회적 책임 활동은 마치 광고비와 같은 효과를 가져오기 때문에 전략적 CSR의 개념에서는 CSR 활동은 미래를 위한 투자라고 해석한다. 더 나아가 공유가치창출(CSV)은 기업이 이익 창출이라는 경제적 가치 창출과 동시에 사회적 가치도 창출해야 장기적인 생존과 발전을 추구하는 지속가능성을 획득할 수 있다는 내용을 담고 있다.

- 제조물 책임에서의 결함은 세 가지로 분류되는데, 먼저 설계상의 결함은 애당초 제품의 기능이 작동할 수 없도록 설계된 결함이고, 제조상의 결함은 설계한 대로 제조되지 않아서 발생한 결함이며, 표시상의 결함은 위험 가능성에 대한 적절한 설명과 경고를 포함하지 않아서 발생한 결함이다.

찾아보기

지은이 소개

신형덕 shinhd@hongik.ac.kr

홍익대학교 경영대학 전략경영 및 국제경영 분야 교수이
다. 서울대학교에서 학사 및 석사 학위를 받고 미국 오하
이오주립대학교에서 경영학 박사 학위를 받았다. 주요
저·역서로 경영전략론, 전략경영과 경쟁우위, 잘되는 기업
은 무엇이 다를까, 창업 이론과 실제 등 10여 권이 있다.